Ilhas de História

Coleção
ANTROPOLOGIA SOCIAL
fundada por Gilberto Velho
dirigida por Karina Kuschnir

- O Riso e o Risível
  Verena Alberti
- Falando da Sociedade
- Outsiders
- Segredos e Truques da Pesquisa
- Truques da Escrita
  Howard S. Becker
- Antropologia Cultural
  Franz Boas
- O Espírito Militar
- Os Militares e a República
  Celso Castro
- Bruxaria, Oráculos e Magia entre os Azande
  E.E. Evans-Pritchard
- Nova Luz sobre a Antropologia
  Clifford Geertz
- O Cotidiano da Política
  Karina Kuschnir
- Cultura: um Conceito Antropológico
  Roque de Barros Laraia
- Guerra de Orixá
  Yvonne Maggie
- Evolucionismo Cultural
  L.H. Morgan, E.B. Tylor, J.G. Frazer
- A Invenção de Copacabana
- De Olho na Rua
  Julia O'Donnell
- A Teoria Vivida
  Mariza Peirano
- Cultura e Razão Prática
- História e Cultura
- Ilhas de História
- Metáforas Históricas e Realidades Míticas
  Marshall Sahlins
- Antropologia Urbana
- Um Antropólogo na Cidade
- Desvio e Divergência
- Individualismo e Cultura
- Projeto e Metamorfose
- Rio de Janeiro: Cultura, Política e Conflito
- Subjetividade e Sociedade
- A Utopia Urbana
  Gilberto Velho
- Pesquisas Urbanas
  Gilberto Velho e Karina Kuschnir
- O Mistério do Samba
- O Mundo Funk Carioca
  Hermano Vianna
- Sociedade de Esquina
  William Foote Whyte

Marshall Sahlins

Ilhas de História

Tradução:
Barbara Sette
Mestranda em Antropologia, Museu Nacional/UFRJ

Revisão técnica:
Márcia Bandeira de Mello Leite
M.A. em Antropologia Social, Museu Nacional/UFRJ
PhD em Sociologia, Northwestern University, EUA

2ª edição

ZAHAR

Tradução autorizada da edição norte-americana publicada em 1987
por The University of Chicago Press, de Chicago, EUA

Grafia atualizada segundo o Acordo Ortográfico da Língua Portuguesa de 1990, que entrou em vigor no Brasil em 2009.

Título original
Islands of History

Capa
Adaptada da arte de Ana Cristina Zahar

Ilustração da capa
William Hacke, atlas manuscrito baseado em mapa espanhol
capturado pelo capitão Sharp. c.1690 (detalhe)

2ª edição: 2011 (novo projeto)

CIP-Brasil. Catalogação na fonte
Sindicato Nacional dos Editores de Livros, RJ

Sahlins, Marshall David, 1930-2021
S138i Ilhas de História / Marshall Sahlins; tradução Bárbara Sette; revisão
2.ed. técnica Márcia Bandeira de Mello Leite. – 2ª ed. – Rio de Janeiro : Zahar, 2011.

(Antropologia Social)

Tradução de: Islands of History.
Inclui bibliografia e índice
ISBN 978-85-7110-127-2

1. Oceania – História. 2. Oceania – Civilização. I. Título. II. Série.

CDD: 990
11-4181 CDU: 94(9)

EDITORA SCHWARCZ S.A.
Praça Floriano, 19, sala 3001 – Cinelândia
20031-050 – Rio de Janeiro – RJ
Telefone: (21) 3993-7510
www.companhiadasletras.com.br
www.blogdacompanhia.com.br
facebook.com/editorazahar
instagram.com/editorazahar
twitter.com/editorazahar

Sumário

Introdução 7

1. Suplemento à viagem de Cook; ou "le calcul sauvage" 25
Vênus observada: a história 25
Vênus observada de novo: a etnografia do amor 33
Estruturas performativas 51

2. Outras épocas, outros costumes: a antropologia da história 59
A história heroica 62
Mitopráxis 80
Uma antropologia estrutural histórica 98

3. O rei-estrangeiro; ou Dumézil entre os fiji 100

4. Capitão James Cook; ou o deus agonizante 132
"Uma cadeia de eventos que não mais poderia ser prevista nem mesmo impedida" 132
Nana i ke Kumu: busque as origens 138
História ou mitopráxis 151

5. **Estrutura e história** 169
Fenomenologia da vida simbólica 178
Antítese e síntese 188

Notas 195
Bibliografia 227
Índice analítico e onomástico 243

Introdução

A HISTÓRIA É ORDENADA culturalmente de diferentes modos nas diversas sociedades, de acordo com os esquemas de significação das coisas. O contrário também é verdadeiro: esquemas culturais são ordenados historicamente porque, em maior ou menor grau, os significados são reavaliados quando realizados na prática. A síntese desses contrários desdobra-se nas ações criativas dos sujeitos históricos, ou seja, as pessoas envolvidas. Porque, por um lado, as pessoas organizam seus projetos e dão sentido aos objetos partindo das compreensões preexistentes da ordem cultural. Nesses termos, a cultura é historicamente reproduzida na ação. Mais adiante, cito uma observação de Clifford Geertz, para quem um evento é uma atualização única de um fenômeno geral, uma realização contingente do padrão cultural – o que poderia ser uma boa caracterização *tout court* da própria história. Por outro lado, entretanto, como as circunstâncias contingentes da ação não se conformam necessariamente aos significados que lhes são atribuídos por grupos específicos, sabe-se que os homens criativamente repensam seus esquemas convencionais. É nesses termos que a cultura é alterada historicamente na ação. Poderíamos até falar de "transformação estrutural", pois a alteração de alguns sentidos muda a relação de posição entre as categorias culturais, havendo assim uma "mudança sistêmica".

São essas as ideias principais dos ensaios aqui reunidos e que podem ser resumidos pela seguinte afirmação: o que os antropólogos chamam de "estrutura" – as relações simbólicas de ordem cultural – é um objeto histórico.

Essa afirmação cancela de modo explícito a oposição de noção, encontrada por toda parte nas ciências humanas, entre "estrutura" e "história". Tenho observado entre teóricos do "sistema mundial" a seguinte proposição: dado que as sociedades tradicionais que os antropólogos habitualmente estudam são submetidas a mudanças radicais, impostas externamente pela expansão capitalista ocidental, não é possível manter a premissa de que o funcionamento dessas sociedades está baseado em uma lógica cultural autônoma. Essa proposição resulta de uma confusão entre um sistema aberto e a total ausência de sistema, tornando-nos incapazes de dar conta da diversidade de respostas locais ao sistema mundial, em especial daquelas que conseguem persistir em seu rastro. A própria teoria do sistema mundial faz concessões à preservação das culturas satélites enquanto meios de reprodução de capital na ordem dominante europeia. Mas se assim for, e adotando o ponto de vista alternativo dos chamados povos dominados, a riqueza europeia está atrelada à reprodução e até mesmo à transformação criativa da ordem cultural desses povos.

A questão surge por meu livro ser, em grande parte, sobre encontros distantes, ocorrências do sistema mundial nos mares do Sul. Às vezes parecerá que a autonomia das culturas nativas só é demonstrada pelos enigmas das respostas históricas. Tomemos, como exemplo, a resistência mitoprática de Hone Heke, o herói maori. Em 1845, Hone Heke mobilizou seus guerreiros para tomar de assalto – e involuntariamente subjugar – o maior assentamento colonial da Nova Zelândia, apenas *como uma manobra de diversificação*: isto é, como meio de atingir o objetivo que Heke sempre considerou mais fundamental, e que foi alcançado em quatro ocasiões diferentes: a derrubada de um certo mastro de bandeira que os britânicos tinham erigido na localidade. "Lutemos", disse ele, "apenas pelo mastro." Para que possamos decodificar a preocupação de Heke com o tal mastro, será necessário voltarmos às origens do universo. Assim sendo, deixarei a estória mais detalhada para o Capítulo 2. Mas esses detalhes servirão de suporte para a posição que aqui tomo: as questões históricas não são, nem longinquamente, tão exóticas quanto tais ocorrências possam sugerir.

O mesmo tipo de mudança cultural, induzida por forças externas mas orquestrado de modo nativo, vem ocorrendo há milênios. Não somente porque as chamadas sociedades primitivas jamais foram tão isoladas quanto a antropologia em seus primórdios, obcecada pelo interesse evolucionista com o antigo, gostaria de acreditar (cf. Wolf, 1982). Os elementos dinâmicos em funcionamento – incluindo o confronto com um mundo externo, que tem determinações imperiosas próprias e com outros povos, que têm suas próprias intenções paroquiais – estão presentes por toda a experiência humana. A história é construída da mesma maneira geral tanto no interior de uma sociedade, quanto entre sociedades.

A meu ver, a questão maior destes ensaios reside na existência e na interação dual entre a ordem cultural enquanto constituída na sociedade e enquanto vivenciada pelas pessoas: a estrutura na convenção e na ação, enquanto virtualidade e enquanto realidade. Os homens em seus projetos práticos e em seus arranjos sociais, informados por significados de coisas e de pessoas, submetem as categorias culturais a riscos empíricos. Na medida em que o simbólico é, deste modo, pragmático, o sistema é, no tempo, a síntese da reprodução e da variação.

Se a cultura for, como querem os antropólogos, uma ordem de significação, mesmo assim os significados são colocados em risco na ação. São postos em risco, por exemplo, por referência às coisas (i.e., por extensão). As coisas não só têm sua *raison d'être* própria, independente do que as pessoas possam fazer com elas, como são inevitavelmente desproporcionais aos sentidos dos signos pelos quais são apreendidas. As coisas são contextualmente mais particulares e potencialmente mais gerais que os signos e o são por serem, os signos, classes de significados ("livres de estímulo"), não estando restritos como conceitos a um referente particular. Portanto, as coisas são relacionadas a seus signos enquanto emblemas empíricos para os tipos culturais. Porém, são mais gerais que os signos por apresentarem mais propriedades (mais "realidade") do que as distinções e valores servidos por estes. A cultura é uma aposta feita com a natureza, durante a qual voluntária ou involuntariamente – para parafrasear Marc Bloch – os nomes antigos, que estão na boca de todos, adquirem novas conotações, muito distantes de seus sentidos originais. Esse é um dos processos históricos que chamarei de "a reavaliação funcional de categorias".

Aqui temos mais um processo dependente daquilo que é chamado por Hilary Putnam (1975) de "a divisão do trabalho linguístico". Nele, mais uma vez, observam-se certas diferenças entre significado e referência, entre a intenção do signo e sua extensão. O sentido do signo (o valor saussuriano) é definido por suas relações de contraste com outros signos do sistema. Portanto, ele só é completo e sistemático na sociedade (ou na comunidade de falantes) como um todo. Qualquer uso real de um signo em referência, seja por uma pessoa, seja por um grupo, emprega apenas uma parte, uma pequena fração, do sentido coletivo. Afora as influências do contexto, essa divisão do trabalho significativo é, de um modo geral, função das diferenças de experiência social e dos interesses entre as pessoas. O que para mim é "um pássaro (de qualquer espécie) voando com dificuldade", é para o ornitólogo "um gavião doente" e talvez seja ainda "um coitadinho" para terceiros (membros da sociedade protetora de animais; Stern, 1968). O capitão Cook aparece como um deus ancestral para os sacerdotes havaianos, enquanto para os chefes é mais parecido com um guerreiro divino e, obviamente, outra coisa qualquer e menor para homens e mulheres comuns (Capítulo 4). Agindo a partir de perspectivas diferentes e com poderes sociais diversos para a objetivação de suas interpretações, as pessoas chegam a diferentes conclusões e as sociedades elaboram os consensos, cada qual a sua maneira. A comunicação social é um risco tão grande quanto as referências materiais.

Os efeitos desses riscos podem ser inovações radicais. Afinal, no encontro contraditório entre pessoas e coisas, os signos são passíveis de serem retomados pelos poderes originais de sua criação, ou seja, pela consciência simbólica humana. Ora, nada é tabu em termos de princípio intelectual – nem mesmo o próprio conceito de "tabu" como aprenderemos com a história havaiana (nos Capítulos 1 e 5). Metáforas, analogias, abstrações, especializações: todos os tipos de improvisações semânticas são circunstanciais, tendo as atualizações cotidianas da cultura oportunidade de se tornarem gerais ou consensuais, da maneira como forem retomadas pela ordem sociológica corrente. Os significados são, em última instância, submetidos a riscos subjetivos, quando as pessoas, à medida que se tornam socialmente capazes, deixam de ser escravas de seus conceitos para se tornarem seus senhores. "A questão é", disse Alice, "se podes fazer com que uma palavra queira dizer tantas coisas diferentes." "A questão é", disse Humpty Dumpty, "quem será o senhor – somente isto."

Ainda assim, como em um outro diálogo célebre sobre as relações entre dominador e dominado, este domínio envolve uma certa servidão. Não temos, por exemplo, a liberdade de sairmos por aí nomeando as coisas "simplesmente pelo modo que elas são", como fez Adão, "parecia-se com um leão e rugia como um leão, portanto o chamei de 'leão'." As improvisações (reavaliações funcionais) dependem das possibilidades dadas de significação, mesmo porque, de outro modo, seriam ininteligíveis e incomunicáveis. Daí o empírico não ser apenas conhecido enquanto tal, mas enquanto uma significação culturalmente relevante, e o antigo sistema é projetado adiante sob novas formas. Segue-se daí que ordens culturais diversas tenham modos próprios de produção histórica.

Culturas diferentes, historicidades diferentes. É esse o ponto principal do segundo capítulo, onde faço o contraste entre as histórias heroicas das soberanias divinas e a "nova história" de distribuição populista, "a história vinda de baixo". Tento mostrar por que, para sociedades de um certo tipo, as histórias de reis e batalhas são privilegiadas historiograficamente. A razão disso é uma estrutura que generaliza as ações do rei como sendo a forma e o destino da sociedade. No mesmo ensaio, faço um contraste entre a mitopraxe dos povos da Polinésia e o utilitarismo desencantado de nossa própria consciência histórica. Ou, mais uma vez, o primeiro capítulo, sobre a eficácia histórica do amor no Havaí, é mais um exercício de relatividade – com um subtexto, que talvez mereça maiores comentários, sobre estruturas "performativas" e "prescritivas".

Essa é uma discussão ideal-típica sobre como as estruturas se realizam no interior da ordem cultural e acima do curso histórico. Sob certos aspectos a distinção entre prescritivo e performativo forma um paralelo com o contraste lévi-straussiano entre modelos mecânicos e modelos estatísticos (Lévi-Strauss, 1963). O problema está centrado nas relações entre as formas sociais e os atos apropriados. Sugiro a possibilidade, que parece ser raras vezes considerada, de que tais relações sejam reversíveis: que tipos de ações usuais podem precipitar formas sociais, ou vice-versa. Nas ciências sociais geralmente damos prioridade às formas sociais sobre as práticas a elas associadas, e apenas nessa direção: o comportamento dos grupos envolvidos derivando de uma relação preexistente. A amizade produz o auxílio material: o relacionamento normalmente (e normativamente) prescreve um modo apropriado de interação. Entretanto, se "os amigos criam presentes", "os presentes também criam amigos", ou talvez como melhor diriam os esquimós, "dádivas criam escravos – como os chicotes criam cachorros". A forma cultural (ou morfologia social) pode ser produzida ao avesso: a ação criando a relação adequada, performativamente, exatamente como em certos famosos atos de discurso: "Eu vos declaro marido e mulher."

É assim também no Havaí, onde é possível *tornar-se* nativo pela ação certa. Tendo morado um certo tempo na comunidade, até estranhos tornam-se "filhos da terra" (*kama'aina*); este termo não é de emprego exclusivo daqueles que lá nasceram. O exemplo me permite argumentar que a própria intercambialidade entre o ser e a prática depende das comunidades de significação; portanto, a determinação de qualquer uma das duas direções será estruturalmente motivada. Uma ação de um dado tipo pode significar um dado status, visto que os dois têm o mesmo sentido final. Para os havaianos, morar em e alimentar-se de uma certa porção de terra, faz com que as pessoas sejam da mesma substância que esta terra, da mesma maneira que uma criança é da mesma substância de seus pais (no Havaí isto acontece não só por nascimento mas também por criação). Um estranho é assim metamorfoseado em filho da terra com direitos iguais aos dos "filhos reais". Consequentemente, muitas sociedades como a havaiana – ou a esquimó, ou a nossa – onde muitas das relações são construídas por escolha, por interesse, ou por desejo, e através de meios tão aleatórios quanto o amor, não são, apesar de tudo isso, sociedades sem estrutura, nem mesmo são sociedades "frouxamente estruturadas". Os efeitos são sistemáticos, não importando se os arranjos institucionais são criados "estatisticamente" por ações adequadas, ou se a ação é mecanicamente pressuposta pela forma.

Não obstante, as estruturas performativas e as prescritivas teriam historicidades diversas. Poderíamos falar que elas estão diferencialmente abertas para a história. As ordens performativas tendem a assimilar-se às circunstâncias contingentes, enquanto as prescritivas tendem a assimilar as circunstâncias a elas mesmas, por um tipo de negação de seu caráter contingente e eventual. O que tenho em mente é um contraste ideal entre o Havaí, onde o parentesco, a posição social, os direitos de propriedade e a filiação local são abertos a negociação, e o padrão médio radcliffe-browniano de estrutura social, com grupos corporados de descendência, status designados e regras matrimoniais prescritivas (por exemplo, os aborígines australianos). No caso havaiano, acontecimentos circunstanciais são frequentemente assinalados e valorizados por suas diferenças, pelo afastamento em relação aos arranjos existentes, podendo as pessoas então agir sobre esses arranjos para reconstruir suas condições sociais. Enquanto a sociedade assim se organiza, ela conhece a si mesma como a forma institucional dos acontecimentos históricos. Em um modelo prescritivo, no entanto, nada é novo ou, pelo menos, os acontecimentos são valorizados por sua similaridade com o sistema constituído. O que ocorre nesse caso é a projeção da ordem existente, mesmo quando o que acontece for sem precedentes, e sendo ou não bem-sucedida a interpretação recuperativa. Aqui, tudo é efetivação e repetição, assim como na *pensée sauvage* clássica. Em termos comparativos, a ordem havaiana é historicamente mais ativa, de duas maneiras. Em resposta às condições mutáveis de sua existência – como as de produção, de população ou de poder – a ordem cultural se reproduz na mudança e enquanto tal. A sua estabilidade é uma história volátil dos destinos mutáveis das pessoas e dos grupos. Assim é mais provável que ela também seja passível de mudança quando passa por esta forma de reprodução, pois, para exprimir esta questão do modo mais geral, o sistema simbólico é altamente empírico e submete continuamente as categorias recebidas a riscos materiais, a inevitáveis desproporções entre signos e coisas. Ao mesmo tempo permite aos sujeitos históricos, especialmente à aristocracia heroica, traduzir de modo criativo os valores correntes. Mais uma vez, em termos lévi-straussianos, a temperatura histórica é relativamente "quente".

Como já foi dito, estruturas performativas e prescritivas são tipos ideais. As duas podem ser encontradas na mesma sociedade, em vários locais da ordem global. Isso também implica que, em uma dada sociedade, existirão certos pontos estratégicos de ação histórica, áreas circunstancialmente quentes, e outras relativamente fechadas. Não aprofundo mais essa ideia nos ensaios seguintes, pois talvez já tenha dito o suficiente a favor do argumento de culturas diferentes, historicidades diferentes.

Argumento também que os próprios acontecimentos históricos têm assinaturas culturais distintas. O capitão Cook foi vítima da manipulação das categorias havaianas ou, para, ser mais preciso, da interação destas últimas com as suas próprias categorias – o que o levou inadvertidamente a "riscos de referência" perigosos. E assim poderia ser feita a leitura do Capítulo 4, "Capitão James Cook; ou O Deus Agonizante", onde o famoso navegador encontra seu fim por transgredir o status ritual que lhe foi concedido pelos havaianos. Este ensaio, que na sua versão original foi a palestra Frazer (de 1982), dá muita atenção à teoria da soberania divina havaiana que, juntamente com a prática britânica do imperialismo, produziu esse "impacto fatal". Podemos até mesmo oferecer, com bastante segurança, uma solução para esse já antigo mistério de quem foi o assassino. Sua identidade pode ser deduzida bem ao estilo de Sherlock Holmes, partindo das categorias elementares. Sob esses diversos aspectos, o interesse do ensaio está justamente no incômodo problema da relação entre estrutura e evento.

Também levo em conta as compreensões usuais de acidente e de ordem nessa relação: a contingência de eventos e a recorrência de estruturas. Qualquer uma das duas seria insuficiente se considerada isoladamente. Saber que Cook foi a "instanciação" de certas categorias culturais, ou que ele sofria de vermes, conforme o diagnóstico histórico recente de um médico inglês, não é suficiente. Não obstante, tento ir além da ideia imprecisa de uma dialética entre palavras e parasitas através de uma dupla manobra teórica. Primeiro, insistindo em que um evento não é apenas um acontecimento característico do fenômeno, mesmo que, enquanto fenômeno, ele tenha forças e razões próprias, independentes de qualquer sistema simbólico. Um evento transforma-se naquilo que lhe é dado como interpretação. Somente quando apropriado por, e através do esquema cultural, é que adquire uma *significância* histórica. Não existe nenhuma adequabilidade explanatória entre o acidente com o mastro de proa do *Resolution* – forçando o retorno de Cook ao Havaí – por um lado e, por outro, o sinistro ponto de vista dos ilhéus a esse respeito – exceto nos termos da cultura havaiana. O evento é a *relação* entre um acontecimento e a estrutura (ou estruturas): o fechamento do fenômeno em si mesmo enquanto valor significativo, ao qual se segue sua eficácia histórica específica. Voltarei a essa questão na discussão geral do capítulo final. O outro movimento, que talvez seja mais original, é o de interpor um terceiro termo entre a estrutura e o evento: a síntese situacional dos dois em uma "estrutura da conjuntura".

O que quero dizer com "estrutura da conjuntura" é a realização prática das categorias culturais em um contexto histórico específico, assim como se expressa nas ações motivadas dos agentes históricos, o que inclui a microssociologia de sua interação. A minha ideia do que seja uma estrutura de conjuntura difere, portanto, da de Braudel em certos aspectos importantes, enquanto reminiscência da distinção de Raymond Firth entre uma "organização social" de *facto* e uma "estrutura social" *de jure* ou subjacente (ver nota 11 do Capítulo 4; e Firth, 1959). Assim também é evitado o perigo implícito em nossa fenomenologia da ação simbólica (cf. acima), isto é, o de ver o processo simbólico meramente como uma versão mais elaborada da velha oposição entre indivíduo e sociedade. A estrutura conjuntural do contato britânico/havaiano mostra mais complexidades neste exemplo do que em tratamentos anteriores (Sahlins, 1981), e parece tornar o destino de Cook mais compreensível. Mas, além da análise de acontecimentos tão inusitados, esta noção de *praxis*, enquanto uma sociologia situacional do significado, pode ser aplicada à compreensão geral de mudança cultural. Já uma descrição do desenvolvimento social – e reavaliação funcional – de significados na ação, não é necessariamente restrita a circunstâncias de contato intercultural. A estrutura da conjuntura, enquanto conceito, possui um valor estratégico para determinação dos riscos simbólicos (por exemplo de referência) e das reificações seletivas (por exemplo, pelos poderes estabelecidos).

A teoria polinésia da soberania divina, o que é o mesmo que dizer a teoria polinésia da vida cósmica tanto quanto social, é discutida de forma mais ampla no ensaio sobre o "Rei-Estrangeiro" (Capítulo 3). Aqui destaco o sistema havaiano e alguns outros, em especial o das ilhas Fiji, comparando-os às concepções indo-europeias de soberania, recorrendo aos célebres estudos de Dumézil, Frazer e Hocart. A comparação é reconhecidamente tipológica (em vez de genética), e aparentemente um pouco forçada; não teria ousado fazê-la se já não houvesse sido explicitamente sugerida pelo próprio Dumézil, provavelmente devido a sua leitura de Hocart. Por outro lado, a digressão cartesiana – claro que quero dizer ho-cartesiana –, por sua ênfase na organização ritual enquanto um sistema vivificante, faz uma colocação interessante sobre o caráter temporal da estrutura (a diacronia).

Se Hocart foi um estruturalista antes de seu tempo, sua ideia de estrutura era diferente da de Saussure. Representa ela, claramente, um afastamento do princípio saussuriano do sistema como sendo um estado puramente sincrônico, um conjunto de relações mutuamente contrastantes e, por isso mesmo, mutuamente definidoras entre signos e um plano de simultaneidade, pois, na representação mais abstrata dos signos, ou seja, na cosmologia, eles são postos em movimento; desdobram-se através do tempo em um esquema global inspirador ou de reprodução natural e cultural. A estrutura possui uma diacronia interna, consistindo das relações mutantes entre as categorias gerais ou, como eu mesmo diria, uma "vida cultural das formas elementares". Nesse desdobrar generativo, comum aos esquemas polinésios e indo-europeus, os conceitos básicos são conduzidos através de estágios sucessivos de combinação e de recombinação, produzindo ao longo do caminho termos novos e sintéticos. Assim, na constituição da soberania e da ordem cultural, os heróis dinásticos, que de início são invasores estrangeiros masculinos, são neutralizados e "feminilizados" pela população nativa. No processo, os nativos, originalmente forças terrenas-reprodutivas femininas, são transformados em uma força masculina protetora e periférica. As transformações são mediadas pela entrega da princesa nativa ao príncipe imigrante, o que pode ser alternativamente o matrimônio frutificador do estrangeiro com a terra, havendo por esse motivo a neutralização de seus sucessores dinásticos, enquanto descendência feminina do povo autóctone. E assim vai: o desenvolvimento ulterior das categorias é acompanhado no Capítulo 4. Sugiro que deveríamos incorporar a diacronia interna às nossas noções de "estrutura", evitando assim certas dificuldades da visão saussuriana ou, ao menos, da maneira que é comumente adaptada para os estudos antropológicos.

Uma sincronia saussuriana estrita embaraça-se nas famosas "instabilidades lógicas" das categorias culturais. O Rei de Fiji é masculino e feminino; sua natureza política e ritual é dual ou, contextualmente, uma ou outra. Tomando isso como uma descrição empírica e sincrônica, não há muito o que se fazer com ela; parece haver uma "ambiguidade permanente" ou uma "contradição inerente" ao sistema. Contudo, da posição da estrutura diacrônica, este é um efeito derivativo, tendo igualmente princípio e lógica. Há uma noção mais geral de estrutura, necessariamente temporal, pela qual a contradição é de uma vez resolvida e restituída à inteligibilidade. Isto era possível de se adivinhar, pelo menos se estivéssemos nos baseando na lógica, porque se existe uma ambiguidade recorrente é necessário que haja uma forma consistente, não contraditória, de exprimi-la. A estrutura, mesmo quando produz estes efeitos contraditórios repetidamente na empiria, não é por si mesma contraditória.

Podemos também, então, nos livrar do problema corolário que se vem desenvolvendo nas formulações atuais sobre "estrutura"; isto é, as extensas listas de pares de contrários ou proporções saussurianas. Refiro-me às tabelas onde lemos: o masculino está para o feminino como o rei está para o povo, a cultura está para a natureza, como a vida está para a morte, e por aí vai – estruturalismo yin-yang sem um Livro das Mutações. Essas proporções também são logicamente instáveis e passíveis de contradição. De uma outra posição, o rei é feminino em vez de masculino, ele é a natureza (feroz forasteiro) em vez da cultura. Sendo essas as alternativas que nos restam, podemos tentar desenvolver a estrutura a partir de (ou como) um conjunto indefinido de permutações contextuais – em certos contextos o rei é masculino, em outros, feminino, o que não é apenas uma solução deselegante, mas provavelmente desesperada. Ou, em contraste com esse esforço aporético, podemos conceber a estrutura da maneira como ela se apresenta nos esquemas cosmológicos abstratos.

Esta última solução é, ao menos logicamente, mais poderosa, e assim podemos dar conta da gênese das contradições como visões parciais ou situacionais da ordem global, visões provenientes de uma posição motivada (seja ela do etnógrafo, ou do povo em questão). Torna-se claro que qualquer proporção dada (A:B::C:D) é uma expressão parcial e motivada da estrutura, e presume que haja algum espectador ou sujeito definido em uma relação definida com a totalidade cultural. Já a estrutura apropriadamente se refere a essa totalidade: é ela em si mesma o sistema de relações entre categorias, sem um sujeito dado (se não o famoso sujeito transcendental). Além disso, esse conceito tem importância histórica, pois, se nos colocamos naquele local intelectual divino do sujeito transcendental, isto é, externos ao sistema enquanto comentaristas, poderemos ver o funcionamento da história através da seleção motivada entre as inúmeras possibilidades lógicas dos agentes sociais – que, é claro, incluem as possibilidades contraditórias apresentadas na ordem cultural. Portanto, por exemplo, voltemos ao ensaio sobre Cook (Capítulo 4): para os sacerdotes havaianos, Cook sempre foi o antigo deus Lono, mesmo quando retornou inesperadamente, enquanto para o rei esse deus que aparece fora de época torna-se um perigoso rival. Os dois grupos havaianos, partindo de suas concepções próprias, conceberam relações diferentes (proporcionais) para o mesmo acontecimento e daí provém seu conflito na estrutura da conjuntura cujo resultado final foi a morte de Cook.

Essas são algumas das ideias gerais dos ensaios que se seguem. No capítulo final "Estrutura e História", resumo essas análises amplas, com o objetivo de fazer uma reflexão crítica sobre algumas das nossas próprias categorias acadêmicas. Estou me referindo aos radicais contrastes binários pelos quais geralmente se pensa a cultura e a história: passado e presente, estático e dinâmico, sistema e evento, infraestrutura e superestrutura, e outros desse gênero intelectual dicotômico. Concluo que essas suposições não são apenas fenomenologicamente enganadoras, mas que também são analiticamente debilitantes. São debilitantes, se não por outra razão, porque outras civilizações compreenderam melhor a sua síntese, e de maneiras diversas sintetizam assim suas práticas históricas. É necessário fazer o reconhecimento teórico, encontrar o lugar conceitual, do passado no presente, da superestrutura, na infraestrutura, do estático no dinâmico, da mudança na estabilidade.

A antropologia tem algo a contribuir para a disciplina histórica. E o inverso é igualmente válido. Mesmo assim não estou apenas formulando um pedido por maior colaboração entre as disciplinas. Mas como já disse em certo momento, "o problema agora é de fazer explodir o conceito de história pela experiência antropológica da cultura". As consequências, mais uma vez, não são unilaterais; certamente uma experiência histórica fará explodir o conceito antropológico de cultura – incluindo a estrutura.

O MOTIVO DESTA EXTENSA INTRODUÇÃO é que os ensaios apresentados foram escritos para diferentes ocasiões, portanto, não acreditava que tivessem unidade suficiente para formarem um livro. Basicamente pela mesma vontade de coerência, fiz algumas revisões dos trabalhos aqui publicados. Espero que as redundâncias tenham sido reduzidas (há também alguns esclarecimentos e correções das versões originais). Assim mesmo, para uma garantia maior de unidade, sugeriria que se lesse o livro como se fosse um cilindro e não como uma projeção linear, isto é, após o término da leitura, o leitor voltaria a esta seção introdutória, que seria igualmente um sumário.

Se apesar de tudo houver uma coerência implícita, como gostaria de acreditar, é porque os ensaios foram escritos durante um período relativamente breve, num afã de entusiasmo por descobrir que os povos do Pacífico por mim estudados tinham de fato uma história. Por ter adotado a posição temporal medíocre do "presente etnográfico", um perigo ocupacional e teórico, por muito tempo estive funcionalmente ignorante quanto a essa história. Atualmente é divertido ler num texto do próprio Evans-Pritchard, o grande e quase exclusivo defensor do método histórico, uma observação de que os antropólogos sociais "enquanto estivessem investigando os aborígines australianos ou os nativos das ilhas dos mares do Sul, os quais não têm história registrada... poderiam em sã consciência ignorar a história" (1954:59). Não era uma consciência sã mas sim um estado de falsa consciência e, dada a riqueza dos arquivos, não deveria ser assim tão facilmente perdoável. Nem penso agora que os historiadores possam ignorar essas histórias exóticas somente por serem culturalmente remotas e por terem os registros pouca profundidade temporal. Justamente por tais motivos, as histórias das ilhas dos mares do Sul e de outras civilizações distantes merecem atenção especial: a proximidade temporal dos registros pode garantir uma abundância de arquivos, em muitos casos difícil de ser igualada, por exemplo, pela Europa medieval, e os textos são maravilhosamente surpreendentes exatamente por serem culturalmente remotos.

Esses ensaios serão publicados (mais ou menos) simultaneamente na França por Gallimard e Seuil, sob o patrocínio da École des Hautes Études en Sciences Sociales. Dois entre os cinco ensaios são inéditos. Todos foram escritos originalmente a convite para conferências, nas seguintes ocasiões:

Capítulo 1, "Suplemento à viagem de Cook; ou 'le calcul sauvage'", Palestra Marc Bloch, sob os auspícios da École des Hautes Études en Sciences Sociales, Paris, junho de 1981. (Inédito.)

Capítulo 2, "Outras épocas, outros costumes: a antropologia da história", Palestra à American Anthropological Association, Washington D.C., dezembro de 1982. (Publicado no *American Anthropologist* 85:517-544, 1983 [reprodução proibida].)

Capítulo 3, "O rei-estrangeiro; ou Dumézil entre os fiji", Conferência Presidencial, Seção de Antropologia, Australian New Zealand Association for the Advancement of Science, Adelaide, maio de 1980. (Publicado no *Journal of Pacific History* 16:107-32, 1981.)

Capítulo 4, "Capitão James Cook; ou o deus agonizante"; Palestra Sir James G. Frazer, Liverpool University, maio de 1982. (Inédito.)

Capítulo 5, "Estrutura e história", Palestra Edward Westermarck, Academia Finlandesa de Ciências, Helsínqui, maio de 1983. (Publicado em *Soumen Antropologi* 3:118-27, 1983.)

Aproveito a ocasião para agradecer calorosamente as pessoas que contribuíram de forma especial para a realização dessas palestras: François Furet, presidente da École des Hautes Études en Sciences Sociales; William Sturtevant, ex-presidente da American Anthropological Association; Bruce Kaepferer e Chris Healey da Adelaide University; J.D.Y. Peel e Neel Bowden da Liverpool University; Jukka Siikala do Instituto de Sociologia na Finlândia.

Há outros que também tiveram um papel vital por terem copiado as palestras. Sou especialmente grato a Tina Jolas, Dorothy Barrère e Greg Dening por seu apoio intelectual e auxílio.

1. Suplemento à viagem de Cook; ou "le calcul sauvage"

Vênus observada: a história

7 de dezembro de 1778. Os navios *Resolution* e *Discovery* balançavam-se contra o vento ao largo da costa norte da ilha do Hawai'i.* Foi nesse dia que o capitão Cook finalmente cedeu dando às mulheres havaianas o direito de serem amadas, direito que elas vinham exigindo desde janeiro do mesmo ano, quando os britânicos ancoraram pela primeira vez em Kaua'i, descobrindo assim as ilhas Sandwich para o mundo ocidental. Em Kaua'i, Cook dera ordens proibindo relações sexuais com as mulheres do lugar, temendo a introdução do "Mal Venéreo". No entanto, as mesmas páginas do diário que registram essas ordens transmitem a sensação de sua inutilidade (Beaglehole, 1967:265-66).[1] O comportamento das havaianas era ainda mais escandaloso do que o das mulheres de Tonga, onde medidas semelhantes já haviam fracassado. O convite implícito em seus gestos eróticos era "inconfundível", como relatam os cronistas da viagem, e quando repelidas elas "nos insultavam mui sinceramente" (Diário King: 20 jan. 1778; cf. Riou, Diário de bordo: 28 nov. 1779). David Samwell – galês, assistente do médico e poeta menor – achou que

* Para a grafia dos nomes específicos das ilhas havaianas utilizo as oclusões glotais (') correntemente admissíveis; enquanto que em referência ao arquipélago como um todo, são mantidos os termos [aportuguesados] Havaí, havaiano. Esse procedimento permite-nos distinguir mais facilmente a referência feita às ilhas como um todo da referência específica à ilha do Hawai'i.

"as jovens... em geral, são extremamente belas". Elas "usavam de todos os seus artifícios", diz ele, "para atrair os nossos para dentro de suas casas, e vendo que [os marinheiros] não cederiam a suas lisonjas, procuravam forçá-los, e eram tão inconvenientes que se recusavam totalmente a aceitar qualquer negativa" (em Beaglehole 1967:1083).[2]

As evidências do que então havia ocorrido chegaram rapidamente ao conhecimento dos ingleses quando voltaram às ilhas, vindos do noroeste da América. Em Maui – separada dos acontecimentos em Kaua'i por várias ilhas, mais de duzentas milhas náuticas e dez meses – muitos havaianos recorreram aos médicos dos navios em grande aflição: "Eles tinham um *clap* e seus pênis estavam muito inchados e inflamados" (King, em Beaglehole, 1967:498).[3] Espantados pela rápida proliferação da doença, muitos dentre o pessoal de Cook recusavam-se a acreditar que tivessem sido os autores, como fora alegado pelos havaianos. Porém, como pensou o médico Ellis posteriormente, "não há povo algum no mundo... que se entregue tanto aos seus apetites sexuais quanto este" (1782, 2:153). Seja como for, o capitão Cook naquele momento desistiu da pretensão a uma disciplina, impossível de ser impingida a alguém além de si mesmo.[4] Quando o *Resolution* chegou à costa sul do Havaí, ele reclamou da dificuldade de se trabalhar em um navio com tantas mulheres em volta. Samwell por sua vez não reclamava: um simples aceno, diz ele, traria "uma moça bonita" a bordo, "como mais uma Vênus surgindo das ondas"; e quando finalmente ancoraram na baía de Kealakekua, "praticamente todos poderiam sair-se bem em uma competição com o próprio Grão-Vizir" (Beaglehole, 1967:1154, 1159).

Le'a é a palavra havaiana para este comportamento.[5] E não apenas o já famoso *aloha*. *Aloha* pode ser usado em referência ao bem-amado, mas é possível estender esse significado para incluir o de *pitié*, no sentido rousseauniano, ou seja, a compaixão que temos por qualquer ser sensível, em especial por nossos semelhantes. É com este último sentido que *aloha* sugere um parentesco de substância com o outro, uma dádiva sem pensamento no retorno imediato. Enquanto *le'a* é a paixão e não a compaixão, uma relação entre seres complementares que – como em um famoso paradigma do bom socialismo tanto quanto da boa relação sexual – satisfazem a si mesmos, satisfazendo um ao outro. O verbete do dicionário para a palavra *le'a* é praticamente um poema e talvez ajude a convencer o leitor que estamos falando de história havaiana e não de fantasias europeias. *Le'a*: "júbilo, prazer, felicidade, satisfação sexual, orgasmo, prazeroso, encantador, feliz, alegre" etc. A forma causativa *ho'ole'a* quer dizer "exaltar" ou "louvar" como em "Deus seja louvado" (*ho'ole'a i ke Akua*) – que não deixava de ser o que as havaianas faziam a bordo dos navios de Cook. *Le'a* também significa algo feito por completo, "cozido por inteiro"* (*mo'a le'a*) – o que também era, de uma certa maneira polinésia, o que elas faziam lá.

Os primeiros homens havaianos a chegarem ao *Resolution*, quando ainda estava ancorado em Kaua'i, aparentemente tinham feito encantamentos consagratórios antes de embarcar. Um deles, sem a menor dissimulação, apanhou a primeira coisa em que pôs os olhos, justamente a linha de prumo do navio. Impedido por contraencantamentos burgueses do sagrado direito à propriedade, justificou-se dizendo que apenas a levava para sua canoa. Tudo acontecia como se centenas de anos de sacrifícios havaianos tivessem sido finalmente recompensados.[6] Não somente isso, mas como se o acontecimento histórico fosse a metáfora da realidade mítica. Quando os ingleses aportaram no ano seguinte

---

* No original, *"thoroughly cooked"*. Diz-se de alimento – como bife – bem-passado. (N.T.)

em Kealakekua, os sacerdotes havaianos puderam objetivar a sua interpretação a respeito da figura de Cook, de ser ele o Deus do Ano Lono, chegando em seu retorno anual para fertilizar a terra. Em uma cena que se tornou célebre fizeram com que o Grande Navegador mantivesse seus braços estendidos em uma imitação da imagem de Lono, enquanto os sacerdotes faziam suas oferendas habituais.[7] Por dois anos consecutivos Cook havia chegado durante o Makahiki, o festival do Ano-Novo de Lono, seguindo o clássico modelo frazeriano do deus agonizante. Como veremos no Capítulo 4, Cook obsequiou os havaianos incorporando o papel de Lono até o desfecho fatal.

Durante os rituais do Ano-Novo, a regeneração da natureza feita por Lono é também simbolizada como um casamento sagrado, a busca de sua esposa desamparada; bela chefe de uma antiga linhagem que fora capturada por um chefete ambicioso para que criassem juntos uma nova linha sucessória de reis viventes. Em Kealakekua, Samwell já havia comentado: "As jovens passam a maior parte do tempo cantando e dançando, coisas a que são muito apegadas" (Beaglehole, 1967:1181). A alusão é feita com referência ao famoso hula, uma dança considerada por missionários americanos como sendo blasfema devido ao seu erotismo, a mesma razão que a tornava sagrada para os havaianos (cf. Barrère et al., 1980), e era praticada especialmente durante o Ano-Novo. Laka, a padroeira da dança, era identificada em um antigo canto como a irmã e esposa de Lono (Emerson, 1965:24). O hula deveria excitar sexualmente o deus da reprodução cósmica sempre que este retornasse, o que talvez significasse, de modo mais direto, a cópula de Lono com as filhas humanas da deusa. Poderíamos dizer, portanto, que apenas havia ocorrido uma mudança de registro em relação às práticas sexuais das devotas de Laka a bordo dos navios britânicos. No entanto, como Fornander comenta, os marinheiros ingleses eram fiéis a uma crença de bucaneiros complementar e inversa à das havaianas, a de que "não existia Deus algum desse lado do cabo Horn" (Fornander, 1969, 2:663). As mulheres se ofereciam por acreditarem em um deus e os marujos as aceitavam por terem esquecido a sua existência.

4 de março de 1779. Os navios ingleses encontravam-se novamente em Kaua'i para passarem os últimos dias de sua estada nessas ilhas, aproximadamente treze meses após a primeira visita. Uma multidão de havaianos faz a abordagem enquanto suas mulheres permanecem em canoas ao largo dos navios; os homens depositam os cordões umbilicais de seus filhos recém-nascidos nas festas dos conveses (Beaglehole, 1967:122).[8]

Hommages à Diderot. Ele pôde finalmente abandonar suas explicações utilitaristas da análoga sexualidade do Taiti, e substituí-las por outras, nas quais percebia no cálculo da prática as premissas de uma teogamia polinésia. O *Supplément au Voyage de Bougainville* poderia igualmente servir para Cook. Quase tudo do que é dito pelo sábio Orou ao ingênuo capelão francês ecoaria pelas palavras e feitos registrados nas crônicas de Cook no Havaí:

> Mais robustos e saudáveis que vós, percebemos à primeira vista que nos superavam em inteligência, e imediatamente escolhemos várias das nossas mais belas mulheres e filhas para fazerem a colheita da semente de uma raça superior à nossa. É uma experiência que fizemos e que poderá reverter em nosso benefício. Tomamos de vós e dos vossos a única vantagem que poderíamos, e acreditai, apesar de sermos completamente selvagens, também sabemos calcular (Diderot, 1972 [1772/80]:459-60).

Mas esse cálculo transcendental do amor das mulheres havaianas era algo que os ingleses não podiam compreender. Assim mesmo, não recebeu inicialmente o título de "prostituição", que em breve receberia. As mulheres "eram pouco influenciadas por motivos de interesse, em seus intercursos conosco", diz um apontamento característico em um dos diários, "sendo que quase usavam de violência para nos forçar aos seus abraços, quer lhes déssemos algo ou não" (Beaglehole, 1967:1085).[9] Ainda assim os marinheiros sabiam retribuir os serviços prestados. Para ser mais preciso, eles reificavam as carícias das mulheres como "serviços" pagando por elas com presentes. Com transações desse tipo, o comércio erótico deixou de repetir a tradição e começou a fazer história.

Os suprimentos trazidos pelos britânicos foram rapidamente divididos de acordo com as exigências sociais havaianas, em coisas de homens e coisas de mulheres. Pedaços de ferro e ferramentas, como enxós, eram bens masculinos. Essa categoria era produtiva, enquanto a feminina era atrativa: pulseiras de contas, tesouras e os espelhos utilizados pelas mulheres como colares e com os quais (como viajantes europeus relataram durante décadas) raramente paravam de fitar-se. (Em uma comédia de Giraudoux, com o mesmo título desta parte, uma taitiana consola sua filha com a seguinte observação: "Um espelho é sempre útil, *ma fille*, mesmo que não reflita a Inglaterra.") A aparente diferenciação sexual é complementar em termos dos valores havaianos, e é resolvida por uma finalidade comum. São modelos inter-relacionados de reprodução humana, e além disso homens e mulheres estão unidos em uma oposição conjunta perante o divino. Para o homem é o esforço prometeico de arrancar a substância da humanidade, sob a forma de alimento, das mãos de seus donos divinos. E para a mulher, a atração e a transformação das forças criadoras divinas – entre essas forças estão incluídas as dos chefes possuidores de terras – em substância humana sob a forma de filhos. Assim também sociologicamente, os havaianos conheciam dois modos alternativos de criar relações de filiação: por "nutrir" ou *hãnai* (que é geralmente interpretado como "adoção") e por nascimento. Portanto, não é de estranhar que homens e mulheres tivessem rapidamente desenvolvido um interesse comum que os colocou em oposição aos poderes havaianos estabelecidos.

Os homens traziam suas irmãs, filhas e, possivelmente, até mesmo suas mulheres para os navios. Poderíamos chamar isto de hospitalidade, ou de hipergamia espiritual. Os marujos demonstravam sua gratidão, dando-lhes enxós de ferro, além das coisas que haviam dado às mulheres (Beaglehole, 1967: 1152-53, 1182). Ao mesmo tempo, aqueles ingleses que faziam trocas com os homens havaianos para obter provisões, viram-se na obrigação de dar parte do pagamento em pulseiras. Uma tabela dos índices de câmbio nos dá uma ideia dos valores relativos que os havaianos atribuíam às coisas: o valor de três boas enxós poderia ser reduzido a apenas uma, se uma pulseira de mulher estivesse incluída no preço (Ellis, 1782, 2:158).[10]

O resto, como dizem, é história. O interesse coletivo no comércio, desenvolvido pela população comum, colocava-a, enquanto classe social, em oposição a seus chefes, cujos interesses eram por bens políticos e de status, o que também criou da parte do povo uma oposição ao sistema de tabu. Os chefes instituíam tabus para controlar e aumentar o comércio a seu favor – uma prática espiritualmente consistente com o *mana* que deveriam obter. Havia também habitualmente períodos de tabu em cada mês, quando chefes e sacerdotes se encontravam nos templos: o mar era então interditado, e o povo supostamente confinado às suas casas. Mas as pessoas comuns mostravam-se dispostas a transgredir tabus de todos os tipos, sendo que os europeus às vezes os encorajavam nesse desafio (Sahlins, 1981).

A bordo dos navios, os marinheiros atraíam as mulheres para suas próprias concepções de tranquilidade doméstica. Convidavam suas amantes a comerem certas comidas, como carne de porco, bananas e cocos e, assim fazendo, as mulheres duplamente transgrediam os tabus havaianos mais estritos, relativos à comensalidade intersexual. De acordo com o costume, as refeições masculinas eram feitas em comunhão com os deuses ancestrais, e essas mesmas comidas (carne de porco, bananas e cocos) constituíam a oferenda sacrificial e, portanto, absolutamente proibidas às mulheres. Com sua participação, elas poluíam o sacrificante, a oferenda e até mesmo o deus. Porém, os tabus alimentares jamais pesaram com tanta força sobre as mulheres quanto sobre os homens, porque eram mais a impressão negativa da devoção masculina. Por outro lado, a *lógica* havaiana do tabu continuava válida a bordo dos navios ingleses e teve o seguinte efeito: consumir a condição divina do estrangeiro. Enquanto homens que comiam com mulheres, os britânicos logo estavam dessacralizados, poluídos, secularizados. Estabeleceu-se entre havaianos e europeus uma clivagem étnica que não havia sido prevista, por exemplo, por aquele primeiro havaiano que apanhou a linha de prumo do *Resolution*. Apenas Cook teve sua condição divina preservada nas décadas que se seguiram – mesmo porque já havia sido sacrificado. Mas quando Vancouver chegou a Kealakekua, quatorze anos depois de Cook, o rei Kamehameha pediu solenemente que fosse proibida a entrada de ingleses em qualquer templo, para impedir a profanação. O pessoal de Cook, ao contrário, tinha-se utilizado livremente do templo principal, para o conserto de suas velas, para administrar cuidados aos seus doentes e enterrar seus mortos. Quando Vancouver partiu, o rei Kamehameha entrou em isolamento para se purificar pelo fato de, explicou, "ter ele vivido em tal intercurso social conosco, que tínhamos comido e bebido na companhia de mulheres" (Vancouver, 1801, 3:222). E assim o curso da história foi orquestrado pela lógica da cultura.

Há em tudo isso material suficiente para um outro ensaio sobre a dialética da estrutura e da prática na história das ilhas

Sandwich, mas já escrevi sobre isso (Sahlins, 1981). Evoco esta história aqui, principalmente para mostrar o papel que teve o amor em sua confecção. As questões levantadas são outra vez históricas e estruturais. De que modo podemos compreender essa notável manifestação de erotismo no Havaí? Enquanto "padrão cultural" parece ser digno de comparação com o militarismo dos índios Sioux, ou o quietismo dos Hopi – ousaríamos justapor um "afrodisiano" ao lado dos já famosos "dionisíaco" e "apolíneo"? Para além dessa questão, a ordem havaiana está apropriadamente presente naquele grupo de culturas que inclui a nossa, que preferem sedimentar as relações estruturais com base nas ações pragmáticas, em vez de uma determinação a *priori* das ações, com base nas relações. Aqui temos uma séria questão para o pensamento social. A antropologia mostrou-se incapaz até o momento de desenvolver uma teoria para esses sistemas, além daquelas de ordem estatística ou prática. Sendo assim, corre-se o risco de excluí-los do significativo e do cultural.

Vênus observada de novo: a etnografia do amor

Merece respeito a observação feita pelos ingleses de que as mulheres que se atiravam impetuosamente aos braços dos marujos não pertenciam à classe mais alta (Cook e King, 1784, 3:30-31). Porém, os interesses eróticos – dentro do contexto tradicional da sociedade havaiana – desconheciam esses limites de sexo ou classe. Envolvia homens e mulheres, chefes e gente do povo. Havia a captura de mulheres tanto quanto a captura de maridos, hipogamia e hipergamia, homossexualismo e heterossexualismo. Chefes famosos eram bissexuais e as preocupações com o sexo eram expressas tanto pela virgindade imposta a certos jovens, quanto nas liberdades permitidas a outros. Em termos sociológicos, o amor era um princípio decisivo da forma (ou da ausência de forma) da família, bem como da divisão do trabalho em seu interior. Era um meio de acesso favorecido à propriedade e ao poder. Posições e tabu poderiam ser ganhos ou perdidos através do sexo; de fato, para consegui-lo, disputava-se populares jogos heterossexuais de azar. As crianças, ao menos as da elite, eram socializadas nas artes do amor. Às meninas eram ensinados o *'amo'amo*, o "pisca-pisca" da vulva, e outras técnicas que "fazem a alegria das coxas". Chefes jovens eram iniciados sexualmente por mulheres mais velhas para as conquistas sexuais que marcavam, de forma singular, uma carreira política: a captura de um ancestral mais velho. E tudo isso, é claro, era celebrado em canto, dança e poesia.

Que lugar maravilhoso para missionários americanos puritanos! Um deles reclamava de que os havaianos tinham aproximadamente vinte formas do que ele considerava como coito ilícito, e na língua igual número de termos. Portanto, se um termo fosse escolhido para traduzir o Sétimo Mandamento, daria a impressão que ainda poderiam ser praticadas as outras dezenove formas (Andrews, 1836:390-91). A solução encontrada foi a utilização de uma frase *ad hoc, moa kolohe*, daí a falta de precisão da palavra do Senhor no Havaí: "Não dormirás [por aí] com intenções maldosas." Pessoalmente sou incapaz de catalogar todas as vinte formas. Mas, para o nosso propósito, será suficiente tomar conhecimento de certas expressões públicas de erotismo, na ordem social e nas artes, para confirmar o dito de Rudyard Kipling:

> Existem sessenta e nove maneiras de construir as "trepadas" tribais,*
> E todas são corretas.

* No original, *tribal lays*. (N.R.T.)

Um hino em louvor ao relativismo cultural, cheio de trocadilhos transculturais e de sentidos ocultos que deliciam os havaianos! "*Lay*": em inglês, um verso cantado, podendo significar, em gíria, relação sexual; em havaiano, o homônimo *lei* significa uma coroa de flores entrelaçadas, e "flor" (*pua*) é uma metáfora comum para a amada.[11] Assim vemos na canção de meados do século XIX, *Fogo Quente*:

Minha desejada flor
Para que eu trance e amarre
Um elegante *lei*
Para o anoitecer...

Refrão
Fogo quente aqui dentro
O ato do amor
Apodera-se de meu corpo,
Pulsando, ontem à noite.

Nós dois
Conhecemos o poder,
De paz e relaxamento,
Fazendo amor dentro de mim

(Elbert e Mahoe, 1970:28-29)[12]

A paz e o poder refrescante do amor aparecem em outra canção da mesma época, cujo título é traduzido de diversas maneiras: *Nós dois na espuma* ou *Eu e você, e então, a explosão* (Emerson, 1965:166-67). Esta última versão pode ajudar a explicar por que esta canção é atualmente apresentada a turistas como um canto de guerra havaiano. A palavra operativa, *huahua'i*, "jorrar", "espuma" e "borrifar" também pode significar "o clímax sexual".

Nós dois na espuma (*huahua'i*)
Ó felicidade, nós dois juntos,
Em um abraço apertado no frescor.

(Elbert e Mahoe, 1970:62)

Estou seguindo uma linha de metonímia sobre paz e frescor que nos leva, por uma lógica que parece ser perfeitamente havaiana, a uma canção escrita pelo rei Kalākaua em louvor, ostensivamente, ao "líquido real" – o gim:

Eu vibro,
Eu vibro por líquido,
Eu vibro por líquido refrescante...

Finalmente conheci
A paz redobrada;
Nós dois em paz,
O líquido jorrando no penhasco.

(*Ibid.*: 68)

Os havaianos têm categorias especiais de canções de amor (*mele ipo, mele aloha*), mas é muito difícil (particularmente para um estrangeiro) dizer o que é uma canção de amor, por ser quase impossível determinar o que não é. A literatura oral é cheia de *kaona*, "sentidos ocultos", frequentemente eróticos. Essa é uma brincadeira que todos praticam e muitas vezes com mais habilidade do que os psicanalistas ocidentais, e, seguindo esta mesma linha, o ponto que quero ressaltar é de natureza cosmológica e não freudiana.[13] Se quase qualquer coisa lembra o sexo para os havaianos, não será por que, ao menos como uma condição de possibilidade, o universo de pessoas já esteja carregado de imensas forças de atração semântica? O universo é uma genealogia, o que vem a ser um projeto cosmológico total de reprodução sexual.

Essa continuidade de descendência entre o natural, o sobrenatural e os seres humanos é o que distingue o esquema conceitual polinésio, do assim chamado totemismo, na opinião de Lévi-Strauss (1963). Em uma cosmogonia maori comum, os seres originais são conceitos abstratos de geração, começando com o *Nada*, e descendo genealogicamente através de outros, tais como a *Gravidez*, a *Mente*, o *Pensamento* e o *Desejo* para chegar ao Firmamento e à *Terra* (cf. Best, 1976 [1924]). O Pai Céu ou Firmamento (Rangi) então junta-se com a Mãe Terra (Papa) e nascem os deuses. O deus Tāne se une a diversos elementos femininos para dar origem a certos fenômenos naturais. Tāne então acasala com a primeira mulher, feita da Mãe Terra, e os seres humanos são produzidos. (Voltaremos a esses conceitos maori em capítulos subsequentes.) Os cantos de criação havaianos (como o conhecido Kumulipo) são semelhantes, exceto que o Céu Iluminado (Wakea) e o Estrato Terrestre (Papa) são os humanos primordiais (Malo, 1951). O Céu (Wakea) vive com sua própria filha para gerar primeiro a planta de taro e, posteriormente, o progenitor dos chefes; os filhos subsequentes dessa família original altamente incestuosa são as diversas classes da sociedade; ou, como em diversas outras versões mais próximas à maori, os filhos são as diversas ilhas que compõem o arquipélago havaiano.

Por ser este um sistema de descendência comum, as relações semânticas entre os diversos planos do cosmo e da sociedade não são apenas metafóricas, ou meramente metonímicas no sentido da continuidade física. Para o pensamento polinésio, a descendência é uma lógica de classes formais: o ancestral está para seus descendentes como uma classe geral está para suas categorias particulares. A prole é um emblema da espécie ancestral. O sistema é então uma verdadeira ontologia, tendo a ver com conjuntos de povos comuns e com diferenciações de substância. As relações logicamente construídas a partir dele – por exemplo, o firmamento está para a terra como os chefes estão para o povo – são expressões da essência das coisas. Portanto, as relações e as façanhas dos conceitos primordiais, do modo como estão representadas nos mitos, tornam-se, para as pessoas que deles descendem, os paradigmas de suas próprias ações históricas. Toda união havaiana recapitula a ligação original entre os céus masculinos e a terra feminina, e aquele que nasce do casamento entre chefes é mais um deus. Desse modo, o esquema genealógico serve à *pensée étatique*, assim como o totemismo funciona na *pensée sauvage*. Todas as operações necessárias de classificação, de transformação e de categorização estão inerentemente vinculadas ao esquema. O sexo, como diz Hocart em algum lugar, é o signo do sexo. Os havaianos podem percebê-lo por toda parte porque já estava lá.

Consideremos o "sentido oculto" (*kaona*) da inscrição acima da entrada da Repartição de Suprimento de Água, de Honolulu:

> *Uwe ka lani, ola ka honua*
> "Os céus choram, a terra vive."

É improvável que os *haole* ('homens brancos') e os japoneses, que atualmente dominam a burocracia havaiana, estejam conscientes de que este pequeno trecho anódino de poesia pastoral refere-se à cópula primordial (cf. Elbert, 1962) e, mais, que esse provérbio é um símbolo condensado da poética e da história que acabo de resumir. A semente masculina de origem divina e natural é absorvida pela mulher e transformada em substância humana: mais uma vez estamos diante de uma hipergamia espiritual. Porém, no evento onde "os céus choram", pode estar presente a ideia da paz e do frescor do ato sexual, uma neutralização da paixão quente e crua que o macho tem pela fêmea. Mas, pode haver ainda um outro sentido na superfície havaiana das coisas, porque o "ser celestial" é um epíteto comum para "o chefe". O que nos traz a uma outra manifestação artística que os leitores do *Anti-Édipo* não deixarão de reconhecer como o sustentáculo da ideologia política: os cantos genitais da aristocracia havaiana.

A distribuição social dos cantos genitais (*mele ma'i*) provavelmente se estendia dos chefes propriamente ditos, para incluir as famílias de alta posição que moravam longe das principais aldeias (Pukui et al., 1972, 1:76-77, 84-85).[14] Porém, os exemplos mais significativos que nos restam são os hinos em louvor de certas genitálias reais. Os cantos acompanhados do hula "eram a conclusão tradicional da apresentação de danças em honra ao chefe" (Barrère et al., 1980:21). Mas, para qualquer havaiano, seus genitais são a sua preciosa propriedade. O fato de serem cobertos com roupas não pode ser explicado por referência ao pudor ou à vergonha, mas apenas como uma forma de proteger suas preciosidades. Esta é claramente uma explicação de formação secundária e deve ser tomada pelo que vale, o que já é bastante e é mais um agradável contraste do ponto de vista dos missionários, que acreditavam que as pessoas deveriam vestir-se para cobrir suas "deformidades". Os cantos mais antigos registrados na língua do Havaí são aqueles que foram coletados por Samwell durante a viagem de Cook, do tipo *male ma'i*. Aqui está o mais curto (talvez seja um fragmento) dos dois obtidos por Samwell:

> Um *ule* [pênis], um *ule* a ser apreciado:
> Não fique quieto, venha suavemente
> Desse modo, tudo ficará bem aqui,
> Dispare sua fecha.[15]

Cantos de louvor (ou sedução), assim como nomes próprios, eram atribuídos às partes preciosas dos chefes, mais por antecipação do que em reconhecimento das proezas de explorações maduras. Essas homenagens eram prestadas a homens e mulheres ao nascer. O canto da rainha Lili'uokalani fala de seus "genitais brincalhões e travessos que sobem e descem" (Pukui et al., 1972, 2:85). Seu irmão, o rei Kalākaua, foi dotado, no célebre canto com Hālala, de um "[equipamento sexual] enorme". O nome desse canto é *Teus animados ma'i* ("genitais"):

Teus animados *ma'i*
Que escondes...
Mostre a coisa grande,
Hālala, para os muitos pássaros.

(Elbert e Mahoe, 1970:67)

O canto genital que ainda hoje se canta e dança em homenagem ao grande Kamehameha (falecido em 1819) é chamado de *Os passarinhos estão se aninhando*. O canto é também notável por sua frase final atributiva, que identifica Kamehameha com Kūnui'ākea – o deus (imagem) do sacrifício humano:

Punana ka manu i Haili la,
Ka nu'a lehua i mokaulele la
Aia ko ma'i i lehua la ea...
He ma'i no Kūnui'ākea.

Os pássaros aninham-se em Haili,
As flores de lehua estão empilhadas
altas em Mokaulele,
Lá estão os seus genitais
com sabor de lehua...
Um canto genital para Kūnui'ākea.

(Dorton, 1981)[16]

Où regne la beauté, la reine est belle. A beleza ideal do(da) chefe é o complemento de sua potência ideal – estamos, é claro, falando de ideais. O chefe supremo é "divino", como nós mesmos diríamos: enorme, gordo, a pele clara, por sempre ter sido protegida do sol, o corpo resplandecente com óleos perfumados, enfeitado pelo deslumbrante manto de plumas que é o tesouro do seu reino. E por que não criar um reino sobre tal fundamento? A beleza, enquanto algo que existe apenas nos olhos de quem vê, é necessariamente uma relação social. Enquanto força de atração, que pode fazer com que haja uma troca como testemunho de um desejo, o belo pode então servir como equivalente funcional de uma norma de reciprocidade. Muitas das sociedades oceânicas empregam o estético nas fronteiras da moral, naquelas relações que estão além do controle do parentesco. A beleza de objetos ou pessoas entra em ação na periferia dos grupos constituídos e nos interstícios da ordem moral: como nos casos das súplicas ao deus ou ao parceiro de trocas cerimoniais; ou nos banquetes que são oferecidos entre tribos estranhas.

Aqui o belo funciona como paradigma natural do político. A singular beleza do chefe, por fixar de forma magnética o olhar da multidão sobre seu possuidor, institui uma relação de atração e coerência que não é apenas centrada ou hierárquica, mas que faz, da *subordinação daqueles que a contemplam, um ato amoroso*. O nome da relação política no Havaí é também *aloha*. *Aloha*, "amor", é a consciência do povo de sua própria servidão, a maneira pela qual é descrita e justificada a lealdade para com o chefe. De modo recíproco, o chefe deveria ter *aloha* por sua gente. Mas, em vários sentidos, isto é apenas um jogo de palavras. O chefe deveria demonstrar compaixão, *pitié*; mas, por ser singularmente dotado de beleza, é ele o objeto da afeição universal. Os havaianos referem-se a seus chefes fazendo inúmeras variações sobre um tema sentimental, cujos refrãos só pareceriam insinceros aos nossos ouvidos: "o ente precioso", "o ser amado", "o querido" e também, como é mais habitual, "o ser celestial" (*ka lani*). A qualidade específica da beleza aristocrática é um brilho, uma luminosidade, que os havaianos nunca deixam de ligar, nos mitos, ritos e cantos, ao sol. Tal beleza é adequadamente chamada de divina, pois, como os próprios deuses, faz com que as coisas se tornem visíveis. E é por esse motivo que ela é ligada à potência sexual dos chefes, porque no plano humano tem o mesmo efeito criativo. Temos aqui um texto ilustrativo desse tema, um conhecido mito, a estória de Kila, filho de Mo'ikeha. Nosso herói está prestes a travar batalha com Makali'i, irmão mais moço de seu pai. O prêmio da contenda é a linda chefe Lu'ukia, presa na terra de Kahiki, onde Makali'i é rei. Kila vencerá a luta e tomará a mulher que havia sido esposa de seu pai. O trecho descreve Kila no momento de sua chegada em Kahiki:

> Ao avistar Kila, a multidão começou a gritar, admirando a sua beleza. Até mesmo as formigas foram ouvidas cantando em seu louvor; os pássaros cantaram, os seixos ressoaram, as conchas berraram, a grama murchou, a fumaça ficou bem baixa e não se dissipou, escutou-se o trovão, os mortos voltaram à vida, foram vistos os cães pelados e inúmeros espíritos de vários tipos tornaram-se visíveis. Tudo isso que foi mencionado é o povo de Moikeha, que se tornou visível quando da chegada de Kila, o seu filho, assim testemunhando a sua posição de chefe supremo (Fornander, 1916-19, 4:168).

O cosmo se revela diante da beleza de Kila. Homens, natureza, e até mesmo espíritos, ficam visíveis diante de sua luz. Estamos provavelmente próximos à essência do *mana*, apesar do poder desse conceito havaiano ser tal, que hesito em mencioná-lo. Será suficiente dizer que os efeitos do *mana* são mediados pelo olhar. O olho é o *locus* simbólico da sujeição. Valeri observa: "Os dois sentimentos que permitem a transcendência do ser são, de acordo com os havaianos, o desejo e o respeito. Ambos são chamados de *kau ka maka*, literalmente 'pôr os olhos em'" (Valeri, no prelo). O verbo "ver" (*ike*), em havaiano (como em francês, ou inglês), pode significar "entender", mas também pode significar "conhecer sexualmente". O olho enquanto testemunha da ordem, do mundo de formas geradas pelo chefe, é a oferenda sacrificial daqueles que violam essa ordem. Depois de ser morto, o transgressor de tabu tem o seu olho esquerdo consumido por Kahoali'i, um duplo cerimonial do rei e o deus vivo dos ritos sacrificiais. Os chefes de mais alto tabu, aqueles que são chamados de "deuses", "fogo", "calor", "fogueiras ardentes" são como o sol e não podem ser olhados de frente sem causar ferimento. As pessoas humildes prostram-se diante deles, rosto ao chão, que é a mesma posição das vítimas na plataforma de sacrifícios humanos, que, por sua vez, são chamados de *makawela*, "olhos queimados". Mas, se me ativer às riquezas simbólicas dessas associações, não haverá espaço para mais nada.[17] Em vez disso, deixem-me abreviar a filosofia política, utilizando-me deste contraste: Quando uma pessoa comum, tendo violado o tabu, estiver destinada ao sacrifício, ela terá os seus olhos extirpados pelos carrascos do rei; mas quando o grande chefe Keoua, já em tempos históricos, submeteu-se aos altares do sacrifício de seu vitorioso rival Kamehameha, primeiro cortou a extremidade de seu pênis.

Se pensarmos apenas na "ideologia" ou na "superestrutura" estaremos nos enganando: o que temos aqui é uma economia política do amor. O amor é a infraestrutura (como diria Godelier). O erótico é o pragmático em dois sentidos. Do ponto de vista do sujeito ativo, seja ele um chefe ou um homem comum, as conquistas sexuais são meios de acesso a uma variedade de vantagens materiais. Isso é fácil de compreender, mas para o segundo sentido, o que vem a ser o corolário sociológico, não temos nenhuma teoria fácil de formular: a estrutura do reino é a forma sublimada de suas forças de atração sexual. A sociedade havaiana não era um mundo formado por grupos de parentesco determinados e relações prescritas, um mundo de formas e normas pressupostas, como na velha e boa tradição antropológica de linhagens corporadas e regras matrimoniais prescritivas. Não é apenas que o sistema fosse tecnicamente complexo. Era performativo, literalmente uma "conjuntura",* criada pelas mesmas ações que lhe davam significado. Da família ao Estado, os arranjos da sociedade estavam em fluxo constante, um conjunto de relações construídas sobre as areias movediças do amor.

Marc Bloch nos ensinou a sermos comparativistas, senão não passaríamos de antiquários. E uma das vantagens da comparação em seu sentido forte ou linguístico – isto é, a comparação de estruturas "geneticamente relacionadas" – é que ela nos permite falar de transformações marcadas por ausências significativas. No Havaí, não existe aquela organização segmentar formada por grupos de descendência, encontrada em outros povos cognatos da Polinésia: a organização da terra como uma pirâmide de linhagens embutidas, com uma hierarquia correspondente de cultos ancestrais, direitos de propriedade e títulos de chefia, tudo isso baseado em uma prioridade genealógica no interior de um grupo de descendência comum. Não é que esses conceitos não tenham deixado traços históricos, ou até mesmo funções sistemáticas. Eles organizam as gerações mais antigas das grandes genealogias reais-cosmológicas que, começando nas origens divinas e prosseguindo patrilateralmente através de ramos "seniores" e "juniores", fixam as relações dinásticas entre as diversas ilhas. Como

* No original *"state of affairs"*. *Affair* pode ter o sentido de um caso amoroso, mas a expressão também é usada para falar do que está acontecendo com as coisas. No caso parece ser uma utilização dos dois sentidos. (N.T.)

regra geral, as linhas mais antigas e mais seniores estão localizadas nas ilhas ocidentais, Kaua'i e O'ahu, de onde também são originários os tabus mais altos. Em contrapartida, o dinamismo histórico do sistema está situado a leste, entre os chefes de Maui e do Hawai'i, que conseguem se distinguir de seus rivais locais, ou mesmo de seus antecessores dinásticos, através da apropriação da ancestralidade das fontes ocidentais de legitimidade. Neste jogo genealógico – a arena política preferida dos monarcas havaianos até quase o século XIX – a linhagem é mais um argumento do que uma estrutura.

No Havaí, na verdade, não se traça a descendência, mas se faz uma escolha seletiva do caminho ascendente, caminho este que, notavelmente, inclui a ancestralidade feminina, até chegar-se a uma ligação com alguma antiga linha dominante.[18] Lembrem-se de que homens, natureza e deuses revelaram-se a Kila, "confirmando, assim, a sua posição de chefe supremo". Porém, os havaianos também dizem que "a posição relativa da criança é determinada no ventre". O significado não é o de descendência matrilinear, como supunham estudiosos de outras gerações, mas sim que a posição relativa e os tabus transmitidos através de suas respectivas mães diferenciam as pretensões dos chefes rivais e as de seus herdeiros competidores. Daí a busca pela mulher sagrada no mito de Kila e também em inúmeras estórias de reis lendários, ou nas práticas documentadas de seus sucessores históricos (cf. Valeri, 1972). Portanto, se os princípios genealógicos polinésios são preservados, é porque a descendência é adquirida através da aliança.

Os havaianos também dizem que "todo chefe age como um conquistador quando é empossado". Esta referência não é apenas devido à celebração de sua vitória sobre seus predecessores que, aqui como alhures, marca a cerimônia de coroação do rei divino. Quer tenha ele chegado ao poder por usurpação ou por herança, o chefe, quando de sua ascensão, redistribui os direitos a todos os distritos de suas terras, entre seus parentes imediatos e lacaios. Essas pessoas serão os chefes que "comem o distrito" (*ali' ai' moku/ ahupua'a*). Pois os havaianos preferem o princípio maquiavélico de reinarem através de seus criados do que através de barões. O chefe maior quando faz a redistribuição das terras dispõe-se a dar o poder a chefes menores, ligados à família real através de inúmeros casamentos secundários e, assim, contrapõe seus parentes afins aos colaterais, que são seus rivais mais perigosos. Aqui, então, temos uma das principais fontes da política sexual. O corolário desse costume da terra é uma obsessão aristocrática por conspirações e intrigas, entre as quais a intriga sexual é um meio de escolha.[19]

O sistema matrimonial (uso esse termo de forma livre) da chefia no Havaí era um festival de uniões poligínicas e poliândricas vitalícias que desafiam qualquer simples descrição. Incesto e exogamia, hipogamia e hipergamia: cada tipo de casamento tinha vantagens próprias, dependendo do contexto da situação. E os havaianos não poderiam deixar de estar cônscios das vantagens, pois no final das contas a paternidade/maternidade era atribuída socialmente, "apesar de sermos completamente selvagens, também sabemos calcular". É também impossível ter estatísticas confiáveis, pois nossas fontes principais vêm de missionários americanos que se deliciavam, por assim dizer, com as depravações havaianas. Um relato típico é o do irmão Thurston sobre a esposa secundária de Kalaniopu'u, rei do Havaí à época de Cook:

> De acordo com seu próprio relato, teve ela durante sua vida não menos de quarenta maridos e, de acordo com o antigo costume das chefes supremas que não fossem esposas principais dos reis, ela tinha em geral vários maridos ao mesmo tempo (Cartas: Kailua, 10 dez. 1828).

Contudo, o significado, se não a extensão dessas ligações aparentemente casuais, está acima de qualquer suspeita. A organização do reino é materializada a partir do nexo dessas conexões sexuais. Desse modo é dada uma certa entropia ao sistema de posição, liberando por sua vez uma explosão (*huahua'i*) de energias sexuais aristocráticas. Dado o entrelaçamento labiríntico das genealogias pelo contínuo entrelaçamento dos chefes, o sistema de posição e o tabu movem-se sempre em direção ao provável estado de não diferenciação. Todo mundo poderia dizer: *nous aussi, nous avons des aïeux*. Mas, onde todos têm pretensões à legitimidade, ninguém pode garantir a legitimidade de sua pretensão. Nem tampouco existia a segurança da manutenção dos direitos sobre aquilo que já se possuía. Exceto, talvez, através de uma série de ligações que trariam singular distinção à sua descendência e o suporte de outras pessoas às suas ambições – com a esperança, é claro, de realizarem suas próprias ambições com a distribuição de terras e cargos. Podemos ver agora como as façanhas comemoradas nos cantos de nascimento da elite havaiana não são apenas reflexo de uma conexão geral entre a chefia e a fertilidade cósmica. Os genitais aristocráticos são meios realmente valiosos de produção social.

O que valia para o reino podia ser aplicado ao mais humilde lar: havia uma flutuação constante nos membros e na organização da casa, o que, em parte, se devia às ligações sentimentais inconstantes. Não existiam regras rígidas de residência pós-marital ou formas prescritas de família (p. ex., famílias patrilocais extensas). Havia também uma certa incidência de poliandria e de poliginia. Além disso, os adultos jovens gozavam de um período prolongado de mobilidade devotado à busca do prazer. Grande valor era dado à *u'i*, "beleza vigorosa juvenil". As mulheres jovens relutavam em se estabelecer e ter filhos por causa dos efeitos estéticos adversos. Alegam ser essa a principal causa de abortos e infanticídios, mas a incidência dessas práticas é incerta. O que é certo, no entanto, é que crianças eram frequentemente deixadas aos cuidados dos avós enquanto suas mães seguiam seus próprios caminhos. Para os homens, as responsabilidades domésticas acarretavam a desvantagem adicional de colocá-los sob as ordens de um dos agentes de terras do chefe (*konohiki*), sujeitos às suas demandas de trabalho e de produção. A estabilidade doméstica, portanto, frequentemente não era atingida até alcançar uma idade relativamente avançada. O povo chamava de *noho pu*, "morar junto", mas não havia uma linha claramente demarcada entre essa e as outras uniões provisórias. Para a população, a marcação ritual do casamento era fraca ou inexistente. No Havaí também não existiam termos específicos para "esposo" e "esposa", além daqueles de "homem" (*kane*) e "mulher" (*wahine*). Existiam, no entanto, termos de afinidade, e a mulher era considerada "o direito de propriedade", o *kuleana* que um homem tinha na família dela. Enfim, tanto para o povo quanto para os chefes, o efeito do sexo era a sociedade: um conjunto de relações mutantes que gradualmente se arrumavam e adquiriam permanência devido às considerações práticas a ele associadas.[20]

Mais ainda, a conexão entre esses dois domínios, o doméstico e o político, a sociedade civil e o Estado, era feita através dos mesmos meios sexuais que, respectivamente, organizavam cada um deles em separado. As pessoas comuns também tinham interesses nas aventuras eróticas da nobreza, e ambição de se transformarem em objetos da afeição dos nobres. Não era apenas o *aloha*, mas uma ligação sexual que serviria como um importante caminho para a mobilidade ascendente, e esse caminho era chamado de *'imi haku'*, "buscar por um senhor". Relatos provenientes da ilha do Hawai'i dão conta de uma espécie local de *jus primae noctis*, um privilégio tanto para a filha do povo quanto para o chefe:

> Antes de uma moça conseguir um marido, o chefe tem de [abri-la] *wāwāhi*. Se uma criança resultar dessa união, será criada com orgulho pela família e pelo marido da moça. Este marido tinha um "senhor" *hou* para criar. Este "senhor" era importante porque poderia ser uma "espinha dorsal" [*iwikuamo'o*, um arrimo e um parente] na corte do chefe. O chefe tinha o direito de abrir qualquer moça. Isso não só era aprovado pelas famílias, como elas faziam tudo para que isto acontecesse (Declaração de informante).

Para a população comum que vivia nos distritos não havia proteção alguma da linhagem. Não havia linhagens. Os diversos chefes locais periodicamente "colocados" (*ho'onoho*) e deslocados, pelos poderes constituídos, pelos distritos do interior, não tinham nenhum parentesco necessário ou essencial com os habitantes do lugar. E, ao mesmo tempo, esse sistema de redistribuição de terras entre a elite não deixava espaço algum para as estruturas locais alternativas de solidariedade de linhagem e de propriedade coletiva – menos ainda para uma autoridade alternativa que emanasse do povo e viesse de sua própria linha ancestral sênior. De acordo com a definição tradicional, o povo, as pessoas comuns são aquelas que não são capazes de traçar sua genealogia para além de seus avós. Nem mesmo herdavam as terras onde seus antepassados haviam trabalhado, apenas os substituíam na relação de subordinação ao chefe encarregado pelo distrito naquele momento. Em um espaço de tempo relativamente curto, pessoas que outrora tinham sido eminentes (*ko'iko'i*) e chefes *quondam* que viviam na terra viam seus privilégios perdidos por gerações sucessivas de chefes vitoriosos a elas impostos. Esta era, em termos gerais, uma sociedade de retornos cada vez mais reduzidos, e daí a importância desta "busca por um Senhor".[21]

Essa busca podia ser iniciada desde o nascimento. Em muitas famílias do interior, uma criança escolhida para ser o "filho preferido" (*punahele*) – fosse menino ou menina – era criada verdadeiramente como se um chefe sagrado estivesse na casa. A atenção que lhe era dispensada era equivalente à atenção dada a um filho da nobreza, e, em especial, o complemento dos elogios referentes à sua capacidade sexual antecipada em cantos de nascimento de filhos da aristocracia. A criança preferida do povo era consagrada aos seus familiares ancestrais. Este preferido, suas roupas, comidas e atividades eram restritos por tabus, assim como acontecia com um chefe sagrado. Um antigo texto conta da sagração da criança preferida a um deus do sexo oposto: uma espécie de teogamia, que a obrigava à virgindade durante sua juventude na expectativa da eventual união com o chefe-deus visível, sendo esse o propósito da consagração. A oração de consagração de uma filha preferida é eloquente em relação aos benefícios antecipados:

Ó Fronteira do Ocidente,
Ó Firmamento Superior,
Ó Firmamento Inferior,
Cá está seu tesouro.

Ofereça-a ao homem que governará a região,
Um marido que governe o distrito,
Um marido chefe

Para preservar seus [os da criança] pais,
Para conservar seus filhos...

Guarde os meus genitais
Para que meu marido os veja...

Atenção, ó espíritos guardiães da noite,
Preservem sua criança,
Assegurem-lhe um marido chefe que governe a região.

(Kekoa, 1865)

Fica evidente o motivo pelo qual os havaianos eram tão interessados em sexo, o sexo afinal era tudo: posição, poder, riqueza, terras e a garantia de todas essas coisas. Feliz sociedade, talvez, que podia tornar tão prazeroza, por si só, a busca por todas as coisas boas da vida.

Estruturas performativas

Não como nós mesmos, para quem o trabalho penoso e a dor são condições *a priori* do prazer. Ao mesmo tempo, como nós mesmos, no sentido de que a sociedade parece sedimentada, como se houvesse uma mão invisível partindo dos interesses pragmáticos dos seus sujeitos ativos e, desse modo, enquanto forma histórica, feita e desfeita continuamente. E assim também são sociedades como a esquimó, a tswana, a pul eliya ou as pouco estruturadas, por assim dizer, da Nova Guiné. Todos esses povos têm a característica comum de desafiar as explicações da antropologia. São monumentos ao fracasso da imaginação antropológica – e, além dessa, do pensamento social ocidental. Nós as observamos através de um vidro esfumaçado, utilizando "modelos estatísticos" *post facto*, que se satisfazem com a totalização dos efeitos das infinitas opções individuais e que depois fazem valer esses resultados empíricos como uma verdadeira ordem cultural. Ansiamos pelos "modelos mecânicos", fornecidos pelas sociedades que sabem agir de acordo com relações prescritas, em vez de determinarem suas relações pelos modos de interação. Ficamos muito mais confortáveis com as lógicas aristotélicas de "estrutura social", legadas por nossos doutores escolásticos: os grupos corporados e as normas jurídicas de um Radcliffe-Brown, arranjos organizados em caixinhas não contraditórias e de comportamento não problemático, um papel para cada status e cada qual em seu lugar determinado.

Somos como fiéis no templo de Termino, deus das marcações de fronteiras.

Quando confrontados por pessoas que parecem criar suas regras em movimento, que fazem do fato social uma ficção frente a seus verdadeiros interesses, lembramo-nos de nós mesmos e começamos a falar, misteriosa ou dialeticamente, de princípios antitéticos, de propriedades e tipos de causação. Descobrimos diferenças ontológicas entre estrutura e prática, sistema e evento, estado e processo, norma e comportamento. Um sistema, ou uma estrutura aparece enquanto "ideal" ou "ideológico" ou "meramente simbólico"; enquanto que a vida do modo como é vivida é real, empírica ou prática. Temos dificuldade em imaginar que ao nível do significado, que é o nível da cultura, ser e ação sejam intercambiáveis.

Para sermos mais exatos, temos dificuldade de encontrar o lugar teórico para essa ideia, apesar de reconhecermos e agirmos sobre ela durante nossas existências. Para nós, por exemplo, a amizade é uma relação de auxílio mútuo. Pressupõe-se que amigos se ajudem uns aos outros: a ação é prescrita de antemão pela relação. Porém, também, é proverbial entre nós que "um amigo na necessidade, é um amigo de verdade". Aquele que lhe presta auxílio é *realmente* seu amigo: a relação é certamente criada mais pelo desempenho, do que o desempenho garantido pela relação. (Em antropologia ouvimos falar de sistemas de casamento prescritivo, que estabelecem que as uniões se deem entre determinadas categorias de parentesco, como entre primos cruzados, por exemplo. A meu ver, o sistema de casamento entre primos cruzados dos povos Fiji é um sistema perfeitamente prescritivo. Todos os nativos de Fiji se casam com seus primos cruzados, não porque as pessoas assim aparentadas tenham que se casar, mas porque elas sempre serão relacionadas dessa forma ao se casar – não importando quais os seus laços prévios, se é que algum existia.) O que quero assinalar é que, ao nível do significado, sempre existe uma reversibilidade potencial entre tipos de ações e categorias de relações. Verbos significam tanto e tão bem quanto substantivos, e a ordem estrutural pode ser trabalhada tão bem em uma direção quanto em outra. Todas as sociedades provavelmente se utilizam de alguma mistura desses modos recíprocos de produção simbólica. Mas existem sistemas com movimentos predominantemente radcliffe-brownianos: grupos delimitados e regras obrigatórias, que prescrevem anteriormente em muito a maneira pela qual as pessoas devem agir e interagir. Vamos chamá-las de "estruturas prescritivas". Por contraste relativo, a havaiana seria uma "estrutura performativa".

Esta última forma constantemente relações a partir das práticas – e, em especial, como tentei demonstrar, da prática sexual. Agora mesmo tentei destacar essa afirmação pela utilização de um paroxismo, sugerindo que um sujeito gramatical pode estar em uma relação predicada com o verbo. Porém a língua havaiana é assim, a ordem das palavras é governada por um princípio chamado "deslocamento à esquerda",* em que a informação mais pertinente é avançada em direção ao início da sentença para o lugar geralmente ocupado pelo verbo. Os próprios verbos são marcados por seu aspecto e grau de realização, em vez do tempo verbal propriamente dito. Os verbos usados com maior frequência são aqueles chamados de estativos,** ou seja, aqueles que denotam um estado ou uma condição e não uma ação. De fato, nessa língua sem inflexões, os mesmos termos geralmente funcionam como verbos, substantivos, adjetivos ou advérbios, dependendo de sua posição. Não estou ensaiando aqui a ideia, comumente atribuída a Whorf e Sapir, de que as categorias gramaticais de-

---

* No original inglês, "*fronting*". (N.R.T.)

** No original inglês, *statives*. (N.R.T.)

terminam as categorias do pensamento. A mesma intercambialidade entre o ser e o fazer está manifesta tanto na estrutura social quanto na gramatical e nada nos indica *a priori* que uma deveria ser privilegiada em relação à outra. Mas, tomada como um todo, a lógica cultural havaiana sugere que a oposição entre estado e processo ou substância e ação, entronizada nas nossas ciências sociais e históricas, não é pertinente – não importando o quanto essa distinção nos pareça uma condição necessária do pensamento.

De acordo com o pensamento havaiano, sabemos que o parentesco pode tanto ser criado quanto vir pronto do berço; o "nturir" (*hānai*), a assim chamada adoção, pode efetivamente instituir a paternidade do mesmo modo que o nascimento o faria. Essa lógica é altamente produtiva e consistente ao nível do significado. *Kama'āina*, o "filho da terra", está referido a alguém que é nativo de algum lugar. Mas alguém pode igualmente ser *kama'āina* por ação ou por prescrição: por residência prolongada ou por nascença. A consistência está em que esses relacionamentos de infância ou natividade têm um denominador comum, que é como a substância comum das pessoas assim relacionadas é invocada. Pais e filhos são pessoas da mesma espécie: são compostos das mesmas coisas, quer por reprodução da substância, quer por seu consumo em conjunto. Segue-se logicamente que uma pessoa cujo alimento provenha de um certo pedaço de terra – *āina* – seja um filho – *kama* – dela, um *kama'āina*, assim como quem lá nasceu. (Na etimologia popular, *āina*, a "terra", é entendida como o "lugar de se nutrir". Essa derivação é imprecisa em termos históricos, ao mesmo tempo em que é repleta de bom-senso histórico, sendo que a raiz polinésia em questão é a familiar *kaainga*, que significa um lar e um grupo de parentes gerados através de relações sexuais – e comer tem, em toda Polinésia, o significado de relação sexual.)

Tudo isso ajuda a explicar o paradoxo aparente de uma sociedade que é capaz de reproduzir uma ordem cultural recebida através da livre busca da felicidade, *le'a*, o que equivaleria a dizer (em havaiano) pelas contingências da atração sexual. Do ponto de vista do sujeito libidinoso, o sexo é um interesse consumptivo, não apenas por si mesmo, mas por seus muitos benefícios práticos. No entanto, da perspectiva global da sociedade, esses fins subjetivos tornam-se os meios de constituição de uma ordem política, econômica e espiritual definida. E, embora as escolhas individuais pareçam ser livres, ou pelo menos muito liberais, o resultado não é de modo algum aleatório e expressa de maneira válida as distinções e relações habituais entre homens e mulheres, chefes e povo, deuses e mortais; em suma, o tradicional esquema cósmico das coisas. A estrutura está justamente nessas distinções e relações, que são (relativamente) constantes, e não nos arranjos mutantes formados e reformados a partir delas. O sistema social é desse modo constituído da paixão e a estrutura, constituída do sentimento.

Esse milagre aparente depende de várias condições inter-relacionadas do modelo de produção simbólica, o modelo performativo. Enfatizarei apenas duas dessas condições. Primeiramente, que os valores significativos habituais das pessoas e os objetos de suas existências habitam os interesses e as intenções de seus projetos pessoais, muitas vezes enquanto premissas irrefletidas de ação. Tudo aquilo que é contratual não está no contrato. E a contrapartida do aforisma durkheimiano são os aforismas, as impressões da vida cotidiana, o *habitus* ou "estruturas estruturantes", tão brilhantemente descritas por Bourdieu (1977), perfilando assim uma maior ordem nos interesses e nas ações pessoais. Deduz-se portanto, dessas compreensões, que uma sociedade que funcione baseada na livre busca de seus interesses não está, por isso, livre de relações motivadas entre os signos (ver Capítulo 5, adiante). E, em segundo lugar, ser e fazer, ou relações e condutas, enquanto significados, habitam o mesmo universo, o do discurso, e são sujeitas a operações conceituais comuns. Não estamos misturando alhos com bugalhos, nem coisas "ideais" com "reais". O esquema que liga certos atos a certas relações é por si mesmo sistemático. Não é apenas por partilharem uma experiência qualquer que os havaianos se tornam parentes ou camaradas, "filhos da terra", mas apenas por aquelas experiências que implicam o valor apropriado de consubstancialidade. Por uma lógica comum que é real a ambas, ação e relação podem assim funcionar alternadamente, enquanto significante e significado, um para o outro.[22]

Embora esse processo de significação seja *ad hoc* em termos simbólicos, ele é frequentemente *post factum*. E voltamos assim às questões históricas e, de modo específico, à historicidade das estruturas performativas. O *calcul sauvage* parece partilhar com sua mais famosa prima (*la pensée sauvage*) uma grande capacidade de neutralizar os eventos que o cercam. Para os havaianos, nada que fosse humano era realmente exótico, mesmo que o contrário nem sempre seja verdadeiro. Havia sempre a categoria *akua*, geralmente entendida como "*deus*" ou "divino". Em minha opinião, é esta e não o célebre *mana* que funciona como a categoria semântica zero, significando não tanto um determinado conteúdo quanto a singularidade da experiência. Em um primeiro momento, os havaianos aplicavam esse termo às pessoas, aos navios e às traquitanas mecânicas dos estrangeiros. Posteriormente, assim que eram incorporados à sociedade, tornavam-se *kama'āina*, "filhos da terra". Tudo aconteceu como se nada tivesse acontecido, como se não existissem acontecimentos inesperados, nem evento algum que já não tivesse sido providenciado pela cultura. A intenção dos havaianos, ao acorrerem para os navios europeus que viam como sinais dos deuses, era de "faça amor, não faça história" – e *pas d'histoires*.

No entanto, não se pode deduzir daí que a sociedade havaiana seja "fria". Pelo contrário, mostrou ser extremamente vulnerável à mudança. Essa assimilação que houve de pessoas e coisas europeias, primeiro enquanto divinas (*akua*) e depois enquanto nativas (*kama'āina*), era um convite ao desastre cultural. A razão mais evidente e geral foi que os estrangeiros, aos quais fora concedido esse status de nativos, tinham motivos próprios de existência e nenhuma obrigação de se conformarem às preconcepções havaianas a seu respeito. Incorporando eventos contingentes em estruturas recebidas, percebendo relações míticas em ações históricas, o sistema parece estar se reproduzindo de maneira flexível. Mas aí, para tomar de empréstimo o *bon mot* de Pouillon, "quanto mais é a mesma coisa, mais ela muda".

Finalmente, temos de voltar à dialética. Minha intenção não foi ignorar a interação da estrutura com a práxis, apenas reservar-lhe um local teórico mais apropriado, ou seja, enquanto um processo simbólico, porque toda a cultura foi programada para que houvesse a valorização simbólica da força da prática material. Assim, ela muda precisamente porque, quando permite ao mundo incorporação plena às suas categorias, admite a possibilidade de que estas categorias sejam funcionalmente reavaliadas. O conceito do deus Lono não seria mais o mesmo que era antes do capitão Cook estar nele referenciado, nem podiam ser mantidas as ideias sobre as terras estrangeiras, os tabus e o divino em geral da forma como eram anteriormente. Enquanto a categoria dada é reavaliada no curso da referência histórica, as relações entre as categorias também mudam: a estrutura é transformada.

Aquilo que Marc Bloch observa para a Europa do século XV, aconteceu de forma ainda mais dramática no Havaí: "embora os homens não estivessem plenamente conscientes da mudança, os antigos nomes que ainda permaneciam em todas as bocas tinham lentamente adquirido conotações muito distantes do seu sentido original" (1966:90). Podemos, então, perguntar-nos por que foi que Marc Bloch, que bem sabia ser a prática a razão desse processo, não sucumbiu a alguma forma positivista de raciocínio utilitarista. Não seria porque estava estudando sociedades tão prontas a darem nomes familiares a práticas variantes que não podiam esconder que lidavam com o mundo através de um esquema cultural relativo?

2. Outras épocas, outros costumes: a antropologia da história

> A natureza das instituições não é nada senão o seu devir (*nascimento*), em certas épocas e sob certas formas. Quando a época e a forma são tais e quais, assim e não de outro modo são as instituições que vêm a ser.
>
> Vico, *The New Science*

Historiadores ocidentais discutem há muito tempo duas ideias do que seria a historiografia correta, ideias essas que se opõem frontalmente. Em vez da história das elites, narrada com especial atenção à alta política, propõe-se um estudo cujo objeto seria a vida das comunidades. "Durante os últimos 1.400 anos, parece que os únicos gauleses foram reis, ministros e generais", reclamava Voltaire, jurando que escreveria em substituição uma "história dos homens" (no entanto, essa seria, dizia ele, "uma coletânea de crimes, imbecilidades e tragédias"). A "nova história" mais recente de inspiração populista é também, por vezes, cliente das ciências sociais e se volta para questões como a das estruturas inconscientes, mentalidades coletivas e tendências econômicas gerais. Tende a ser populista pela relevância dada às circunstâncias práticas das populações subjacentes. Um eminente historiador (Stone, 1981:23) evoca Thomas Gray: "Não permitam... que a grandeza ouça com sorrisos de desprezo/Os anais curtos e simples dos pobres." Sua ideia é de que a história é culturalmente construída de baixo para cima: como o precipitado, nas instituições sociais e seus resultantes, das tendências prevalescentes do povo em geral.[1]

Mas antes de parabenizarmos a nova história por finalmente ter aprendido as lições antropológicas (ou políticas), devemos lembrar que a passagem de uma consciência de elite para uma mais coletiva realmente ocorreu na história da sociedade ocidental, enquanto uma diferença na prática real histórica, e isso muito antes do declínio das monarquias em favor das democracias populares, e antes ainda das economias de mercado fazerem com que a produção em massa de história parecesse a verdade autoevidente de nossa própria experiência social-burguesa, poderíamos dizer. Jean-Pierre Vernant (1982) analisa de forma brilhante essa mesma transformação durante o primeiro milênio antes de Cristo, na passagem da soberania dos reis-deuses de Micenas às instituições humanizadas da *polis* grega. Ou será que teremos que nos contentar, tanto na sociedade quanto na consciência, com uma "estrutura de longa duração": uma alternância cíclica entre o cesarismo e o poder do povo, os *gumsa* e *gumlao* da história indo-europeia, cada forma social estando sempre, ao menos um pouco, prenhe do seu contrário histórico.

Vernant, na verdade, começa por comparar as tradições reais atenienses com os reis divinos das lendas citas. Nas diversas brigas pela sucessão, os príncipes de Atenas acabam por dividir entre si as diversas funções – sacerdotais, militares e econômicas – caracteristicamente unidas nos reinos indo-europeus da idade heroica. É nesse momento que se inicia uma ideia da política enquanto mútua acomodação de diferenças, cuja forma mais democrática será alcançada na *polis*. O neto do Zeus dos citas, agraciado com dons divinos, está em contraste direto com os príncipes de Atenas; o poder soberano lhe foi concedido por seus irmãos mais velhos por ser ele o único capaz de arrebatar os prototípicos objetos dourados emblemáticos das três funções dumezilianas: a taça de libação, o machado de guerra e o arado (Heródoto, *Hist.* IV, 5-6). O soberano é aqui apresentado da maneira clássica "como alguém que está acima e além das diversas classes funcionais constituidoras da sociedade, todas representadas na sua pessoa; e como todas elas encontravam nele as virtudes pelas quais se autodefiniam, ele não mais pertencia a nenhuma delas individualmente" (Vernant, 1982:42). Ao mesmo tempo abarcando e transcendendo a sociedade, o rei divino podia mediar as relações desta com o cosmo – que, assim, também responderia, em sua própria ordem natural, aos seus poderes soberanos.

Na *polis*, todavia, uma organização constituída pela consciência de si mesma enquanto comunidade humana, o *arche* (poder soberano) "veio a ser da responsabilidade de todos" (à exceção, como de costume, de mulheres e escravos). A autoridade circulava entre os diversos grupos de cidadãos, fazendo da dominação e da submissão lados alternantes das mesmas relações. A execução de decisões provinha do debate entre iguais em praça pública, enquanto pactos abertos e criados abertamente. Assim, o discurso era elevado a uma preeminência em relação a todos os outros instrumentos de poder. O discurso não era mais a palavra ritual proclamada do alto, mas um argumento a ser julgado como persuasivo à luz da sabedoria e do conhecimento passível de verificação por todos, como aquilo que é chamado de verdade. A *polis*, através desse e de outros meios, sujeitava a ação social à vontade coletiva, tornando os homens conscientes da sua história enquanto história humana.

Considero a tese de Vernant como o principal suporte geral deste ensaio: as diferentes ordens culturais têm seus modelos próprios de ação, consciência e determinação histórica – suas próprias práticas históricas. Outras épocas, outros costumes, e de acordo com a alteridade dos costumes, a antropologia distintiva, necessária à compreensão da trajetória humana. Porque não existe nenhuma trajetória (*devenir*) que seja simplesmente "humana", como disse Durkheim, "mas cada sociedade tem sua vida própria, sua trajetória própria e sociedades semelhantes são tão comparáveis na sua historicidade (ou modelo de desenvolvimento) quanto em sua estrutura" (1905-6:140).[2] Talvez esta menção a tipos estruturais seja suficiente para evitar que se pense que estou apenas afirmando de forma ideográfica a relatividade histórica. Pelo contrário, começo por fazer certas reflexões sobre a soberania divina, representando a *polis* um afastamento radical desse tipo de estrutura, para, aí sim, analisar a prática cultural geral da história heroica.

A história heroica

A ideia é de Vico, seguindo precedentes homéricos, porém com a forma elaborada pela antropologia da soberania arcaica de Frazer e Hocart e modificada pelos conceitos dumontianos de hierarquia.[3] As implicações que podem ter para a história partem da presença da divindade entre os homens na pessoa do chefe sagrado ou nos poderes do chefe mágico. Consequentemente, o princípio da prática histórica torna-se sinônimo de ação divina: o deus, enquanto criador das ordens humana e cósmica.

Obviamente não estou sugerindo um tipo neolítico da teoria de Grandes Homens. Nem tampouco estou falando de "carisrna", a não ser daquele "carisma rotinizado", que amplia estruturalmente um efeito pessoal por sua transmissão ao longo das linhas de relações estabelecidas. Em uma versão do Contrato Social, que ainda hoje permanece como a Carta Magna filosófica da vontade geral, Rousseau argumenta que "cada Estado só pode ter por inimigo outros Estados e, nunca, os homens; porque entre coisas de natureza díspar não pode haver nenhuma real relação". Porém, a etnografia nos mostra que o chefe maori "vive a vida de toda a tribo", que "ele está em uma certa relação com as tribos vizinhas e grupos de parentesco" e que "as relações com outras tribos estão abarcadas na sua pessoa" (Johansen, 1954:180). Os casamentos do chefe são alianças intertribais, suas trocas rituais são comércio, do mesmo modo que afrontas à sua pessoa são causas para guerras. A história aqui é antropomórfica em princípio, ou seja, na estrutura.[4] Admito que a história seja muito mais que os feitos dos grandes homens. Ela é sempre e em todo lugar a vida das comunidades, mas precisamente nessas nações heroicas o rei é a condição de possibilidade de existência da comunidade. "'se eu como', diz um kuba, é o Rei; se eu durmo, é o Rei; se eu bebo é o Rei'." (Vansina, 1964:101).[5] Nos maiores estados de Fiji (p. ex. Mbau, Thakaundrove), ninguém pode sair pela manhã, não se inicia trabalho algum nem a vida comunitária, até que se tenha oferecido ao rei ou "deus-humano" (*kalou tamata*) a bebida sagrada de kava: a cada novo dia, o rei recria o mundo (Lester, 1941-42:113-14; Sayes, 1982).

As condições gerais de vida das pessoas são ordenadas hegemonicamente enquanto forma social e destino coletivo pelas disposições particulares dos poderes estabelecidos. Tampouco esse processo é meramente uma "ideologia" reflexiva, já que raramente a vontade geral é igual ao interesse soberano, exceto naquilo que for do interesse do soberano. A própria soberania pode ter as suas contradições ou até mesmo contendas, tanto nos reinos indo-europeus quanto em outros (ver Capítulo 3); não funciona, portanto, sem tomar conhecimento das circunstâncias coletivas. Apenas, tais circunstâncias são realizadas historicamente na medida em que forem globalmente definidas por sua inclusão nos projetos da soberania. Segue-se daí que a historiografia não pode ser – como na boa tradição da ciência social – a simples avaliação quantitativa das opiniões ou das condições das pessoas, baseada em uma amostra estatisticamente aleatória, como se, assim, estivéssemos tomando diretamente o pulso das *tendências sociais* generativas.

Usando uma caracterização de Elman Service, a história heroica procede mais como "Índios de Fenimore Cooper": enquanto anda em fila indiana ao longo da trilha, cada homem tem o cuidado de pisar nas pegadas de quem está à sua frente, de modo a deixar a impressão de que ali havia apenas um único índio gigantesco.

Assim, por mais de um século após terem sido convertidos por missionários metodistas, os fiji ainda eram capazes de se referirem ao cristianismo como "a religião de Thakombau" (Derrick, 1950:115).[6] Thakombau foi o grande chefe da confederação Mbau, o poder dominante no Fiji do século XIX. No dia 30 de abril de 1854, Thakombau finalmente declarou-se a favor de Jeová, depois de aturar por mais de quinze anos a importunação de missionários. Apenas dois anos antes, os missionários contaram somente 850 "fiéis regulares" na área de Mbau (Meth. Miss. Soc. Fiji Dist. 1852). Porém, imediatamente depois da conversão de Thakombau, em conjunção com certos sucessos militares, "o espírito santo jorrou em abundância" nos domínios de Mbau, tanto que, em meados de 1855, a frequência à igreja tinha aumentado para 8.870 (Williams e Calvert, 1859-484). Provou-se que na matemática histórica de Fiji 8.870 − 850 = 1, Thakombau foi a diferença estatística.

Por outro lado, o número de 850 fiéis no ano de 1852 subestima em muito os fiji, entre eles Thakombau que, já há alguns anos, admitia a "verdade" do deus do estrangeiro. Até mesmo muitos deuses de Fiji, falando através de seus sacerdotes, cederam à supremacia de Jeová e fugiram para outros lugares, ou deram indicações de que eles mesmos preparavam-se para a conversão ao cristianismo.[7] "Admitindo a verdade do cristianismo", Thakombau aconselhou o irmão Calvert a ter paciência, pois quando ele mesmo aderisse "todos seguiriam" (Williams e Calvert, 1859:445-46). E isto prova que a política da conversão não é a simples expressão da convicção.

As repetidas referências à "verdade", que encontramos nesses documentos, indicam que a disposição geral de aceitar o cristianismo era um questão de mitopoética mesmo que ainda não fosse uma questão de política de chefia. Para os fiji, "verdade" (*dina*) é uma glosa de *mana*, como Hocart (1914) observou, e indica um poder de fazer com que algo venha a existir, da mesma maneira que uma ação fracassada por falta de *mana* é uma mentira (*lasu*). E, assim, temos o chefe fiji falando ao missionário metodista: "Verdade – tudo que vem do país do homem branco é verdade; os mosquetes e a pólvora são verdades, sua religião também tem de ser verdade" (Schütz, 1977:95; cf. Waterhouse, 1866:303). A extraordinária presença do europeu era para os fiji um fato social "total", ao mesmo tempo "religioso", "político" e "econômico". Para ser mais exato, essa presença só se tornaria mais inteligível através de uma teoria nativa que coloca Marx à frente, na sua insistência de que ("em última análise") a base econômica dependia da superestrutura espiritual. Em 1838, o chefe supremo da Rewa, que em breve viria a ser o grande inimigo de Thakombau, e nunca um cristão professo, concorda em um ponto com os missionários: "Os deuses de Fiji não são de verdade: são como os de Tonga; aqueles que neles confiaram foram destituídos, e aqueles que aceitaram a religião do estrangeiro ficavam prósperos" (Cross: 22 out. 1838).[8] Se os missionários trabalharam durante anos em Fiji central sem grande sucesso – salvo o que tiveram especialmente entre os doentes que supunham de acordo com a mesma teoria, que o deus dos wesleyanos faria os seus remédios funcionarem – não era por falta de crença na opinião popular. Mas sim, porque a questão estava centrada nos principais chefes, em especial os de Mbau e Rewa, que vinham guerreando entre si desde 1843. Quando perguntado por que não obedecia à palavra de Deus, o povo da ilha Viwa, súdito de Mbau, respondeu ao irmão Sross: "'Espero por [meu chefe] Namosimalua'" (Meth. Miss, Soc.: District Minutes, 1841). E assim "as pessoas comuns esperavam por seus chefes", como outro missionário reclama, "um chefe espera por outro [chefe superior], uma região por outra, e desse modo temos um impasse em muitas áreas" (Jaggar: 21 out. 1839). "Se Rewa tomasse a dianteira", diz um terceiro, "logo teríamos cem mil cristãos *professos* em Fiji" (Williams e Calvert, 1859:408). Mas enquanto um chefe aguardava o outro, o outro aguardava o momento certo. Thakombau não estava interessado em trocar de deus em meio a uma guerra. E, quando finalmente se converteu, tornou esta mesma opção impossível para o seu rival, o chefe de Rewa: "'Se todos nós *lotu* [nos tornássemos cristãos]'", diz este último, "'teríamos que desistir da guerra; porque não seria correto orarmos ao mesmo deus e lutarmos uns contra os outros'" (Williams e Calvert, 1859:356).

A conversão veio como uma tática de desespero.[9] Mbau, no décimo segundo ano da guerra, se encontrava completamente sitiada pelas forças e aliados de Rewa, seu comércio europeu estava embargado, e seus próprios aliados, clãs, aldeias e chefias, desertaram para o lado inimigo. A própria Mbau estava nesse momento em revolta liderada por um dos parentes próximos do chefe. É nesta conjuntura que Thakombau encontra o "Deus verdadeiro" e essa profissão de fé redefine os termos da batalha de forma abrupta. Thakombau torna-se a esperança encarnada do cristianismo em Fiji, contra o inimigo "pagão". Se, assim, perdia parte de seu apoio em Fiji, ganhava em troca certos soldados cristãos – das ilhas Tonga – para não esquecermos dos servos ingleses do Senhor, que agora estavam comprometidos com sua causa. Auxiliado pelas intrigas dos missionários e pela intervenção militar decisiva do rei cristão de Tanga, Thakombau pôde finalmente derrotar seus inimigos na batalha de Kamba, em abril de 1855, e assim foi salvo de fato pelo Senhor.

A antiga religião então vivificou a nova. Pois como dizem os fiji, "antigamente o chefe era o nosso deus", e o cristianismo ficou devendo algo a esse conceito antigo de divindade. O cristianismo estava destinado a tornar-se "a religião de Thakombau", porque o seu triunfo se deu em uma batalha cujas causas estavam identificadas com as do chefe, assim como o motivo pelo qual lutavam era sua obrigação constituída de servi-lo, sendo que os termos e o modo desse serviço (*nggaravi*) eram iguais aos da adoração ritual dos deuses. E mais ainda, esse mesmo significado de divindade regeu o curso da batalha, com um efeito-dominó paralelo ao seu resultado.

Os fiji lutavam como os germanos de Tácito: "O chefe [*princeps*] luta pela vitória; seus seguidores [*comites*] lutam pelo chefe" (*Germ. XIV*).[10] O chefe supremo de Rewa morreu repentinamente de desinteria, algumas semanas antes do embate decisivo em Kamba, sem recobrar os sentidos e passar os encargos de luta ao seu sucessor. Imediatamente, houve a quase completa desintegração da oposição feita por Rewa e Bau. Os sobreviventes mais importantes pleitearam a paz com Thakombau, também falando da vontade que tinham de seguir Jeová. Não é possível que fossem apenas criptorracionalistas, que soubessem encontrar boas razões ideológicas para se livrarem de uma situação militar insustentável, pois tudo isso aconteceu no momento em que estavam à beira da vitória. Nas semanas seguintes, os rebeldes de Rewa conseguem arregimentar certos povos de Rewa contra Thakombau e o cristianismo. Mas Rewa já não mais funcionava como força de coerência. E, na batalha seguinte de Kamba, a ausência das principais hostes de Rewa veio a ser uma séria (senão fatal) debilidade dos adversários de Thakombau.[11] A correlação real de forças e o consequente curso dos eventos – com efeitos ainda hoje visíveis na estrutura política de Fiji – tinha girado em torno da pessoa do chefe sagrado. A sua repentina remoção dissolveu o propósito e a articulação de seus exércitos.

Esta é realmente uma história de reis e batalhas, mas somente por ser uma ordem cultural que, multiplicando a ação do rei pelo sistema da sociedade, lhe confere um efeito histórico desproporcional. Recapitularei brevemente certas tendências do caso fiji, com a conjectura de que sejam paradigmas do modelo de história heroico. Primeiramente, a força geral das circunstâncias, como a presença europeia, por exemplo, transforma o curso específico da história de acordo com as determinações da alta política. A infraestrutura é realizada enquanto forma histórica e enquanto evento, em termos dos interesses dominantes e de acordo com sua conjuntura. Em segundo lugar, essa história demonstra uma capacidade para mudanças súbitas ou para ruptura. E, assim, o *quantum* estatístico dá um salto. Como corolário, esse tipo estrutural de história produz grandes homens, até mesmo gênios, pela transformação das ações inteligentes de indivíduos em resultados decisivos para a sociedade – pensemos nos resultados da conversão de Thakombau. Ou, de modo mais geral, naqueles lugares onde a história se desdobra enquanto extensão social da pessoa heroica, provavelmente se apresentará uma curiosa mistura de genialidade tática e de irracionalidade prática. Se Thakombau pode servir como um exemplo consistente da primeira (a genialidade tática), a queda de Rewa quando da morte de seu chefe supremo, e quando estava à beira da vitória, é um exemplo de irracionalidade que testa duramente o nosso próprio sentido nativo de surrealismo sisudo. Chadwick (1926:340-41) encontrou episódios análogos – a captura ou a morte do rei levando à "destruição da organização do inimigo" e em seguida ao "fim das hostilidades" – como um aspecto recorrente da idade heroica germânica, tanto enquanto poesia como enquanto história. Os antropólogos também podem apresentar muitos acontecimentos exóticos que têm a mesma forma estrutural, mesmo incorrendo no perigo de ser apagada a distinção entre história e ritual.[12]

Pensemos a respeito de um famoso incidente dos anais zulu, onde o exército triunfante de Dingiswayo, o predecessor de Shaka, se dispersa repentinamente quando ele é raptado e, depois, assassinado: uma reversão total das expectativas, que suscitou comentários pouco elogiosos de um missionário-etnógrafo sobre "o desamparo inato dos povos Bantu, uma vez desprovidos do seu líder" (Bryant, 1929:166). De fato, a confederação Mtêtwa, organizada por Dingiswayo, esfacelou-se completamente com sua morte, abrindo assim espaço para Shaka, líder da subordinada "tribo" zulu.[13] O resto, como dizem, é história, o que inclui as crises de proporções cósmicas que acompanharam os atentados à vida de Shaka, e a morte de sua mãe, o complemento feminino da soberania dual Nguni (cf. Heusch, 1982). A nação zulu inteira submergiu em um paroxismo de matança interna, buscando impedir, através desse imenso expurgo do mal, a conjunção entre Céu e Terra que seria a sequência natural da queda do governante celeste.[14]

Associo, de forma proposital, a catástrofe cosmológica à *debâcle* militar, baseando-me no fato de que as duas são iguais em princípio. A desordem que se apossou do exército vitorioso, quando este se viu privado de seu líder, é uma atualização na modalidade da história do mesmo caos ritual estabelecido quando da morte do rei-divino, já bem conhecido na etnografia como a volta à condição original de desordem cósmica. No Havaí, por exemplo, onde a "antiestrutura" aparece não somente nas inversões características de status – que estarão documentadas mais adiante (Cap. 4) – mas também na remoção do herdeiro legítimo para longe dessas cenas de poluição de tabu. O povo, privado, dessa forma, de qualquer liderança, dá vazão à sua dor através de diversas formas de automutilação, e assim morre junto com seu rei. Durante dez dias o mundo está desfeito, depois dos quais há o retorno do sucessor real para restabelecer os tabus e redividir as terras, ou seja, para assim recriar as diferenças constitutivas da ordem natural e cultural.[15] No entanto, falamos desses eventos enquanto "ritual", separando-os do colapso homólogo de exércitos ao qual damos o nome de "batalha". Através desses meios estamos simplesmente marcando as nossas distinções entre o "faz de conta" e a "realidade", preservando assim um sentido da história enquanto reino da razão prática. Se fosse possível remover essa crosta praxiológica de nossos olhos, veríamos que todos esses e outros acontecimentos, que vão desde as contendas fratricidas do interregno na África Oriental à reclusão do rei nos rituais polinésios, estão classificados no mesmo sistema hierárquico. Mas não posso aqui fazer um ensaio do texto inteiro de *O ramo de ouro*.

Será suficiente chamar a atenção para certos aspectos da soberania enquanto princípio cósmico de ordem. E aqui me refiro às várias formas sociais subjacentes à generalização da ação heroica, ou aquilo que poderíamos chamar do efeito de "Um Único Índio Gigantesco". As formas que destaco – a segmentação heroica, a solidariedade hierárquica, a sucessão de posição e a divisão do trabalho na consciência histórica – não são universais às sociedades heroicas, mas provavelmente bastante típicas.

Estudiosos veteranos da estrutura social apreciarão as diferenças entre os modelos heroicos· de formação de linhagem e os processos de desenvolvimento do sistema clássico de linhagem segmentar. A linhagem segmentar reproduz a si mesma de baixo para cima: através do incremento natural de seus grupos mínimos e a fissão ao longo das linhas colaterais de ancestralidade comum. Sociedades como a havaiana ou a zulu, no entanto, – ou as chefias nguni ou polinésias em geral – apresentam também a evolução inversa. As principais divisões de "linhagem"/territoriais se desenvolvem do topo do sistema para baixo, como a extensão da fissão doméstica das famílias dominantes. Podemos chamá-las de segmentação heroica, iniciada pela dispersão centrífuga do "parentesco" real, o que tipicamente antecipa a luta pela sucessão. O processo implica a redistribuição dos povos subordinados (ou derrotados) entre a aristocracia dominante. Os princípios de descendência são substituídos nos níveis mais altos da ordem segmentar pelos privilégios da autoridade. Barnes (1951, 1967) fornece exemplos notáveis para os Nguni: o estabelecimento de comunidades "quase agnáticas" em torno das diversas esposas reais e seus respectivos filhos, cuja rivalidade pode resultar na criação de reinos independentes. Organizados pelas relações de poder entre príncipes contemporâneos, em vez de estarem ligados à ancestralidade, os principais grupos políticos são constituídos, portanto, como as projeções sociais das ambições heroicas.[16]

Abrindo parênteses para a especulação, será que toda a extraordinária expansão dos estados nguni desde o século XVIII, incluindo os zulu, swazi e ndabele, poderia representar o vestígio histórico desses processos heroicos? O Estado origina-se provavelmente como o meio estrutural de um projeto pessoal de glória.

Precisaríamos de uma noção de "solidariedade hierárquica" para juntar aos tipos mecânicos e orgânicos de Durkheim. Nas sociedades heroicas, a coesão de seus membros ou de seus subgrupos não se deve tanto à sua similaridade (solidariedade mecânica) ou à sua complementaridade (solidariedade orgânica) mas à sua submissão comum ao poder dominante. O corolário dessa solidariedade hierárquica seria a desvalorização da organização tribal do modo como a conhecemos, porque a coletividade seria definida por sua adesão a um dado chefe ou rei, em vez de definir-se por seus atributos culturais específicos – mesmo enquanto os laços de parentesco ou a ligação com as terras ancestrais estivessem sendo dispersados por tais processos como a segmentação heroica. Chadwick comenta repetidamente sobre a ausência de interesse ou sentimento "nacional" durante a idade heroica europeia. Ao contrário, o Estado era aparentemente "visto como sendo pouco mais do que a propriedade do indivíduo [governante]" (1926:336). Portanto, Benveniste faz a observação de que, à parte a Europa Ocidental, não há termos para *sociedade* no vocabulário clássico das instituições indo-europeias. Pelo contrário, este conceito "é expresso de uma forma diferente. Em particular pode ser reconhecido sob o nome de reino [*royaume*]: os limites da sociedade coincidem com um certo poder, que é o poder do rei" (1969, 2:9). Visto assim, esse potencial para *déracinement* que vimos na África, e que poderia ser igualado pelas migrações e conquistas feitas pela Germânia, Mongólia ou Polinésia, aparece como característica da idade heroica: a contrapartida na historiedade de uma certa hierarquia.[17]

Para além da ambição e da glória pessoal, as batalhas reais que estão no epicentro desses redemoinhos históricos devem também referir-se a certas estruturas. Posso demonstrar isso em relação às lutas fratricidas entre famílias da chefia em Fiji, e esta mesma explicação faria sentido para os estados nguni, igualmente marcados pelas alianças poligínicas dos governantes de mais alto status de clãs estratégicos ou de estados vizinhos. Essas alianças formam o conjunto maior de relações políticas. Só que, no caso, os filhos de um dado chefe supremo, enquanto representantes dos respectivos povos de suas mães, condensam em suas pessoas todo o sistema regional de interesses políticos. Uma correlação extensiva de forças sociais é realizada através das, e como se fossem as, relações interpessoais das unidades domésticas reais, em especial a rivalidade entre meios-irmãos paternos – e essa correlação depende dos resultados dessas relações. Inquieta, portanto, está a cabeça onde a coroa real descansa. O peso estrutural que o parentesco real é forçado a suportar ajuda a explicar as intrigas bizantinas, que têm como clímax cenas cruéis de fratricídio ou parricídio, tantas vezes relatadas nos anais da história heroica.[18]

E enquanto as gerações mortas, de uma forma estrutural, "pesam como um pesadelo nos cérebros dos vivos", esses conflitos podem ser intermináveis. "Sim, 1852", diz um homem de Tonga, "foi o ano... em que lutei contra o rei Tāʻufaʻāhau." Porém, o etnógrafo comenta que a "pessoa que na realidade lutou com o rei

Tā'ufa'āhau foi o tetravô do informante". Todos já ouviram falar do "nós real".* Aqui, enquanto expressão ainda mais radical de *sucessão de posição*, temos o "eu heroico". E é dessa forma que o chefe de um subclã do Reino Luapula de Kazembe fala:

> Nós viemos ao país de Mwanshya... eu matei um puku [antílope]... Demos parte da carne a Mwanshya. Ele perguntou de onde tinha vindo o sal, e respondemos. Então ele enviou algumas pessoas que me mataram. Minha mãe se zangou e foi buscar remédio para mandar raios. Ela destruiu a aldeia de Mwanshya... Lukoshi mandou que eu avançasse e disse que ele ficaria e governaria o país de Mwanshya. Então fomos embora... Lubunda ouviu falar da minha força. Ele veio nos ver e casou-se com minha mãe. Eles se foram e eu permaneci (Cunnison, 1959:234; cf. Cunnison, 1951, 1957).

Todos esses acontecimentos, incluindo a morte do narrador, ocorreram antes de seu nascimento.[19]

Através do "eu heroico" – e seus diversos complementos, por exemplo, o parentesco perpétuo – as principais relações da sociedade são ao mesmo tempo projetadas historicamente e incorporadas correntemente nas pessoas de autoridade. Ancestrais contemporâneos, essas figuras históricas são estruturais pelo simples fato de sua existência, na medida em que as vidas de outros são definidas pelas suas. Em termos do discurso europeu isto é "poder", mas então o "poder" é um valor de posição ou sistemático que pode funcionar por influência assim como por coação. E mais ainda, a estrutura encarnada nos poderes estabelecidos pode, portanto, provar-se imune ao que outras pessoas façam na realidade. O que está em questão é a relação histórica

---

* Na Inglaterra o monarca utiliza o pronome nós como primeira pessoa do singular pois, quando fala, são ele e Deus quem estão falando por sua boca. (N.T.)

entre a ordem cultural e a prática empírica – que demonstrarei mais uma vez com o exemplo de Fiji.

As lendas dinásticas contam que a linha dominante tem origem na união entre um príncipe imigrante e um mulher nativa de alta posição.[20] Os chefes ficam daí por diante na posição de tomadores de mulheres em relação à população local. Como veremos no Capítulo 3, o conceito fiji da divindade do chefe é o corolário dessa relação fundadora, pois a famosa prerrogativa do filho de irmã é a de se apropriar dos sacrifícios feitos ao deus da linhagem de sua mãe. O chefe tem direito, portanto, às oferendas feitas aos deuses nativos. Ele serve de substituto desses deuses neste mundo, torna-se sua forma visível ou homem-deus (*kalou tamata*) (Hocart, 1915, 1936). Em termos estruturais, não importa que certos casamentos atuais entre mulheres nas posições mais baixas dos clãs de chefia com homens do povo possam ir contra o status divino da linha dominante enquanto tomadora de mulheres. O que as pessoas comuns fazem não é sistematicamente decisivo, se visto em comparação com os efeitos sociais de mais alta ordem sedimentados pelas relações aristocráticas. Os chefes supremos de Fiji continuam a fazer história de modo diferencial através de casamentos políginos que correspondem a sistemas de aliança intertribal. A estrutura não é a estatística, não é a expressão nas instituições das frequências empíricas das interações. Como diz o provérbio maori, "o grande homem não está escondido entre muitos".[21]

Escrevendo sobre a nova história, o professor Barraclough (1978:58) nos conta que "todas as generalizações", incluindo julgamentos históricos tais como o do que seja "significante", são "inerentemente quantitativas" – o que provavelmente vale também para esta citação. Para a história heroica então, a regra estatística eficiente seria algo parecido com um Princípio do Ser Significativo: daquele que tem valor. Isto demonstra quantitativamente que a "significância", já de saída, é um valor qualitativo (cf. Thompson 1977:254-55).

O complemento de tais estatísticas é uma divisão política do trabalho no interior da consciência histórica e cultural. O tempo da sociedade é calculado pelas genealogias dinásticas, isto porque a história coletiva reside nas tradições reais. É nos rituais de Estado e nos conselhos políticos da elite que o esquema cultural está sujeito à manipulação e comentários por parte de especialistas, tais como genealogistas e sacerdotes ligados aos interesses dominantes. Os antropólogos encontram nas pequenas aldeias uma certa indiferença em relação à Grande Tradição histórica, que também é associada a uma tendência por parte do povo em oferecer respostas pragmáticas improvisadas às questões relativas a "costumes" em lugar das exegeses exóticas sobre o sentido das coisas que seus interlocutores foram ensinados a considerar como "a cultura." São esses os anais curtos e simples dos pobres.

"É provável que não exista outro povo, com igual nível de inteligência", escreveu um dos primeiros comerciantes entre os zulus, "que tenha tão pouco conhecimento de sua história quanto os cafres" (Fynn em Bird, 1888:104). A julgar pelo êxito de Bryant (1929) em coletar uma detalhada tradição zulu, este comentário deve se referir à maior parte das pessoas comuns. Europeus que, desde o início até mais recentemente, residiram com povos austronésios igualmente inteligentes, tiveram experiências semelhantes, pelo menos em certas regiões. O missionário Hunt, falando dos nativos de Fiji, diz que "eles praticamente nada sabem sobre o seu passado. Sua origem e história são para eles um completo mistério" (28 out. 1843). Malani de Lakemba foi considerado por Hocart como sendo bastante tagarela, "mas pouco sabia, por ter sido criado entre as pessoas comuns e não entre os nobres" (*WI*:22). De modo semelhante, temos uma nota recente de Madagascar que relata: "A história não é igualmente distribuída, porque tê-la é um sinal de poder e autoridade político-religiosa" (Feeley-Harnick, 1978:402; cf. Fox, 1971, sobre Roti).[22] Os exemplos são múltiplos, mas o melhor provavelmente continuaria sendo a análise de Cunnison das distinções políticas na consciência histórica entre povos Luapula (1951; cf. Cunnison, 1957, 1959).

O conhecido artigo de Pocock, "The Anthropology of Time-reckoning" (1964), faz da consciência histórica diferencial um aspecto da lógica formal de hierarquia. "A coordenação maior", escreve Pocock, ou nível mais alto de sistema social, "subordina as menores". É assim que a soberania dá uma indicação geral de tempo para os diversos incidentes de tradição de linhagem ou de lembrança pessoal que, tomados em si mesmos, seriam num sentido estrito socialmente desprovidos de significado e temporalmente seriam a mera duração. Assim, vemos, nas expressões exemplares de abarcamento hierárquico, o havaiano de outrora que calculava sua própria biografia em termos das atividades do rei: "Eu nasci quando Kamehameha conquistou O'ahu"; "Eu já tinha idade para carregar pedras quando Kamehameha construiu o lago de peixes em Kiholo"; e outras do mesmo tipo.[23] Suas próprias vidas são calcadas na do rei.

> Ao rei! Deixemos nossas vidas, nossas almas,
> Nossas dívidas, nossas zelosas mulheres,
> Nossos filhos, e nossos pecados, atribua-os ao Rei!
>
> (Shakespeare, *Henrique V*, IV, i)

No limite, o povo está à beira de uma "ausência de história". No Havaí, a redistribuição contínua de terras entre os chefes dominantes exclui a possibilidade de qualquer formação de uma linhagem local, reduzindo desse modo a memória genealógica da maioria das pessoas comuns às lembranças pessoais. Tendo perdido o controle de sua própria reprodução, como Bonte observa em relação a uma situação análoga entre os tuareg, falta à população uma apreciação histórica das principais categorias culturais (Bonte e Echard, 1976-270s.). Para eles a cultura é, na sua maior parte, "vivida" – tanto na prática quanto no *habitus*. Suas vidas funcionam com um domínio inconsciente do sistema, algo parecido com o domínio que a pessoa comum tem das categorias gramaticais, junto com os conceitos domésticos do que é bom e que lhes permite improvisar as atividades cotidianas ao nível do pragmático. Esse domínio irrefletido da percepção e do preceito é chamado por Bourdieu de *habitus*: "esquemas de pensamento e expressão... [que] são a base da invenção não intencional da improvisação regulada" (1977:79).

O código do povo não é, no entanto, tão "restrito". É bem verdade que os reis havaianos têm genealogias que remontam a 963 gerações associadas a mitos cósmicos e a lendas reais e que, quando contadas, especialmente durante uma discussão política, são manipulações expressas das categorias culturais. Mesmo assim, as pessoas comuns têm, por sua vez, dezenas – se não centenas – de parentes que são contemporâneos seus, sobre os quais "falam estórias" interminavelmente – isto é, contam as novidades. Novidade não é simplesmente qualquer notícia sobre qualquer um. É uma determinação seletiva daquilo que seja significativo de acordo com os cânones da vida cultural. Se "fulano, filho caçula de beltrano, se casou com fulana – você sabe, aquela que é a filha adotiva preferida daquele pessoal de Kealoha – e se mudaram para o interior para se tornarem fazendeiros", então uma série completa de distinções e relações entre a terra e o mar, a agricultura e a pesca, o primogênito e o caçula, o nascimento e a adoção – os mesmos tipos de distinções que têm valor para os mitos e ritos reais – estão sendo engajadas na recitação daquilo que é cotidiano e mundano. As fofocas, além disso, frequentemente contam acontecimentos encantados tão fabulosos quanto aqueles presentes nos mitos. É algo do mito no dia a dia.[24] A consciência cultural objetificada nos gêneros históricos entre a elite aparece sob outra forma, nas atividades práticas e nos anais correntes da população: a divisão de trabalhos culturais correspondendo, assim, ao modelo heroico de produção histórica.

Não precisamos exagerar o contraste em relação a nós mesmos, isso porque o interesse geral dos Estados burgueses é o interesse particular de suas classes dominantes, conforme os ensinamentos de Marx. Porém, a sociedade capitalista realmente tem um modo distintivo de aparência e, portanto, uma consciência antropológica definida, também difundida nas disposições teóricas da academia. A teoria nativa dos "Boo-jwas"* é de que as consequências sociais são as expressões cumulativas das ações individuais e, por esse motivo, são mais atrasadas do que o estado prevalecente das vontades e opiniões do povo, conforme geradas, especialmente a partir de seus sofrimentos materiais. A sociedade é construída como a soma institucional de suas práticas individuais. O *locus* clássico desse folclore é, claro, o mercado, onde o êxito relativo de agentes autônomos individuais e, portanto, a ordem política da economia, é mensurável pelas porções quantitativas obtidas respectivamente nos cofres públicos às expensas de quem interessar possa. Apesar disso, esse processo social é *vivenciado* por seus participantes como sendo a maximização de suas satisfações pessoais. E, como essas tais satisfações – desde ouvir a orquestra sinfônica de Chicago a ligar para nossa própria casa a cobrar do exterior – requerem a redução de relações e condições sociais a seu menor denominador comum, o do custo pecuniário, com o propósito da alocação racional de nossos recursos limitados, a impressão que se tem é de que a cultura é organizada pela economicidade metódica do povo. Essa impressão é duplicada pelo

* O autor brinca com a pronúncia inglesa de "*bourgeois*". (N.T.)

processo político democrático, onde qualquer pessoa vale por "um" (voto) e, assim, os poderes dominantes são representados como sendo a "escolha popular". As pressuposições prevalecentes, quantitativas, populistas e materialistas das nossas ciências sociais não podem ser acidentais – senão não há antropologia.

Por outro lado, as diversas ordens culturais estudadas pela antropologia têm sua historicidade própria, mesmo as ordens de parentesco. O sistema de parentesco Crow/Omaha ignora a passagem do tempo, transformando eventos contingentes de matrimônio em relações perpétuas, congelando linhagens inteiras nas posições familiais assumidas em uma aliança inicial. Os sistemas elementares de casamento igualmente reproduziriam de modo indefinido as relações dos grupos que se entrecasam. Já os sistemas complexos são definidos de forma negativa, ou seja, por regras que proíbem o casamento entre parentes próximos, introduzem a descontinuidade nas alianças dos grupos e a sua reformulação a cada geração. Os ilongot agem no sentido de que inventam suas próprias vidas sociais, como se cada geração estivesse redescobrindo as Filipinas (Rosaldo, 1980). Mas, ao agir assim, não estarão se referindo a um sistema de casamento complexo, combinando a filiação optativa (cognática) que gera, além do mais, a longo prazo o fechamento dos momentos de dispersão residencial e de "parentela"? Pois para os ilongot, assim como para os americanos, a estrutura é reproduzida enquanto travestida nos aforismas do *habitus* – "nós seguimos nossos corações" – e através do domínio impensado dos seus objetos de percepção. Trata-se não de uma ausência de estrutura, mas de sua inscrição no *habitus*, em oposição à sua objetificação enquanto mitopoética.[25] Aqui temos uma distinção principal entre estruturas, que transpassa outras às quais tinha feito alusão: entre aquelas que são praticadas principalmente através do subconsciente individual e aquelas que organizam a ação histórica de forma explícita, enquanto projeções das relações míticas. Opto por um extenso exemplo dessas últimas, escolhido pelo escândalo que provoca numa historiografia pronta.

Mitopráxis

Na "Introdução" que faz à *Guerra peloponesa*, Tucídides relata suas intenções de eliminar todo e qualquer elemento do que fosse maravilhoso de sua história, como modestamente explica: "O meu trabalho não é uma obra escrita com o desígnio de agradar aos gostos de um público imediato, mas foi feita para ter duração eterna." E assim temos o início da historiografia ocidental da Verdade sem Retoque, ou o triunfo do *logos* sobre o *mythos* (cf. Vernant, 1979:196s.). Não deixa, portanto, de ser curioso que Sir George Grey, no prefácio de seu livro *Polynesian Mythology*, conte como foi levado a agrupar esse grande corpo de mitos maori para que pudesse lutar em uma determinada guerra polinésia. Sir George fora nomeado governador em meio à insurreição maori e logo descobriu que não poderia lidar com certas questões críticas de guerra e paz entre os chefes maori, a não ser que tivesse um sólido conhecimento da sua poesia e mitologia:

> Para o meu espanto... percebi que esses chefes, quer em seus discursos a mim dirigidos, quer em suas cartas, citavam, como explicação de seus pontos de vista e de suas intenções, fragmentos de poesias e de antigos provérbios, ou faziam alusões ao antigo sistema mitológico; e, mesmo estando claro que as partes mais importantes de suas comunicações estavam incorporadas a essas formas figurativas, os intérpretes... raramente (se é que vez alguma)... podiam traduzir os poemas ou explicar as alusões... Obviamente, entretanto, não poderia, como Governador do país, permitir que um tão espesso véu

> fosse fixado entre mim e os velhos e influentes chefes, que eu tinha por obrigação ligar aos interesses britânicos e à raça britânica... Sob tais circunstâncias só havia uma coisa a ser feita: familiarizar-me com a antiga língua do país e induzir seus sacerdotes a me comunicarem sua mitologia e estudar seus provérbios (Grey, 1956 [1855]: sem página, prefácio).

A história documentada das guerras polinésias começa onde a história de grandes marcos das guerras peloponesas parou. E se a antropologia herdou uma bela coleção de mitos, graças aos problemas práticos das batalhas, é somente porque os maori pensam o futuro como estando já às suas costas e encontram no maravilhoso passado a medida das demandas feitas às suas existências atuais (cf. Johansen, 1954).

Exemplificarei utilizando-me de uma carta composta no estilo de oratória pública, em que um chefe envia uma ameaça de guerra para outro sob a forma de uma canção de amor (Shortland, 1856:189-92). De acordo com a autoridade *pākehā* (europeia) a quem devemos este exemplo, a ameaça está contida no refrão "A mão que foi estendida e que voltou *tapu* se tornará *noa* (isto é, livre de *tapu*, 'profano')." A mulher, assim, diz ao seu pretendente, antes rejeitado, que se ele fizer uma nova tentativa terá maior sucesso – presumivelmente, aquilo que era intocável (*tapu*) poderá ser tocado (*noa*).[26] O chefe, portanto, está dizendo ao seu inimigo que, apesar dele (o inimigo) ter voltado de seu último encontro ileso, se ousar retornar, receberá uma calorosa recepção. Os maori entenderão a alusão, pois, desde o princípio da humanidade, o sexo tem sido uma batalha na qual vencem as mulheres, transformando a morte do homem (a desintumescência de seu pênis) em vida das pessoas (a criança). Os maori dizem que "os genitais da mulher são os matadores do homem". Por trás disso também há o mito da origem da morte, no qual o trapaceiro maui tenta obter em vão a imortalidade para os humanos e é espremido até a morte na vagina da ancestral guardiã do submundo (Best, 1976 [1924]:146s.; 1925:763-67, 944-48; Goldie, 1905; Johansen, 1954:228s.; J. Smith, 1974-75).

É claro que os maori são argutos mitólogos, com capacidade de selecionar do corpo flexível de tradições aquelas mais apropriadas à satisfação de seus interesses correntes, assim como são concebidos. O que distingue a mitopráxis maori de outras, não é a existência (ou a ausência) desses interesses, mas exatamente que sejam concebidos dessa forma. Johansen diz que os maori "encontram-se na história" (1954:163).[27]

Apesar de existirem exemplares de discursos míticos provenientes da mesma rebelião que trouxe Sir George (à época, capitão) Grey à Nova Zelândia, tenho problemas semelhantes aos dele ao tentar decodificá-los corretamente.[28] Portanto, talvez me seja permitido utilizar um discurso semelhante, tirado da reconstituição feita por John White (1874) da vida cotidiana ngapuhi, a tribo que instigou a rebelião em questão. O narrador é Rou, um homem de certa posição na comunidade, mas não da mais alta, que perdeu um filho na batalha e protesta, junto aos anciãos da tribo, para que os inimigos tomados por vingança fossem enterrados e não consumidos, por causa das relações de parentesco entre os grupos em guerra. Rou começa por recitar a lenda de origem do clã, daí a sua descendência e caráter comum aos anciãos. O que leva a um exame das relações entre o microcosmo e o macrocosmo: "O homem é como o mundo... Ele tem uma voz: o mundo tem o vento. O mundo tem o solo: o homem tem um coração" etc. Rou admite, no entanto, os poderes que os chefes têm sobre o cosmo e enuncia o princípio de generalização heroica: "O homem é como o vento. Se o vento sopra em uma direção, tudo sopra na mesma direção. Se o chefe for louvado por um homem todos o louvarão... Quando o vento sopra em uma direção, todos os homens inclinam-se na direção indicada por vós..." É nesse momento que ele expõe a sua discordância que se inicia com as origens do mundo. Ele recita o mito dos filhos de Rangi (o Firmamento) – incidentalmente esse é um dos mitos citados por Grey em *Polynesian Mythology*. A história conta as origens do canibalismo entre os ancestrais divinos, um canibalismo que é, ao mesmo tempo, a instauração e a possibilidade de existência humana. Tū, ancestral e padroeiro do homem como guerreiro, derrota seus irmãos mais velhos filhos de Rangi, e pais dos pássaros, árvores, peixes, dos alimentos cultivados e selvagens. Derrotar é render *noa* (sem *tapu*), e portanto, torná-lo próprio para consumo. Tū, portanto, está habilitado a comer os filhos de seus irmãos, e este poder ele transfere para a humanidade. "Se os deuses, então, comem-se uns aos outros", Rou argumenta, "e eles eram irmãos... eu lhes pergunto por que não me foi permitido comer aqueles que mataram meu filho?" Rou prossegue, duplicando essa argumentação mítica com outra sobre as origens da bruxaria, que explica como o mal penetrou no coração dos homens, o que inclui seu projeto próprio de vingança canibal. Assegurando aos chefes que não irá contra os seus desejos, termina, no entanto, por citar dois provérbios que significam que, sozinho e no tempo certo, obterá sua satisfação "Vocês conhecem o provérbio que diz: 'A ira dos parentes é um fogo de feroz ardor' [ou seja, sua própria raiva pela morte de seu filho] e um outro que fala, 'a mão sozinha consegue alimento de sobra para o seu corpo'" (White, 1874: 185-93).

O passado maori é um vasto esquema de possibilidades de vida, que vão desde os mitos antigos até a memória recente através de uma série de épocas paralelas na estrutura, e análogas nos eventos, enquanto sucessivamente vão mudando de conteúdo, do abstrato e do universal ao concreto individual, do divino ao humano e assim até o grupo ancestral, da separação entre Céu e Terra à delimitação dos territórios dos clãs.[29] O tipo de transformação encontrada por Dumézil (1968) entre o mito sagrado e a lenda histórica, operante entre os diversos ramos da raça indo-europeia, aparece dentro da tradição maori como uma sucessão de estágios conexos, com a adicional consideração de que o movimento do cósmico ao "histórico" é consumado pela expressão máxima dessa mesma estrutura, como na vida real. Nos mitos cósmicos estão as possibilidades genéricas. Nascimento, morte, doença, sexo, vingança e canibalismo: as experiências elementares são constituídas pelos feitos dos deuses/ancestrais primordiais. Mas cada "tribo" (*iwi*) tem uma humanidade que é específica a ela própria, fruto dos atributos de seus ancestrais particulares e da saga de sua migração desde Hawaiki, lar espiritual dos maori (cf. os exemplos dados por Simmons, 1976). A ordem da estrutura social é então estabelecida pela progressão através da Nova Zelândia, paisagem dos ancestrais tribais e dos clãs, que deixam seus respectivos traços no conjunto local de pontos geográficos, que foram nomeados a partir de suas façanhas e também no conjunto particular de pessoas, humanas e "naturais", descendentes das suas múltiplas uniões com as mulheres nativas do "povo da terra" (*tangata whenua*)... Nessa estrutura social está a forma humanizada da ordem cósmica, cujo protótipo é a busca primordial do ancestral divino Tāne – Tāne, o fertilizador – para o *uha*, o elemento feminino: essa busca através de uma série de experimentações sexuais exóticas deu origem a vários tipos de pássaros, árvores, águas e pedras e, eventualmente, à humanidade pelo acasalamento do deus com uma mulher fabricada do *mons veneris* da Mãe Terra (Papa). Assim como fez Tāne na escala dos elementos, também o fizeram os ancestrais tribais na Nova Zelândia. Desse modo, as principais relações culturais passam através de uma série de formas progressivamente distintas e delimitadas, correspondentes à passagem, na esfera social ou nível segmentar, dos mitos primordiais às lendas tribais e clânicas e dessas às histórias familiares, até – do modo como são levados adiante por referências ancestrais de ditos proverbiais, nomes próprios ou o pronome "eu" – tornarem-se a ordem da atual existência. A forma final do mito cósmico é acontecimento corrente.

"A vida que os ancestrais levaram adiante na história é a mesma que está ativa nos vivos" (Johansen, 1954:163). Johansen introduz assim um contraste maori ao senso histórico ocidental, análogo à hábil crítica feita por Furet à *histoire événementielle* enquanto cliente necessária de ideologias finalistas, não havendo outro modo de tornar os acontecimentos inteligíveis quando são concebidos como irrupções do "único e do novo na concatenação do tempo" (1972:54). Para os maori, esses eventos estão longe de serem únicos ou novos; ao contrário, são imediatamente percebidos dentro da ordem recebida da estrutura como sendo idênticos aos originais. Desse modo, onde o pensamento ocidental se esforça para compreender a história de eventos contingentes que cria para si mesma por invocar forças ou estruturas subjacentes, tais como as de produção ou da *mentalité*, o mundo maori desdobra-se enquanto eterno retorno ou manifestação recorrente da mesma experiência (cf. Eliade, 1954). Esse colapso do tempo e do acontecimento é mediado para os maori por um terceiro termo: *tikanga*, a ação peculiar de seres e coisas que vem de suas naturezas específicas. Se o presente reproduz o passado, é porque os habitantes desse mundo são instâncias dos mesmos seres que os precederam. Essa relação da classe ao indivíduo é a própria noção da descendência, isto é, da relação de ancestral a descendente, e como já se sabe o universo inteiro é para os maori uma parentela compreensiva de ancestralidade comum. Sendo esse o caso ontológico, devemos ter cuidado, como Johansen nos avisa, ao imputar aos maori nossas ideias próprias sobre evento e experiência: "Nós achamos perfeitamente óbvio que uma vez ocorrido um evento ele jamais retornará, porém, isso é exatamente o que acontece" (1954:161). Assim, são justamente as experiências do passado a maneira pela qual o presente é vivido:

> Era fonte de *pura e inadulterada alegria* para os maori de antanho poder dizer a um inimigo "Eu comi seu pai" ou "seu ancestral", embora isso possa ter ocorrido dez gerações antes de seu tempo... (Best, 1902-3:71; *grifo nosso*).

Para os maori a ontogenia "recapitula" a cosmogonia. O ato sexual humano recria a união original do Firmamento (Rangi) masculino com a Terra (Papa) feminina. Os encantamentos usados durante os ritos de concepção, particularmente, são aqueles que possibilitaram ao primeiro pai Tāne produzir prole humana com a mulher-formada-da-terra (Hine-ahu-one), fabricada a partir de Papa. A fisiologia do nascimento vem a ser a saga da criação (cf. Goldie, 1905; Best, 1929). O útero é o *pō*. *Pō*, nos mitos, é a longa noite da autogeração do mundo, resultando finalmente no *ao*, o "dia" ou o mundo de humanos e deuses (*ao marama*). Um sinônimo de placenta é *whenua*, que é também a "terra" ou o "mundo", portanto, uma referência à mãe primordial. O umbigo ligando esta terra à criança, produto da semente masculina divina, é chamado de *iho*, um termo que também denota o coração e a força de uma árvore (H.W. Williams, 1975:75). Temos aqui mais uma vez Tāne, o pai e o corpo das árvores, que assume nos mitos justamente essa posição entre a Terra e os sagrados Céus. "Autoexaltador", "causador da degeneração", irmão mais jovem dos deuses, Tāne se ergueu de cabeça na Mãe Terra e, em um ato semelhante ao parricídio, afastou o Pai Céu para longe do seu abraço. E então escorando o Céu com quatro mastros, Tāne juntamente com seus cúmplices divinos – que incluem o guerreiro Tū que praticou o sacrifício humano necessário – possibilitaram a seus filhos humanos apossarem-se da Terra (cf. Grey, 1956

[1855]; Best, 1976 [1924]; J. Smith, 1974-75; S. Percy Smith, 1913-15; e também Capítulo 4 adiante). Ou outra vez, em época posterior, o homem "desce" (*heke*, "migra") cruzando as águas vindo da pátria espiritual Hawaiki para a Nova Zelândia, por meio de uma canoa feita de uma árvore, mais um dos corpos de Tāne. Criação, migração e parturição são outras tantas versões da mesma história. Assim vemos o pai cantar para seu filho recém-nascido:

> Foi ele [Tāne] quem colocou os mastros do firmamento sobre nós.
> Então nasceste para o mundo de luz (Johansen, 1954:161).

E é assim que voltamos diretamente à história, na verdade, aquela mesma insurreição que trouxe Sir George Grey à Nova Zelândia e que (para fechar o círculo) nos deu os textos canônicos dessa mitologia. A revolta de 1844-46 foi por causa de um mastro, que também tinha a ver com a posse da Terra: um mastro de bandeira com as cores britânicas voando ao vento sobre Kororareka, na baía de Islands, que foi por muito tempo o assentamento europeu mais populoso. Não estou falando de forma (meramente) figurativa. Em quatro ocasiões diferentes, entre julho de 1844 e março de 1845, Hone Heke, o "rebelde maori", e seus guerreiros da tribo Ngapuhi cortaram o mastro da bandeira. E a persistência de Heke em derrubá-lo só poderia ser igualada pela insistência britânica em reerguê-lo. Em seguida ao último assalto ao mastro, tropas britânicas, auxiliadas por certos maori "legalistas", tiveram três grandes embates com Heke e seus aliados – e nos dois primeiros os colonizadores foram realmente batidos. Mas, durante todo esse tempo, o mastro permaneceu como a *putake o te riri*, a "causa fundamental da guerra", também no sentido de ser *o* objetivo estratégico.[30]

"Ele compete apenas por um único objetivo", lê-se em um artigo de jornal da época, "a não elevação do mastro" (Carleton,

1874, 2: apêndice, vi). Heke não concordava com o interesse por pilhagem que parecia motivar outros. "'Vamos lutar', ele disse ao seu aliado Kawiti, 'apenas pelo mastro'" (Ibid., x liv). No quarto assalto, em 11 de março de 1845, para que Heke pudesse subir o morro e tomar o mastro, Kawiti e seus guerreiros foram deslocados para atacarem o assentamento europeu em Kororareka, como *tática para desviar as atenções*. Uma vez cumprida esta missão, Heke e seus homens sentaram-se nas encostas para observar os distúrbios lá embaixo na cidade. Em maio de 1845, Heke discutia com o reverendo Burrows os termos possíveis para paz com o governador: "'Uma condição', diz ele, 'tem de ser que ele [o governador] não erga outro mastro'" (Burrows, 1886:30).

Os ingleses, de sua parte, embora não dessem a mesma importância ao mastro, sabiam muito bem apreciar o seu valor "simbólico" e dar a resposta apropriada aos maori – a de pânico generalizado. Quase toda vez que o mastro era derrubado, eram enviados novos pedidos de reforços à Austrália: para mostrar aos maori, como um dos despachos proclamava, que os bretões estavam prontos a proteger suas mulheres dos insultos e a sua bandeira, da "desonra". Mas quando os maori fizeram o primeiro ataque a Kororareka, os britânicos, depois de inicialmente afastá-los, abandonaram precipitadamente a cidade, para a total "mistificação" dos maori, que "nunca a quiseram, nem tampouco lutaram por ela", e, em seu "espanto", até mesmo hesitaram momentaneamente antes de pilhá-la (Carleton, 1874, 2:93). Em relação ao mastro da bandeira, os colonos sempre demonstraram maior determinação. O governo considerava "mostrar as cores" uma necessidade imperativa e providenciou ainda mais proteção para a bandeira. Quando do quarto assalto, cercaram-na com uma paliçada e a proteção de um fortim.

Pode ter havido alguns mal-entendidos aqui, pois os maori aparentemente se interessavam muito mais pelo mastro do que pela bandeira. Após ter derrubado o mastro durante o terceiro ataque, Heke estava satisfeito em deixar a bandeira nas mãos de certos maori "simpatizantes" que tinham a função de guardá-la para os ingleses. Porém, deve ter sido o fortim que, em última instância, confirmou a interpretação dos rebeldes, pois agora a construção estava claramente semelhante a um *tūāhu* maori: um altar cercado dentro do qual erguiam-se um ou mais mastros; era assim que eram constituídos os recintos sagrados dos maori e esses substanciavam suas antigas reivindicações às terras tribais.

Os ingleses concordariam essencialmente com o ponto de vista maori. Em setembro de 1845, o governador enviou uma carta a Heke com os termos britânicos para a paz, que eram basicamente dois: primeiro, que o tratado de Waitangi, no qual a "soberania" era cedida à Rainha, fosse respeitado; e, segundo, "as cores britânicas são sagradas" (Buick, 1926:207). De fato, quando 470 soldados da tropa britânica chegaram por mar a Kororareka para restabelecer "a soberania da Rainha", o seu primeiro ato foi elevar a bandeira inglesa na praia.

Assim como fizeram os ancestrais dos povos tūhoe e ngatiawa, quando primeiro chegaram à baía de Plenty, "a primeira tarefa séria dos imigrantes foi a construção e a santificação de um *tūāhu*, ou local sagrado" (Best, 1925:724). Best descreve esse recinto sagrado, também chamado de *pouahu* ou "monte do poste", como sendo um montículo onde se cravava uma árvore ou um poste. Essa instalação é mimética da frutificação da Mãe Terra pelo deus Tāne, de onde a humanidade surgiu, ou da separação primordial entre Céu e Terra realizada por Tāne, que era, é claro, uma árvore. No *tūāhu* dos *tūhoe* foi colocado um emblema físico (*mauri*), representando o prestígio e a estabilidade do grupo tribal. Descrições provenientes de outras áreas têm como poste central do santuário uma ponta de canoa velha (é Tāne, mais uma vez) e o emblema guardado dentro do ou próximo ao poste era o deus do povo, que era igualmente guardado em sua canoa (*waka*) ou recipiente especial (Skinner, 1911:76; Hiroa, 1977:480-81). Dada esta associação entre o *tūāhu* e a reivindicação ancestral às terras, é possível compreender por que Hone Heke sempre afirmou que o mastro da bandeira britânica significava sua posse da terra. Se não era esta a razão, por que tanta insistência em reerguê-lo? Por outro lado, as crônicas da época são virtualmente unânimes em dizer que Heke fora instigado por agitadores externos, especialmente pelo cônsul americano local. O reverendo Burrows (1886:6) é o único a escrever que a bandeira, voando ao vento, tinha sido mostrada a Heke como sendo "um *tohu*", um "sinal" de que o "seu país não mais lhe pertencia". Senão teríamos que acreditar que Heke e outros chefes foram convencidos por alguns homens brancos com certos interesses a acabar com o domínio inglês, apenas derrubando um mastro de bandeira. Podemos, no entanto, julgar qual foi a interpretação dada por Heke da sua própria discussão do assunto:

> Eu disse: "Qual o significado que tem um mastro de bandeira?" Os brancos falaram: "O *mana* da Rainha está na bandeira, há três tribos [*iwi*] nela." Eu disse: "Deus fez essa terra para nós e para nossos filhos." (Carleton, 1874, 2; apêndice C: xlvii-xlvii).

As três tribos provavelmente são os ingleses, escoceses e irlandeses.[31] Seja como for, os maori já tinham manifestado essa interpretação a respeito de outros mastros, uma vez que um navio de guerra e dois navios mercantes franceses tinham ancorado na baía de Islands e lá levantaram duas bandeirolas para fazer uma prospecção ao redor do porto. Os maori locais logo atacaram as bandeiras dos "Oui-Ouis" – era conhecida desse modo a tribo francesa – porque haviam chegado à conclusão imediata de que "estavam tomando posse de seu país" (Carleton, 1874 2:29).[32]

Há certos rituais tradicionais maori, praticados dentro ou fora desses recintos sagrados, que envolvem a utilização de mastros encravados em pequenos montes. Esses rituais são análogos às manipulações feitas por Heke com o mastro da bandeira no alto da colina, acima de Kororareka. Um mastro feminino e da morte (*toko mate*), chamado de "Grande Monte (ou Mons Veneris) de Papa (Terra)", é derrubado, deixando ereto em seu lugar um "*tūāhu* dos Céus" ou mastro masculino da vida (*toko ora*); tudo é feito com os necessários encantamentos que significam a expulsão de efeitos indesejáveis (cf. Best, 1925: 1072-74).[33] Porém, no mito de Manaia, da forma como está em *Polynesian Mythology*, Sir George Grey pode ter encontrado a interpretação mais exata desse fetiche de mastro de Hone Heke. Trata-se de um tema maori comum, o de contendas por terras entre levas sucessivas de imigrantes vindos de Hawaiki. As pessoas chegadas a terra em uma segunda canoa conseguem provar, através de ardil, que o *tūāhu* local lhes pertence, ou que o deles é mais antigo. "Então eles olharam para os mastros do *tūāhu*; os mastros do *tūāhu* dos Arawa eram crus (isto é, de madeira ainda verde); aqueles dos Tainui foram cozidos pelo fogo para apressar a sua secagem" (H.W. Williams, 1975:444). Aqueles que haviam chegado antes, diante de tal argumento, nada puderam fazer e foram obrigados a deixar as suas terras e ir para outro lugar.[34]

A força mitoprática do argumento é de que o recinto sagrado, enquanto recriação em nível da comunidade da separação original entre o Céu e a Terra, feita por Tāne, recria o ato que permitiu à humanidade herdar a Terra. Esta separação do Céu (Rangi) e a Terra (Papa), ou das trevas (*pō*) e da luz (*ao*) é, como afirma Johansen, "a própria substância da criação, aquilo que torna o mundo habitável para um maori" (1958:85). A cerca ou as estacas das quinas do *tūāhu* são os *toko*, termo usado no mito para designar os mastros que escoram o Pai Céu e que têm o significado, enquanto verbo, de "apoiar", "empurrar para longe" e "divorciar". *Toko* também pode ser usado para designar o mastro ou mastros centrais; alternativamente o termo pode ser *pou* que, enquanto verbo, tem o significado de "fixar", "deixar imóvel" (H.W. Williams 1975:279, 434; Tregear, 1969:528-529). Segue-se daí que o estabelecimento do *tūāhu* ou casa do *tapu* do deus corresponde, no plano terrestre, à separação do Céu e Terra – e, assim, deixa a maior parte do plano livre para ocupação humana. Dessa forma, diz-se que "o chefe de qualquer família que descobrisse e tomasse posse de terras desabitadas" – sendo o *tūāhu* o sinal dessa posse – "obtém o que era chamado de *mana* dessa terra" (Shortland, 1882:89).[35]

A guerra de Hone Heke era antiga antes mesmo de começar. Ele tentou, uma vez, explicar ao governador que a sua própria rebeldia "não era uma coisa nova", mas sim herdada de seus ancestrais; um eminente maori, seu adversário, confirmou, de fato, que isso já vinha ocorrendo há cinco gerações (Buick, 1926:42, 198). Essa guerra, no entanto, tinha como precedente imediato a carreira de um famoso chefe ngapuhi da geração anterior, Hongi Hika, cujas conquistas, alianças e até mesmo sua própria pessoa, Hone Heke tentava assumir. A carreira de Heke seguia o modelo tradicional de usurpação ou, ao menos, de mobilidade ascendente, de um chefe guerreiro de comprovado *mana*, incluindo aí até mesmo o seu casamento com a filha de Hongi Hika. Esse respeito pelo precedente estendia-se às escolhas táticas de locais de batalha, feitas, por exemplo, com um olho nas associações históricas com Hongi. Nesse caso, as alianças e as inimizades tribais eram engajadas respectivamente nas forças rebeldes ou nas pró-britânicas, sendo muitas dessas relações do século XIX resíduos recentes de memórias antigas de vinganças.[36]

Um chefe ngapuhi, que lutou do lado inglês, deixou um relato encantado da guerra, repleto das estruturas mitopoéticas profundas da política maori, assim como os fabulosos contos de batalha que Tucídides nos ensinou a ignorar (Anônimo de Ngapuhi em Maning, 1906: 220-232; White, 1855: 144-46, 175-76). Essa ignorância era justamente um dos problemas dos britânicos de acordo com esse relato: eles eram lutadores esplêndidos, mas nada sabiam de presságios. Em todo caso, poderíamos ter uma pista da historiografia ocidental dada e transformar em virtudes os limites do tempo e da teoria, resolvendo toda essa mitopráxis à luz das utilidades básicas da conjuntura econômica. A atividade mística deve realmente ter sido prática – ou será que a atividade prática era realmente mística?

Entre 1840, quando os britânicos tomaram o controle da Nova Zelândia, e 1844, a região norte do país sofreu um sério declínio no comércio com a Europa, privando os maori dos bens ocidentais aos quais se tinham acostumado. Este declínio deve-se em parte à redução da população *pākehā* que se havia mudado para a nova capital em Auckland; e, em parte, às tarifas portuárias impostas pelo novo governo colonial. Contudo, uma simples explicação econômica da insurreição de 1844 seria problemática, porque muitos dos maori legalistas sofriam (se é que essa é a palavra certa) tanto quanto os rebeldes de Hone Heke. Os legalistas eram liderados por homens de linhagem aristocrática, opostos em seus princípios às pretensões de Heke. Mas, mesmo não podendo diretamente determinar a estrutura da conjuntura a partir dos interesses materiais, os ataques de Heke ao mastro parecem ser logicamente apropriados à crise econômica. Ou, ao menos, a resposta dos maori à situação colonial era tão mitológica quanto a pragmática da presença europeia era metafísica. Para os maori, a crise material era um sinal revelador de algo ainda mais intangível e enigmático: daquilo que havia ocorrido em 1840 quando os chefes, concordando com o tratado de Waitangi, renunciaram ao que os ingleses chamavam, com prazer, de "a soberania".[37]

> Nós todos procuramos saber por que o Governador estava tão ansioso para que fizéssemos essas marcas. Alguns de nós pensamos que o Governador queria nos enfeitiçar, mas nossos amigos pākehā riram disso e nos disseram que a gente da Europa não sabia enfeitiçar as pessoas. Alguns nos diziam uma coisa, outros diziam outra. ... Não sabíamos o que pensar, mas estávamos todos ansiosos para que [o Governador] viesse logo; pois todos temíamos que seus cobertores, tabaco e outras coisas já teriam terminado antes dele chegar à nossa parte do país e que não teria mais nada para nos pagar por termos deixado nossas marcas no seu papel... e quando encontramos com o Governador, aquele que falava maori [isto é, o intérprete] disse que se puséssemos nossos nomes, ou mesmo que apenas fizéssemos uma marca naquele papel, o Governador então nos protegeria e impediria que fôssemos roubados das nossas terras cultivadas e de nossas terras madeireiras e de tudo o mais que nos pertencia... O que falava maori, então, continuou e nos contou certas coisas; o sentido daquilo que falou estava tão bem-guardado que nunca o descobrimos. Uma coisa entendemos bem, no entanto, porque ele disse claramente que se escrevêssemos no papel do Governador, uma das consequências seria que um grande número de pakeha viria fazer comércio conosco, que teríamos uma abundância de bens valiosos... Ficamos muito alegres ao ouvir isso (Anônimo de Ngapuhi, em Maning, 1906: 223-25).

Em termos de total e completa mistificação, os curiosos hieróglifos dos chefes apostos ao Tratado de Waitangi só poderiam ser igualados pelas várias cláusulas contidas no seu texto. O governo de Sua Majestade tinha sido levado a intervir por causa do projeto de aquisição de terras da New Zealand Company. No início, o governo pretendia antecipar-se à companhia e proteger as terras maori ainda restantes. (Também existia a ameaça potencial dos franceses, que estavam em processo de anexação do Taiti.) Daí o tratado ser instado com tanta urgência aos chefes (juntamente com os presentes habituais) como sendo uma boa coisa econômica, como sendo a segurança de um futuro próspero. Por outro lado, a combinação oferecida, de cessão da soberania e de manutenção da posse das terras, seria totalmente ininteligível a um maori. "O que falava maori, então, continuou e nos contou certas coisas; o sentido daquilo que falou estava tão bem-guardado que nunca o descobrimos." Logo antes de os chefes ngapuhi assinarem em Waitangi, o reverendo Colenso interveio respeitosamente para perguntar ao Governador (Hobson) se ele pensava que os maori realmente compreendiam os termos do tratado. "'Eu tenho falado com alguns chefes a respeito dele'", disse Colenso, "'e eles não têm a menor ideia quanto ao teor do tratado'" (Buick, 1936:155)[38]

O texto em maori já era suficiente para guardar seus próprios segredos. No artigo 1º, a "soberania" que os chefes concordaram em ceder foi interpretada como a forma subjuntiva (ou concreta) da palavra-empréstimo inglesa para "governar", "governador", *kawanatanga*, coisa da qual os maori até aquele momento tinham tido pouca ou nenhuma experiência. Porém, no artigo 2º, eram dadas garantias solenes de *rangatiranga*, a "chefia" ou se quisermos a "soberania" – "de suas terras, de seus assentamentos e de todas as suas propriedades" (Buick, 1936:360-62).[39] E enquanto missionários ingleses, especialmente Henry Wiliams, contentavam-se em pensar que tinham explicado satisfatoriamente os termos do tratado em diversas ocasiões, foram justamente as mentiras a esse respeito que Hone Heke pôs em questão quando vieram reclamar com ele sobre os incidentes com o mastro. "Heke não deixou passar essa oportunidade sem fazer alusão ao Tratado de Waitangi, e de como fora enganado pelo Arquidiácono [Williams] e por outros, induzindo tantos chefes a assiná-lo, quando eles [Williams et al.] sabiam que os maori estavam assinando a entrega de suas terras etc." (Burrows, 1886:9; cf.). O problema era a distinção entre supremacia política e ocupação de ou "direito" à terra não ser uma distinção pertinente para os maori. Enquanto um chefe e seu povo mantivessem residência em suas terras ancestrais e tivessem vontade de defendê-las, nenhum outro chefe poderia lá governar. Para além de quaisquer ideais ocidentais de soberania ou de propriedade, a terra é "o corpo inorgânico de identidade clânica" (adotando a frase de Marx). É o *mana* objetivado do grupo de parentesco. Os conceitos ocidentais e maori são incomensuráveis nesse ponto. E, mais ainda, Firth devia estar certo quando disse que "o conceito de *mana* quando ligado à terra é... muito próximo da ideia de soberania" (1959:392; cf. White, 1855:190-91). Quando Heke concluiu que o Tratado de Waitangi estaria propondo um novo arranjo sagrado de propriedade, concluiu que significaria para os maori a perda de *mana* – como ocorreria no caso de conquista, expropriação e escravização. Os britânicos estariam construindo seu próprio *tūāhu*.

Nesse sentido as privações econômicas que se seguiram ao Tratado eram meramente sintomáticas de uma questão maior: qual o significado da presença inglesa; ou qual o destino dos maori. Os maori diziam que o governo alegava ser um pai, mas apenas tinha mostrado "soldados, casernas, oficiais de polícia e cadeias" (Sinclair, 1972:31). O debate sobre o que tinha significado o tratado continuou entre os chefes maori, e foram improvisadas várias explicações metafísicas. A mais conhecida foi a de um certo Nopera Panakareau, onde se lia, "A sombra da terra vai para a Rainha Vitória, mas a substância ainda é nossa." Isso ele disse em maio de 1840, mas em janeiro do ano seguinte, Nopera havia invertido os termos: "A substância da terra é dos europeus, apenas a sombra é a porção que nos cabe" (citado em Wards, 1968: prefácio). Seja lá qual fosse o significado do Tratado, o Anônimo de Ngapuhi diz, "ao menos uma coisa era verdade, tínhamos menos tabaco, menos cobertores e outros bens europeus do que antes, e vimos que o primeiro Governador não tinha falado a verdade, pois ele nos havia dito que teríamos muito mais" (Maning, 1906:230-31). Os navios baleeiros e mercantes já não vinham mais e os *pākehā* deixavam os distritos do norte do país. O governo havia agido de maneira misteriosa e enganadora. Ou foram esses efeitos adversos que conscientizaram os maori de que o que estava realmente em jogo era o *mana*. As atividades de Heke em torno do mastro foram nesse sentido uma desmistificação. Eram uma lembrança de que o mesmo já havia acontecido antes, quando da primeira chegada dos chefes à Nova Zelândia vindos de Hawaiki, e a construção dos recintos sagrados (*tūāhu*) nessa terra, tomando o controle do país das mãos do "povo da terra" (*tangata whenua*).

Assim vemos um mito ser decodificado por outro (exatamente como foi dito por Lévi-Strauss), pois o Tratado de Waitangi era um mito, mesmo em termos europeus. Em um dos mais acadêmicos relatos sobre a rebelião de Heke – embora tenha sido escrito do ponto de vista *pākehā* – Ian Wards é levado a admitir que "o Tratado *foi* um estratagema para cegar e distrair selvagens ignorantes", o que já havia sido dito por seus críticos contemporâneos. Sem fazer qualquer gasto desnecessário, a coroa "rápida e silenciosamente" apossou-se da Nova Zelândia. E se o Tratado garantia de modo ostensivo o bem-estar dos maori, não representou uma decepção absoluta, já que era muito difícil conciliar este propósito com a colonização em massa levada a cabo pelos súditos brancos de Sua Majestade, ele foi, por esse motivo, pelo menos contraditório, já que o governo não possuía meios de assegurar os interesses dos maori, e logo abandonaria qualquer pretensão a tal. Ainda por cima, o Colonial Office* sabia muito bem que a diferença entre soberania e propriedade não seria compreensível para os maori, estando isso claramente escrito em todos os rascunhos preliminares das instruções para negociação do Tratado entregues ao capitão

* Ministério encarregado de assuntos das colônias britânicas. (N.T.)

Hobson. Todos os rascunhos indicavam que "não se acreditava que os maori entendessem a distinção entre soberania e direitos de propriedade" (Wards, 1968:28). Entretanto, nada a esse respeito foi encontrado nas instruções definitivas, "claramente porque não seria muito político admitir tal coisa publicamente" (*Ibid.*, p.29). O Tratado fora negociado com má-fé.

Em outras palavras, as irrealidades essenciais bem como as impraticabilidades da situação foram estabelecidas pelos ingleses. Heke, ao atacar o mastro, mostrou-se capaz de penetrar, tornar-se consciente de e objetivar os significados que os *pākehā* estavam dispostos a manter ocultos até de si mesmos. Se a sua resposta nos parece fora de propósito ou "simbólica", não devemos esquecer que a questão decisiva, como Wards também admite, era igualmente abstrata: Heke "sofria as dores inevitáveis de alguém que vê, ou sente, o eclipse de seu modo de vida por um outro" (*Ibid.*, p.145).[40]

Uma antropologia estrutural histórica

Em um comentário frequentemente citado de *A busca de um método*; Sartre pergunta: "Teremos meios hoje de constituir uma antropologia estrutural histórica?" O que procuro sugerir aqui é que sim, *le jour est arrivé*. A prática, obviamente, já foi além das diferenças teóricas que supostamente separam a antropologia e a história. Os antropólogos elevam-se da estrutura abstrata para a explicação do evento concreto. Historiadores desvalorizam o evento único em favor das recorrentes estruturas subjacentes. E também paradoxalmente, os antropólogos têm sido tão diacrônicos em pontos de vista quanto os historiadores têm sido sincrônicos. Nem esta questão, nem tampouco este ensaio, tratam meramente do valor da colaboração. O problema agora pertinente é o de explodir o conceito de história pela experiência antropológica da cultura. A história, até há pouco tempo obscura, de ilhas remotas, merece o seu lugar ao lado da autocontemplação do passado europeu – ou da história das civilizações – por contribuições próprias e notáveis a uma compreensão histórica. Assim, multiplicamos nossos conceitos de história pelas diversidades de estruturas e assim, de repente, há um mundo de coisas novas a serem consideradas.

3. O rei-estrangeiro; ou Dumézil entre os fiji

Começo este capítulo com certos incidentes históricos e rituais que se forem tomados em conjunto resultarão em uma teoria polinésia da vida social. Georges Dumézil, o grande estudioso do classicismo, sugere que ideias dessa filosofia relativas à soberania política são semelhantes a estruturas que encontrou nas civilizações indo-europeias. Partirei, em minha comparação, do ponto onde ele parou. Nela, assinalo uma característica do poder soberano que não foi necessariamente enfatizada por Dumézil, embora certamente esteja presente no seu próprio e em outros célebres estudos da soberania "arcaica". A soberania aparece como vinda do exterior da sociedade. O rei, que é de início um estrangeiro e uma figura um tanto aterrorizante, será depois absorvido e domesticado pela população nativa, em um processo que passa por sua morte simbólica e seu consequente renascimento sob a forma de um deus local.

Sabe-se que a história tem encenado, repetidamente, esse drama cósmico. Consideremos o que ocorreu ao capitão Cook. Para os havaianos, Cook havia sido mito antes de tornar-se evento, já que o mito foi a moldura para sua aparição.[1] Cook surge nas ilhas proveniente de Kahiki, domínio celeste e invisível do além-horizonte, fonte lendária dos grandes deuses, de antigos reis e das coisas boas da cultura. Espaço reprodutivo natural, Kahiki também era o tempo cultural original. E, assim, os havaianos receberam Cook como o reaparecimento de seu Deus-Ano, Lono, o deus especialmente conhecido como o padroeiro da fertilidade na agricultura. Esse fato não os impediu de matá-lo no dia 14 de fevereiro de 1779.[2] Tão logo morto, Cook foi empossado como antecessor divino pelos chefes dominantes do Havaí.

Os incidentes que acompanharam a chegada do capitão Wallis ao Taiti em 1767 sugerem outros aspectos dessa mesma teoria polinésia: a captura do deus/chefe mediada pela dádiva da mulher. Os taitianos aproximaram-se do *Dolphin*, o primeiro navio europeu a ancorar ali, e arremessaram troncos de bananeiras ao convés. As plantas eram signos de suas próprias pessoas. Chamadas de "bananas compridas como o homem" (*ta'at o mei'a roa*), eram utilizadas como complemento às vítimas nos rituais de sacrifício humano. Poucos dias depois, fazendo uma finta com a exibição de mulheres nuas para desviar as atenções dos ingleses, guerreiros taitianos atacaram o *Dolphin* com uma chuva de pedras. E da mesma maneira que o *mana* de Cook sacrificado recaíra sobre os reis havaianos como sinal de sua legitimidade (a dos reis), o pendão que fora deixado por Wallis na praia de Matavai foi tecido à trama da tanga sagrada (*maro 'ura*), insígnia da realeza no Taiti (Wallis em Kerr, 1824:120-241; Robertson, 1948; Henry, 1928:11; cf. Oliver, 1974:1215-16 *et passim*).

Por volta dessa mesma data, de acordo com as tradições genealógicas locais, uma cena semelhante transcorria a milhares de quilômetros a oeste; os fiji das ilhas Lau empossavam o primeiro chefe dominante da atual linhagem. O evento era análogo ao tratamento dispensado a Cook e a Wallis, porque o chefe fiji, na sua ascensão, é simbolicamente envenenado e, desse modo, capturado e domesticado pelos nativos. O veneno é a sagrada oferenda, a bebida feita da planta de kava, consagradora de chefes. Kava é a oferenda preeminente dos antigos *lewe ni vanua*, "membros da terra", ao chefe dominante, que é, ele mesmo, sempre um estrangeiro de origem. Os mitos contam que a kava primeiro brotou do corpo de uma criança morta ou de um jovem chefe. Na versão de Tonga, muito semelhante à de Lau, a criança fora sacrificada originalmente para servir de alimento ao chefe. Desse modo, o rei-estrangeiro consome a terra e se apropria de seus poderes de reprodução, mas somente para ser, ele próprio, apropriado por meio dessa ação (Hocart, 1929:67ss.; Sahlins, 1983).

Para tomar de empréstimo a frase de Pierre Clastres, é a "sociedade contra o Estado". Esses acontecimentos da Polinésia sugerem haver algo de importante e verdadeiro na controversa tese de Clastres sobre o ressentimento do povo (1977). É verdade que a ideia foi formulada por Clastres com base no modelo de desenvolvimento de chefia nas terras baixas da América do Sul e, também, que existe muito a ser criticado na noção de que as pessoas possam rejeitar *a priori*, por "intuição" e "premonição", um tipo de sociedade da qual jamais tiveram experiência. Mesmo assim, os tiv da África Ocidental, refletindo sobre suas próprias circunstâncias políticas comparáveis, dizem que "os homens chegam ao poder pela devoração da substância dos outros" (P. Bohannan, citado em Balandier, 1967:72). É de mesmo tom a saudação mais respeitosa que pode ser feita por um reles plebeu de Fiji a seu chefe: "'Me coma'" (Waterhouse, 1866:338). Portanto, não é de surpreender que tal negação do poder, reivindicada por Clastres para a América do Sul, encontre eco até mesmo na divindade com a qual os polinésios – do mesmo modo que os indo-europeus da idade clássica – cercavam os seus reis. "Os chefes havaianos eram considerados como deuses por causa da morte de um súdito", observa um sábio nativo (Kaawa, MS). Porém, como diz um outro, "alguns dos antigos reis tinham um medo saudável do povo" (Malo, 1951:195).

Acontece que Clastres também desenvolveu o seu argumento no contexto de uma teoria nativa diferente do poder: o conceito ocidental singular de que a dominação é a espontânea expressão da natureza da sociedade, mais ainda, da natureza do homem.

Nem sempre foi essa a opinião de consenso dos estudiosos. A origem do Estado na conquista, teoria bem conhecida a partir dos trabalhos de Gumplowicz e de Oppenheimer, era pelo menos fiel à antiga doutrina europeia – por exemplo, a lenda de Rômulo – na qual o poder só poderia ser entendido sob a condição de que se originasse além da sociedade, e fosse violentamente imposto à vontade geral. No entanto, esse conceito nativo do poder, enquanto estrangeiro à sociedade, tem dado lugar ultimamente a vários outros – marxistas, biológicos, o contrato social – semelhantes na sua compreensão da autoridade política enquanto surgimento interior, nascendo da essência das relações ou disposições sociais humanas.

Não ofereço aqui nenhuma teoria da história para competir com as outras, pois deveria estar claro que não falo daquilo que "realmente" aconteceu. Embora aquilo de que falo – esquemas nativos de proporções cosmológicas – possa até ser significativo em termos históricos. O destino de Cook sugere que tais esquemas são a verdadeira organização da prática histórica, se não forem as lembranças reais de acontecimentos primordiais. Por outro lado, é possível que os discursos em voga nas ciências sociais sobre a origem da desigualdade sejam também, sob certos aspectos, versões dos mitos que pretendem explicar.

A sociobiologia mais moderna, por exemplo, simplesmente internaliza como natureza humana a oposição entre cultura e poder, característica do "folclore" recebido. Essas pretensões *ad hoc* à continuidade entre macacos dominantes e uma ou outra das espécies atuais de despotismo político parecem realmente ser, como diz Clifford Geertz, "uma mistura de senso comum com a comum falta de senso".[3] Pois tal afinidade, habitualmente sentida entre poder e natureza, é em si uma construção social, que passa pela mútua oposição de ambos à sociedade civil. O poder e a natureza são parecidos naquilo que está além e à parte das normas da cultura habitual. Propensos a uma apropriação privilegiada de palavras e coisas enquanto valores hierárquicos, em vez de meios recíprocos para a comunicação humana, o poder é a negação da comunidade e, como tal, é banido para o reino das forças naturais. Por ser esse o lugar onde é encontrado por nossos colegas da sociobiologia, presumem eles que seja este o seu local de origem.[4]

Meu principal propósito será de examinar, em um quadro de referência tipológico mais maleável, os análogos polinésios da mesma teoria. Digo "análogos" porque o conceito de reis divinos que encontramos no Havaí, e também em Fiji, por acaso governa a história subterrânea das nossas democracias – das quais periodicamente também emerge a antítese cósmica do rei, "o povo que ri". Ainda assim, essa comparação poderia ser de pouco interesse, se não fosse por outra reivindicação que podemos fazer. Espero poder demonstrar, de forma necessariamente sumária, que o conceito antropológico de cultura não é exposto da maneira mais útil pelo modelo saussuriano, isto é, como um conjunto estático de oposições e correspondências simbólicas. Em sua representação mais poderosa e global a estrutura é processual, um desenvolvimento dinâmico das categorias e de suas relações resultando em um sistema mundial de geração e de regeneração. Enquanto programa do processo de vida cultural, o sistema tem uma diacronia interna, que é, por si mesma, temporal e mutante. A estrutura é a vida cultural das formas elementares. Exatamente porque essa diacronia é estrutural e repetitiva, é possível seu diálogo com o tempo histórico enquanto projeto cosmológico que abarca o evento contingente.

As dimensões políticas da estrutura em questão, a ideologia de dominação externa e de usurpação política, são bem conhecidas dos estudos antropológicos de estados arcaicos e de protoestados. Os célebres trabalhos de Sir James Frazer e de A.M. Hocart sobre a soberania divina documentam uma ampla distribuição mundial do mesmo esquema básico de poder, das ilhas Fiji às Américas, através da Índia ao mundo clássico (Frazer, 1905, 1911-15; Hocart, 1969 [1927], 1970 [1936]). Luc de Heusch (1958, 1962, 1972) sintetizou de forma brilhante a sua descrição para muitas partes da África. Ele se utiliza dos estudos de Dumézil para certos conceitos descritivos e Dumézil por sua vez encontra certos aspectos fundamentais da soberania repetidos na Polinésia, em Daomé e no México pré-hispânico, assim como na antiga Irlanda, na Índia, na Pérsia e na Escandinávia. "Nem é entre os indo-europeus", escreve Dumézil, "que esses fatos estão mais claros ou mais completos." Para estudá-los do "ponto de vista da sociologia geral", seria melhor voltar o olhar para os polinésios ou para os índios do noroeste da América do Norte, e o melhor comentário sobre a ascensão do antigo rei hindu Prthu "talvez seja fornecido pelas cenas que, apenas recentemente, marcaram a sucessão do soberano, nas ilhas Fiji" (Dumézil, 1949:41-42).[5]

Adotando-se o ponto de vista da sociologia geral, em todas as civilizações acima mencionadas, basicamente compostas de parentela, de diversas linhagens e de clãs, o governante é visto como estando não somente acima da sociedade, mas também além dela. Enquanto ele está além dela em termos morais, ele também vem do além e o seu advento é uma espécie de terrível epifania. É um fato notavelmente comum que os grandes chefes e reis da sociedade política não fazem parte da população que governam. De acordo com as teorias locais de origem, trata-se de estranhos, do mesmo modo como os feitos draconianos pelos quais chegam ao poder são estranhos à conduta de "pessoas reais" ou verdadeiros "filhos da terra". É assim que diversos povos polinésios se expressam. Os reis-estrangeiros consequentemente serão abarcados pelos nativos, ao ponto de suas soberanias serem sempre problemáticas e de suas vidas estarem sempre em perigo.

Porém, são justamente fatos como esses que motivam uma teoria naturalística da dominação. O rei, por ser de sua própria natureza exterior à cultura doméstica, aparece em seu interior como uma força natural. Ele irrompe sobre uma cena pastoral de fugacidade pacífica e relativa igualdade que, no futuro, poderá vir a ser lembrada nostalgicamente como a idade de ouro. Esses governantes, tipicamente, não surgem do mesmo barro que a população local: eles vêm dos céus ou – como é muito comum – de outra etnia. Seja como for, a realeza é o estrangeiro.

Os fiji muitas vezes reclamam que o seu chefe dominante é um *kai tani*, uma "pessoa diferente" ou "estrangeira" na terra; ou pode ser alternativamente um *vulagi*, um "hóspede". Hocart dá também outra interpretação a esse termo, o significado de "deus celeste". "'Os deuses vieram do além-mar'", contou um nativo de Lau a Hocart, "'é assim em todos os países de Fiji'" (Hocart, 1929:129). Em versão muito condensada, tem-se a seguir o típico mito de origem fiji para o clã governante (*mataqali*):

> Um tubarão faz amizade com um forasteiro, bonito e de pele clara, vítima de um acidente no mar, e o leva para terra, na costa sul de Viti Levu. O estrangeiro perambula até o interior, onde é acolhido por um chefe local e acaba por se casar com a filha dele. Dessa união é que surge a linha de chefes dominantes Noikoro, sendo o narrador da estória o décimo descendente da linha. Ele e seus companheiros de clã são chamados de "Os Tubarões" (*Na Qio*) (Brewster, MS).

Tudo acontece como no provérbio havaiano: "O chefe é um tubarão que caminha sobre a terra" (Handy e Pukui, 1972:199). Luc de Heusch cita Saint Just no sentido de que "entre o povo e o rei não pode haver relação natural". Entretanto, esta ideia não era inteiramente revolucionária. Muitos povos haviam concluído, e já há muito tempo, que o poder não é inerente à humanidade.

Só pode vir de outro lugar, externo à comunidade e às relações humanas. Nesse sentido clássico, o poder é um bárbaro. Ele é tipicamente fundado em um ato de barbarismo – assassinato, incesto ou ambos. Heusch chama a isso de "a proeza", um feito associado de forma mítica com o ancestral da dinastia e recriado com frequência quando da instalação de cada sucessor. Essa violência original, por ser a própria negação do comportamento entre parentes, é o complemento à teoria de Clastres – assim como às de seus ilustres antecessores que também fizeram grande caso dos princípios conflitantes de Estado e Sociedade Civil, *Gemeinschaft* e *Gesellschaft* ou *Civitas* e *Societas*. O poder se revela e se define como a ruptura da ordem moral da população, e precisamente como o maior dos crimes contra o parentesco: fratricídio, parricídio, a união de mãe com filho, pai com filha, ou irmão com irmã.

Falando ainda de um ponto de vista mais geral, não importa que essa proeza seja "meramente simbólica", porque não deixa de ser simbólica mesmo sendo "real". Em algumas versões da lenda, Rômulo mata Remo por passar sobre o sulco que havia traçado na (Mãe) terra, desse modo demarcando o local das muralhas da futura Roma. O rei da África Oriental realiza as mesmas associações homicidas/sexuais quando, após vencer uma guerra fratricida de sucessão, ele copula com sua meia-irmã. Zeus não havia feito menos com seu pai Cronos e sua irmã Hera, mas ao mesmo tempo tinha o exemplo de Cronos para seguir. A dinastia havaiana de chefes sagrados inicia-se com o incesto lendário de pai com filha e termina em tempos históricos com o sacrifício do rei Kiwala'o por seu irmão (classificatório) Kamehameha, que então se casa com a filha de sua vítima.[6] E como Édipo, seja mito ou complexo, tem novamente a mesma estrutura, talvez não seja necessário falar-se mais sobre como o poder dos signos funciona como os signos do poder.

Mais importante é notar que o poder não é aqui representado como uma condição social intrínseca. É uma usurpação com o sentido duplo de tomada por força do poder e a negação soberana da ordem moral prevalecente. Em vez de uma sucessão normal, *a usurpação é em si mesma o princípio da legitimidade*. Hocart demonstrou que os rituais de coroação do rei ou do chefe supremo celebram a sua vitória sobre seu antecessor. O herdeiro à soberania havaiana, se não tiver realmente sacrificado o finado governante, será o suspeito (ou algum de seus auxiliares) de o ter envenenado. Seguem-se as cenas de caos ritual (descritas no Cap. 2) quando o mundo se desfaz ou é invertido em seus aspectos significativos, até que o novo rei retorne para restabelecer os tabus – isto é, a ordem moral.

Tais façanhas míticas e distúrbios sociais são comuns aos primórdios de dinastias e às sucessivas investiduras dos reis divinos. Podemos interpretar brevemente o seu significado, como algo assim: o rei, para mostrar sua capacidade de colocar ordem na sociedade, tem que, em primeiro lugar, reproduzir uma desordem original. Após ter cometido suas ações monstruosas contra a sociedade, e provar dessa forma que é mais forte do que ela, o governante então procede à retirada do sistema do caos. A ascensão do rei recapitula a constituição primeira da vida social e recria, desse modo, o universo. O rei faz seu advento como um deus, o simbolismo dos rituais de instalação é cosmológico. Daí a equação frazeriana entre a vida do rei, o bem-estar da sociedade e a harmonia das forças cósmicas.

Cientistas sociais frequentemente veem em tudo isso uma mistificação do poder, formulada pelos interesses dominantes. No entanto, enquanto "ideologia dominante" esta visão é, no mínimo, equivocada, já que, no caso do capitão Cook ou em outros análogos antropológicos como o do sacerdote de Nemi, essa ideologia também autoriza as pessoas a "sentarem-se no chão e contarem tristes estórias das mortes dos reis". Falar de uma ideologia motivada por interesses é em primeiro lugar empobrecer de forma muito triste a descrição desses fatos. Trata-se menos de racionalização de poder do que da representação de um esquema geral de vida social: uma "estrutura reprodutiva" total, que inclua as relações complementares e antitéticas entre rei e povo, deus e homem, homem e mulher, estrangeiro e nativo, guerra e paz, firmamento e terra.

O político aparece aqui como um aspecto do cosmológico: a expressão como batalha humana de transformações entre vida e morte que são universais. O político, porém, não é o mero reflexo do natural, como pensava Frazer. Nem tampouco é o reverso, a morte (ou a pseudomorte) do rei uma catarse política nas vestes de uma ideologia cósmica, como pretende a teoria funcionalista. Nem é o sistema caracterizado da forma mais adequada pelas noções estruturalistas familiares de haver transposição entre os códigos paralelos de cultura e natureza. Se o esquema polinésio é diferente do chamado "totemismo", como alega Lévi-Strauss, por causa da continuidade genealógica (ou consubstancialidade) entre "sobrenatural", "natural" e seres humanos, então esse é um sistema universal de homologias diferenciais e não de diferenças homólogas. O esquema enfatiza as diversas relações de descendência entre fenômenos ancestrais "naturais", e as diferencia pelos mesmos meios – daí haver as semelhanças residuais com o "totemismo". Segue-se daí que as relações lógicas entre os vários planos do cosmo não são simplesmente metafóricas, nem mesmo meramente metonímicas. As relações são de sinédoque: um sistema ancestral de classes formais (ver Cap. 1). Proporções tais como rei : povo :: firmamento : terra são proposições sobre a natureza das coisas, uma verdadeira ontologia.

Levemos a sério a sugestão feita por Dumézil de que os rituais de instauração do chefe fiji podem servir de pista para o sistema indo-europeu. Frazer já havia colocado certos termos para essa comparação. As lendas dos reis latinos, desde Rômulo até Tarquínio II, assim como as dos gregos desde Tântalo e Pêlops até Agamêmnon, mostram similaridades consistentes relativas à filosofia de governo. O rei é um estrangeiro, frequentemente um príncipe guerreiro imigrante cujo pai é um deus ou um rei em sua terra nativa. Mas, exilado por seu próprio amor ao poder, ou banido por assassinato, o herói é incapaz de lá ser bem-sucedido. Em vez disso, toma o poder em outra parte e *através de uma mulher*: princesa nativa, que ele consegue por uma proeza milagrosa que envolve façanhas de força, artifício, estupro, habilidade atlética e/ou o assassinato de seu antecessor. O heroico genro, vindo de terras estrangeiras, demonstra seus dons divinos, obtém a filha da terra e herda a metade do reino ou mais (cf. Préaux, 1962). Antes de ser um conto de fadas essa era a teoria da sociedade.

Da mesma forma, antes de Rômulo, nos primórdios dos romanos, veio Eneias, o troiano, que foi combatido por nativos armados sob o comando do rei Latino. Livy (*Hist. Rome* I, 1) nos dá duas versões do que aconteceu depois, uma bélica e a outra pacífica, porém as duas terminam por Eneias unir-se a Lavínia, filha do rei Latino, e a unificação de estrangeiros e nativos sob o rei imigrante. Na versão de Diôniso de Halicarnasso, o pacto original fora um acordo entre os respectivos deuses. Os latinos nativos deram terras aos troianos em troca de auxílio na guerra. Cada partido contribuiu, portanto, com uma parte de sua natureza essencial e juntos puderam formar um todo viável. Mas, como a natureza é a riqueza reprodutiva, no plano matrimonial a troca fundadora é assimétrica: a população local é de doadores de mulheres. Os dois reis, para darem o exemplo,

> uniram a excelência das duas raças, a nativa e a estrangeira, pelos laços do matrimônio. Latino deu sua filha Lavínia a Eneias. E, assim, o

> resto do povo concebeu o mesmo desejo de seus reis e, combinando em muito pouco tempo seus costumes, suas leis e cerimônias religiosas, formando laços através de intercasamentos e misturando-se uns aos outros nas guerras que combatiam juntos e, designando-se pelo nome comum de latinos, como o rei dos habitantes do local, eles se relacionaram tão firmemente com seu passado que nenhum lapso de tempo os separou (Dion. Halic. *Rom. Antig.* I, 60).

Por outro lado, a dádiva de Latino da mulher Lavínia implicou uma endogamia local e envolveu os povos unidos em uma guerra com os rútulos. Os rútulos foram levados à rebelião por Tirreno (na história de Diôniso, Turno na *Eneida*), pretendente rejeitado de Lavínia, que era sobrinho da mulher de Latino, Amita, cujo próprio nome sugere que o que está em questão é um casamento frustrado de filha da irmã do pai, ou seja, uma forma de casamento que resultaria em troca recíproca. Os tomadores de mulheres de uma geração tornam-se os doadores da seguinte. Este episódio, como um todo, codificá uma transformação da reciprocidade nativa entre rei e povo para um fluxo hierárquico de mulheres a favor do rei-estrangeiro.

Vejamos, também, a adoção do nome nativo de "latinos" como a denominação de um povo agora unificado. Esse é igualmente um uso comum em Fiji. Nos diversos níveis estruturais do clã (*mataqali*) à aldeia, a terra (*vanua*) e o *conjunto* confederado de chefias de domínios (*matanitu*), o grupo como um todo é designado pelo nome do segmento nativo local e subordinado: esta é a origem de "Tubou", a aldeia capital de Lau (sendo esse mesmo o nome dado às ilhas mais longínquas do domínio), ou de "Cakaudrove" e "Verata". O mesmo acontece com os títulos cerimoniais dos chefes dominantes ("Burebasaga" em Rewa, "Matanikutu" em Naitāsiri etc.). Trata-se de um tipo de regra de marcação inversa que faz do termo social inferior o conceito genérico da totalidade. Essa classificação expressa claramente o cerceamento do rei e as contradições de sua soberania. A terra "pertence" ao "povo verdadeiro" (*tamata dina*), assim como ele realmente pertence ao lugar, relações essas captadas perfeitamente pelo termo fiji, *i taukei*, que tem duas traduções alternativas: os "donos" e os "ocupantes nativos".

Voltando aos latinos, Rômulo, filho da mulher sagrada (vestal) de Alba com Marte, o deus da guerra, fundaria Roma com base no modelo da invasão troiana original. Rômulo e Remo haviam sido expulsos por Numitor, o rei de Alba e seu avô materno, que, aproveitando o ensejo, expulsou também, com estes dois, seus súditos rebeldes. Os gêmeos tinham "um amor antissocial pelo poder" (Dion. Halic, *Rom. Antiq.* I, 85) e quando dividiram o grupo em dois, com o objetivo de estimular a rivalidade, aconteceu a famosa discórdia cujo desfecho foi fatal para Remo. Esse fracasso do dualismo – que nem complementar era – seria a razão da estrutura tripartite que acaba por caracterizar Roma fundada por Rômulo.

Criado como um rústico pastor e líder de um bando de jovens ladrões, assassino de seu próprio irmão, Rômulo acaba por estabelecer sua cidade através de um ardil, um festival agrícola, que atrai os sabinos nativos, moradores campesinos (na verdade montanheses), e rapta as filhas deles. Na guerra que se segue, os romanos são quase vencidos pela traição de uma mulher, Tarpeia, cujo amor por riquezas permite aos sabinos tomarem a cidadela. (As riquezas são a contrapartida econômica dos poderes de crescimento e fertilidade agrícola e, portanto, indicativas, como observa Dumézil, do lado feminino.) Rômulo impede a retirada de seus homens e força um empate, graças à milagrosa intervenção de Júpiter. As sabinas, então filhas de um dos exércitos e esposas do outro, intervêm e efetuam uma reconciliação. Plutarco (*Lives*, Rômulo) significa o termo sintético produzido por sua conjunção, feita através de uma lógica combinatória mais poderosa do que a troca complementar que havia unido troianos e latinos. Os romanos adotam a armadura, isto é, as técnicas militares dos sabinos nativos; e os sabinos, os nomes dos meses romanos, ou seja, o calendário/agrícola cerimonial dos guerreiros invasores. Acima de tudo os romanos conseguiram meios para sua própria reprodução nas mulheres sabinas e seus dotes de casamento, e assim todos viveram felizes para sempre na Cidade Eterna.

Haverá mais permutações estruturais necessárias para garantir essa imortalidade. Estas, porém, serão melhor discutidas após compararmos algumas daquelas cenas, às quais Dumézil fez alusão, que "apenas recentemente marcaram a sucessão do soberano nas ilhas Fiji". O que Dumézil tinha em mente era a descrição de Hocart das cerimônias de instalação de Lau e Bau (*veibuli*) e aqui me baseio, igualmente, nesses relatos e em outros sobre ritos comparáveis de Fiji oriental. A investidura do Tui Nayau como governante de Lau é a nossa melhor fonte até o momento, graças à atenção dada às formas tradicionais durante a mais recente cerimônia, em julho de 1969. Essa cerimônia será o ponto focal da discussão que se segue.[7]

Deixo de lado a instalação preliminar do chefe como o Tui Nayau, na ilha de Nayau, não deixando, no entanto, de levar em conta seu significado. A investidura seguinte do Tui Nayau como chefe supremo de Lau está pautada conscientemente na lenda de uma odisseia primordial, que levou ao poder em Lakeba, a ilha principal do grupo Lau, o ancestral a quem pertencia o título. O chefe aparece em Lakeba vindo do mar, enquanto estrangeiro na terra nova. Quando desembarca na aldeia capital de Tubou, de imediato é levado à casa da chefia (*vale levu*) e, no dia seguinte, à área cerimonial central (*rārā*) da ilha. Nos dois estágios de sua progressão, o pretendente é conduzido pelos chefes locais dos nativos ao longo de um caminho coberto com um tecido feito de casca de árvore.[8] Em Lau, esse tecido de casca de árvore é, por prescrição, considerado como sendo de origem estrangeira, o tecido de casca de árvore de Tanga. Depois, quando da cerimônia do kava, o principal ritual da investidura, um nativo irá amarrar um pedaço de tapa branca de Fiji em torno do braço do chefe supremo. A sequência de tecidos de casca de árvore, juntamente com a sequência de movimentos até a área cerimonial, recapitula as passagens correlatas lendárias do Tui Nayau, do estrangeiro para o doméstico, do mar para a terra e da periferia para o centro. O tecido de casca de árvore de Fiji, que captura no final o chefe, representa sua própria captura daquela terra: na sua instalação, dizem que ele tem agora a posse do "tecido de casca da terra" (*masi ni vanua*).

Assim, vemos que esse tecido de casca de árvore tem um significado mais profundo. Em sua utilização ritual mais geral, serve como "o caminho do deus". Pendurado nas vigas da parte posterior, a parte mais sagrada do templo, representa ele a avenida de descida do deus para sua incorporação pelo sacerdote. O sacerdote, por sua vez, é um representante da – e em certas áreas ele é o *malosivo*, o chefe original e deposto – população local, aqueles que em Fiji são chamados de os "donos" (*i tankei*) ou de a "terra" (*na vanua*), em contraste com os imigrantes, tais como o chefe que vem do mar. O rei-estrangeiro é em si um triunfante guerreiro e um canibal, o que seria igual a dizer que é um deus vindo à terra. A instauração representa a transposição das cerimônias sagradas do templo a um outro código. Em Lau como em Moala, os líderes dos antigos grupos de sacerdotes (*mataqali*) têm o papel central de acompanhar o pretendente através da área cerimonial e de celebrarem a instalação kava. E o Tui Nayau, a quem acompanham ao trono de Lau, é o sucessor dos parricidas. A lenda conta, com sangrentas proezas, a origem do título: o assassínio de um irmão mais moço pelo filho do mais velho, seguido de uma vingança igualmente cruel do filho do mais moço sobre o assassino e seu pai.[9]

Há ainda mais significados para o tecido de casca de árvore: ele dá acesso ao chefe/deus e expressa sua soberania. Esse tecido é o bem feminino preeminente (*i yau*) em Fiji. É o produto mais importante da troca cerimonial (*sōlevu*). A ascensão do chefe é mediada pelo objeto que marcadamente significa a mulher. O mesmo se repetirá, como veremos, no clímax de tom de epifania, quando o governante bebe "o kava da terra". Se o chefe então possui "o tecido de casca da terra", é porque se apoderou dos poderes de reprodução da ilha.

Assim como o antigo rei indo-europeu é o genro mágico, o governante de Fiji é o sobrinho sagrado, descendente de um filho de irmã nativa (*vasu i taukei*). Essa relação fundadora – já mencionada na estória dos chefes tubarões de Noikoro – é geral aos mitos e à genealogia de Fiji. A transferência original do poder ao príncipe imigrante é marcada pela cessão de uma mulher nativa de alta posição. De forma semelhante, quando um grupo de Fiji é derrotado em guerra, sua submissão é assinalada pela dádiva de uma cesta de terra (a terra)* e das filhas de seus chefes. A linhagem dos chefes conquistadores torna-se a dos filhos de irmãs do povo dominado.

"Todos os clãs de chefia em Fiji", escreve Rokowaga, brilhante etnógrafo autóctone, "são de ancestralidade feminina" (*ko ira kece na mataqali Turaga e Viti, era sa vu yalewa*). Portanto, são a "mão da festa" (*liga ni magiti*), isto é, doadores de banquete, pois foi a ancestral quem cozinhou a comida (*baleta nona dau vakasaga kakana na vu yalewa*). Nesse contexto, a oposição de gênero é feita em relação aos súditos nativos: estes são da linha masculina "mão de taco" (*liga ni wau*), isto é, os guerreiros guardiães do chefe (Rokowaga s.d.: 63; cf Hocart, 1929:236). Daí o uso que durante longo tempo intrigou Hocart, o de que a nobreza de Fiji

* No original inglês, a *basket of earth* (*the land*). (N.R.T.)

é o "chefe criança" (*gone turaga*), enquanto os donos nativos são os anciãos (*qase*). A relação é aquela de progênie para ancestral, do modo como fora estabelecido pela dádiva da mulher. Reparem como, no entanto, há uma outra mensagem, pois os chefes imigrantes poderiam ser concebidos, mesmo no idioma de Fiji, como os tomadores de mulheres em relação aos doadores autóctones de mulheres ou o "lado do homem" em relação ao "lado da mulher" nativo. Tudo se passa como se o ponto de vista do povo fosse o ponto arquimediano do universo cultural.

Mas, então, em termos de Fiji, o povo terá que dizer: "O chefe é o nosso deus" (Hocart 1970 [1936]:61; 1912:447; Rabuka, 1911:156). Pois como já foi visto (Cap. 2), o filho da irmã tem o paradigmático privilégio ritual de tomar as oferendas feitas ao deus do povo do irmão da mãe (Hocart, 1915). O sobrinho uterino assume o papel do deus: daquele que consome as oferendas. Ele é "sangue sagrado" (*drā tabu*), como dizem os habitantes de Moala. Da mesma maneira que o chefe dominante é o usurpador daquela terra, por sua aquisição da princesa nativa, sua linhagem usurpa a posição do deus da população. O ancestral dinástico casa-se com a terra, e os seus descendentes (em Bau, por exemplo) aparecem entre as pessoas como "deuses humanos" (*kalou tamata*).

Assim, temos a dualidade distintiva da divindade em Fiji tradicional, que consiste por um lado dos antigos deuses invisíveis da terra e, por outro, de suas manifestações visíveis nos chefes vivos. O panteão não é o reflexo direto do poder temporal, como seria em um culto de ancestrais segmentar. Pois os grandes deuses, aqueles que governam os destinos da coletividade, particularmente os principais deuses da guerra, não eram ancestrais em linha direta dos chefes dominantes. Eram, ao contrário, espíritos dos chefes originais e/ou as fontes (*vū*) das linhagens autóctones. Os deuses maiores pertenciam à população nativa ou aos governantes depostos, que, de acordo com esse fato, eram seus sacerdotes. As divindades nativas se tornavam manifestas durante o culto, entrando (*curuma*) no sacerdote. Porém, por outro lado e de modo contínuo, estavam presentes visivelmente no chefe governante que, por ser o sobrinho uterino dos adoradores, os havia substituído nesse mundo. O chefe supremo de Tokatoa, dando os nomes dos deuses dos diversos templos, disse a Hocart: "Todos esses são os meus nomes".

A divindade do chefe não significava meramente um privilégio ocasional e ritual. Documentos datando do início do século XIX relatam que as imensas quantidades de bens e comidas trazidas de outras terras para a troca ritual (*sōlevu*) eram oferecidas não às pessoas, mas aos deuses dos recipientes (Diários de Hunt: 11 fev. 1840; Lyth Tongan and Feejeean Reminescences, 1:84-86). Quase tudo aquilo que chamaríamos de "comércio" ou de "tributo" era, naquele tempo, sacrifício. Se, então, esses bens coubessem ao chefe de mais alta posição, era exatamente por seu direito divino enquanto filho da irmã, direito esse estabelecido através da transferência primordial da mulher. Somos levados a lembrar a máxima de Hocart: "Não há religião em Fiji, somente um sistema que na Europa seria dividido entre religião e comércio" (1970 [1936]:256).

Também relevante é a observação feita pelo irmão Hazelwood, "seus deuses são canibais iguais a eles", já que a aquisição inicial da mulher pelo rei-estrangeiro é uma forma de consumo social (Erskine, 1967 [1853]:247). Os nativos de Fiji, de maneira igual a muitos outros povos, equacionam a posse sexual com consumir a mulher.[10] O chefe, divino e feroz canibal do exterior, come a terra, sob a forma transposta e benigna do casamento.[11] Assim como Rômulo fundou seu reino pela captura das sabinas, o governante de Fiji, também um terrível guerreiro de descendência divina, consegue a sua soberania quando toma as virtudes femininas (reprodutivas) da terra. Para o chefe/deus então, cabem as oferendas dos primeiros frutos (*i sevu*) feitas pelo povo – um termo que serve também para a prestação cerimonial do Kava (*i sevusevu*).

Notem que em todas essas genealogias, nesses mitos e ritos, sejam eles polinésios ou indo-europeus, estamos tratando com categorias culturais. Mesmo abstratas, são conceitos fundamentais representados nas pessoas. As supostas ações dessas revelam as relações corretas entre as categorias, enquanto processo de sua organização e combinação. Antropólogos chamam a isto de "estrutura", porém esse termo não deveria ser pensado como um esquema sincrônico de contrastes e de correspondências – por exemplo, o chefe está para o povo como o estrangeiro está para o nativo, o mar está para a terra como os tomadores de mulheres estão para os doadores etc. Assim como o tempo e a sequência são fundamentais para contar um mito ou executar um rito, a estrutura também é um desenvolvimento produtivo das categorias e de suas relações. No evento são produzidos termos novos e sintéticos e as categorias elementares mudam seus valores. A vida da sociedade, de uma maneira abstrata, é gerada através da combinação de qualidades opostas, porém complementares, cada uma incompleta sem a outra. É por isso que a metáfora do masculino e feminino tem um papel tão privilegiado. O imigrante soberano é um macho feroz: jovem guerreiro viril e penetrante vindo do exterior. Grande criador e procriador, é frequentemente associado aos céus e ao sol (ver Cap. 1). Os nativos são, *em um primeiro momento*, "o lado da mulher". São associados aos poderes da terra e do subterrâneo, ao crescimento e às ações pacíficas da agricultura. Portanto, como os sabinos, estão associados à riqueza (*opes*); ou, de um modo mais geral, àquilo que nutre a semente divina e a transforma em substância social. O subterrâneo é o lugar da morte, assim como é fonte telúrica de subsistência da vida, e o poder masculino não pode fruir ou ter efeito até que seja abarcado pelo da mulher, daí a razão desse poder ambíguo da mulher. O tecido de casca de árvore de Fiji, bem feminino, que fornece o caminho para o deus, também é utilizado no cotidiano como tanga, ocultando, culturalizando, o sítio primário do poder masculino. Existe uma contradição latente na apropriação feita pelo chefe do "tecido de casca da terra". Como Hocart diz, o tecido de casca é usado para "pegar" o espírito (1929:237). Dumézil, referindo-se aos conceitos indo-europeus, dá nomes às forças opostas que estão em jogo: *celeritas* e *gravitas*, e esses termos latinos cabem perfeitamente no caso de Fiji. *Celeritas* refere-se à violência juvenil, ativa, desordeira, mágica e criativa dos príncipes conquistadores; e *gravitas*, às venerandas disposições, calmas, judiciosas, sacerdotais, pacíficas e produtivas de um povo estabelecido. No momento inicial de sua combinação, *celeritas* prevalece sobre *gravitas*, isto é, quando os invasores capturam os poderes reprodutivos da terra para fundarem seu reino. Mas essa mesma violência criativa que institui a sociedade seria perigosamente imprópria para constituí-la. Esses dois termos combinados produzem um terceiro, o poder soberano, ou seja, uma junção das funções de guerra e de paz, rei e sacerdote, vontade e lei.

Essa dualidade da soberania é uma condição "da sociologia geral" de todos esses reinos, sejam polinésios ou indo-europeus. O soberano pode governar a sociedade, o que vem a ser a mediação de suas partes antitéticas, pois o poder soberano em si mesmo partilha a natureza da oposição, combinando em si a antítese elementar. O chefe de Fiji é ambos; o macho invasor e, enquanto filho da irmã, é o lado feminino da linhagem nativa. Notório canibal cuja ira (*cudru*) é sempre temida, ele está, por outro lado, imobilizado: ele "apenas senta", como dizem os fiji – isto é, fica em casa, como uma mulher – "e lhe trazem as coisas". De fato, as funções do chefe dominante são transmitidas, assim que possível, a um jovem herdeiro, um filho seu cujas façanhas efeminilizadoras de assassinatos e viagens são prescrições culturais. Em vez, ou além disso, os poderes de *celeritas* e *gravitas* da soberania estão divididos entre a linha sênior e júnior da descendência dos chefes, porém não é tanto para a organização da chefia que quero chamar a atenção. Essa determinação da soberania é mais do que uma dualidade, é uma ambiguidade nunca resolvida, e transforma-se em um destino histórico.

Aparece como uma oposição complementar e cíclica das duas naturezas da soberania. Acima e além da sociedade e, portanto, em contraposição à mesma, o rei também a incorpora e representa o bem-estar geral. Por esse motivo existem certas permutações entre os modos *celeritas* e *gravitas* de soberania, como nas tradições reais romanas, onde as duas formas se intercambiam em uma estrutura diacrônica de longo prazo. Rômulo, por exemplo, inicialmente partilha o poder com Tácio, o rei sabino. Apesar de provavelmente tê-lo assassinado, Rômulo também desaparece sem deixar herdeiros nem herança, salvo sua apoteose, e é sucedido por Numa, um sensato sabino. Porém, seu desaparecimento e apoteose já são indicativos de certas contradições. Em uma das versões, Rômulo é vítima de um sacrifício que ele mesmo ofereceu no altar de Marte. Içado misteriosamente aos céus no momento do sacrifício, ele torna-se o deus Quirino, deus da ralé, não dos reis. Logo veremos como o chefe polinésio primordial é sua própria vítima sacrificial e o deus perdido de seu povo. Seja como for, Numa, o sucessor sabino de Rômulo, dá a paz a Roma, fundando o sacerdócio e o culto, instrumentos em direção à ordem civil. As reformas por ele realizadas representam o interesse mais geral da população que ele, por pertencer a um povo autóctone, está disposto a encarnar. De agora em diante, a soberania latina alternará entre os dois polos de *celeritas* e *gravitas*, reis mágicos da guerra e reis religiosos da paz.

Mas essa alternância entre os polos opostos de Estado e Sociedade é apenas um dos muitos ciclos desse tipo, colocados em diversas dimensões temporais. Em um dos ciclos de duração mais curta, a cada ano o reinado de Júpiter é interrompido por uma saturnália popular, durante a qual toda a ordem é suspensa.[12] Na Saturnália, na Lupercália, em seus sucessores carnavalescos e nos festivais anuais análogos dos reinos tradicionais, em toda parte, aparece mais uma permutação da estrutura original. Nesse momento de renascimento cósmico e social, *celeritas* e *gravitas* mudam de lugar: o povo se torna o partido da desordem e a celebração de sua comunidade vem a ser aquilo que é chamado de um ritual de rebelião (Gluckman, 1963). Um festival das ordens mais baixas é então a celebração "dos baixos estratos materializados em corpo", como é chamado por Bakhtin – precisamente aquilo que chamamos de "mundano". A inversão é combinada com subversão e, até mesmo, com perversão, em cenas de licenciosidade geral, de folia e de intercâmbio de papéis. Escravo e senhor se tornam iguais e, talvez, até invertam suas posições. O rei é posto em fuga (*regifugium*) ou é morto ritualmente. No célebre caso antropológico das cerimônias *incwala* dos swazi, sua capital é saqueada e ele é marcado por insultos sagrados como inimigo do povo. Em partes da Europa e na Polinésia, assim como na África e no Oriente Próximo, o governante é substituído por um rei farsesco ou pelo deus deposto do povo, que recupera a rainha da terra e preside a folia.[13]

No Makahiki ("Ano"), a cerimônia anual desse tipo no Havaí, o deus perdido-rei lendário retorna para novamente tomar posse de sua terra. Circulando através das ilhas para coletar as oferendas do povo, ele deixa em seu rastro cenas de batalhas simuladas e de celebração popular. Ao término dessas etapas, os havaianos realizam a sua versão das cerimônias de instauração de Fiji. O rei vem do mar ao encontro dos atendentes do deus do povo, que arremessam lanças e uma delas é levada de forma simbólica a atingir seu alvo. O rei, assassinado desse modo pelo deus, entra no templo para oferecer sacrifícios e acolher o deus na "terra de nós dois". Porém, o momento da morte do rei é também o momento de sua reascensão e, no final, quem será sacrificado é o deus. Da mesma forma que o rei provisório do carnaval finalmente será executado, a imagem do deus que retorna é, logo em seguida, desmantelada, amarrada e ocultada, em um rito presidido pelo duplo cerimonial do rei (ou deus-humano), que tem como um de seus títulos "A Morte Está Próxima". E, então, o verdadeiro usurpador, o rei constituído, reassume sua faina habitual de sacrifícios humanos (Valeri: no prelo).

Esse ritual produz outra articulação curiosa com a história europeia, na morte do capitão Cook, a quem os havaianos identificaram como Lona, o deus perdido/rei. Os detalhes do evento estão no próximo capítulo e aqui devemos nos contentar com uma breve sinopse. A primeira visita de Cook a Kaua'i em janeiro de 1778 coincidiu justamente com os meses tradicionais do rito do Ano-Novo (Makahiki) e Cook retornaria às ilhas mais tarde, no mesmo ano, quase no recomeço das cerimônias de Makahiki. Dessa vez ele chegou à costa norte de Maui e procedeu à circum-navegação da ilha do Hawai'i na direção prescrita da procissão anual de Lono, para aportar finalmente na baía de Kealakekua, onde começa e termina o circuito de Lono. Sua partida foi no início de fevereiro de 1779, quase na data precisa do término das cerimônias. Porém, quando partiu para Kahiki o *Resolution* teve um mastro quebrado e Cook cometeu a falta ritual de voltar inesperada e inexplicavelmente. O Grande Navegador estava agora *hors catégorie*, perigosa condição como nos ensinaram Leach e Douglas, e dentro de poucos dias estaria realmente morto, apesar de certos sacerdotes de Lono terem perguntado quando voltaria. Foi um falecimento ritual: centenas de havaianos, entre eles muitos chefes, se empurravam em torno do deus caído para desempenharem um papel em sua morte (cf. Sahlins, 1981). Mas, muitos reis de estados tradicionais fizeram destinos semelhantes.

Hocart, citando um nobre de Lau, diz que "foram poucos os chefes supremos a não serem assassinados" (1929:158).[14]

> Quanta infinita paz de coração
> Perdem os reis, e gozam os homens!...
> Que tipo de deus és tu, que sofres mais
> De dores mortais do que teus adoradores?
>
> (Shakespeare, *Henrique V*)

A soberania jamais se livra das ambiguidades de sua posição. Para o governante de Fiji, isso tudo poderia ter estado presente no momento de sua instauração, quando a Sociedade tomou alguns cuidados para se proteger do Estado. De fato, durante os rituais de instauração, o chefe é investido com o "governo" ou a "autoridade" (*lewā*) da terra, mas a terra em si não lhe é dada. O solo (*qele*) é identificado de forma específica com seus "donos" (*i taukei*) nativos e esse é um vínculo que não pode ser anulado. Daí a afirmativa comum de que tradicionalmente (ou antes da Comissão de Terras) o clã de chefia não possuía terras, a não ser aquelas que fossem recebidas a título provisório dos donos autóctones, isto é, sob a forma de dote de casamento do povo original ou de legado como filho de sua irmã (Hocart, 1929:97, 98; 1950:88; HF:441; Conselho de Chefes, 1881:55). O chefe governante não tem controle algum sobre os meios de produção, portanto, não pode forçar seus súditos nativos a trabalhos servis, tais como os de preparar ou providenciar seus alimentos diários. Essas são as obrigações de sua própria casa, de sua linhagem ou dos povos conquistados (*nona tamata ga, gali kaisi sara*). Condições mais dramáticas ainda são impostas à soberania quando da ascensão do governante. Hocart observa que o chefe de Fiji passa por um renascimento ritual nessa ocasião. Para que renasça na forma de um deus doméstico, será necessário que alguém o tenha matado por ser um perigoso forasteiro.

E de fato é morto pela população local com a oferenda de kava que conduz a terra à sua autoridade (*lewā*). Surgida do corpo leproso de uma criança nativa sacrificada, o kava bebido pelo chefe o envenena. Versões dos mitos de Tonga e Rotunanos sobre a origem do kava são ritualmente recapituladas nesse momento.[15] O kava da instauração, produto sagrado da agricultura do povo, é levantado em Lau por um representante dos donos nativos (*mataqali Taqalevu*), que começa por realizar a separação da raiz principal, não da maneira usual, mas por violentos golpes, feitos com um instrumento pontiagudo (provavelmente, no passado, uma lança). Morta assim, a raiz (filho da terra) é então passada a jovens (guerreiros) de descendência real que, sob as instruções do sacerdote nativo, preparam a taça e a servem ao governante (Rokowaga [s.d.:40], descrevendo o costume em Bau, diz que o *tū yagona*, ou carregador da taça, deveria nessa ocasião ser um *vasu i taukei e loma ni koro*, "filho de irmã dos donos nativos no centro da aldeia"). Notem que, tradicionalmente, a raiz do kava era mastigada para se fazer a infusão: a criança sacrificada do povo é canibalizada pelos jovens chefes. A água do kava tem procedência simbólica diferente. O canto clássico do kava de Cakaudrove, executado durante os ritos de instalação de Lau, refere-se às águas sagradas das chuvas dos céus. Essa água masculina e derivada do chefe (sêmen) mistura-se aos produtos (femininos) da terra no ventre da tigela do kava, cujos pés são chamados de "seios" (*sucu*) e de sua frente é esticado um cordão sagrado atado a um triângulo invertido, na direção do chefe. O cordão é decorado com as conchas brancas do cauri, que não somente é um símbolo da chefia, mas de nome *buli leka*, uma continuação da metáfora do nascimento: *buli*, "formar", está referido na teoria de procriação de Fiji ao ato de concepção masculina no corpo da mulher.

Dessa maneira, a criança sacrificada do povo dá à luz o chefe. Mas, somente depois que o chefe, feroz canibal estrangeiro –

aquele que consome a vítima canibalizada –, é, ele próprio, sacrificado por ela. Pois, quando o governante bebe a oferenda sagrada, ele fica em um estado de intoxicação que os fiji chamam de "morto de" (*mateni*) ou "morto de kava" (*mate ni yagona*). Recuperar-se desse estado é explicitamente chamado de "viver" (*bula*).[16] Isso explica a segunda taça que é dada somente ao chefe, a taça de água doce. O deus é imediatamente ressuscitado, trazido à vida em um estado transformado.

Vindo do mar para a terra, do estrangeiro para o nativo, o chefe é agora abarcado pelo povo. É verdade que o eixo de sua divindade faz uma rotação do plano terrestre para um plano superior: dádivas de esteiras trazidas pela população fazem seu assento elevado na área cerimonial.[17] Mas ao mesmo tempo foi domesticado e humanizado, trazido da periferia da sociedade para o seu centro. Essa metamorfose é o poder essencial da mulher: a transformação de uma força natural, ao mesmo tempo criativa e destrutiva, em substância cultural. De agora em diante o chefe e a sua linhagem serão "pessoas do centro da aldeia" (*kai lomanikoro*). Aqui o chefe "apenas senta". Marcado por seus tabus sagrados – que servem como observa Freud (baseando-se em Frazer) tanto para proteção do povo contra o chefe polinésio quanto vice-versa – ele se encontra condenado a um quase isolamento.

É assim também que *celeritas* e *gravitas* mudam de posição com o desdobrar da estrutura. Enquanto o chefe é trazido para o centro da aldeia onde ele "apenas senta", os habitantes antigos são agora os seus cães de guerra (*kolī*, esta metáfora é conhecida em Fiji). Eles são os seus *bati*, termo que, ao mesmo tempo, significa a "fronteira" e o "guerreiro". Também quer dizer o "dente [que morde a vítima canibal]". Assim, em vez de consumir a população local, o chefe deve obter sacrifícios humanos de fora e dividi-los com o povo. O Vūnivalu, na conclusão de sua investidura em Bau, recompensa o chefe nativo que o empossou com uma vítima canibal (Hocart, 1929:70).[18] Tomadas em guerra realizadas além da própria terra (*vanua*), dos inimigos tradicionais e de chefes estrangeiros nessa instância privilegiada, essas vítimas, terríveis deuses exteriores, são na verdade de natureza idêntica à do chefe governante. O chefe que fora envenado para depois renascer como deus doméstico deve agora banquetear o povo *com os corpos de sua própria espécie*. Após ter feito a consagração das vítimas cruas, o chefe distribui uma certa porção dos corpos cozidos aos donos nativos, particularmente aos sacerdotes e outros chefes de linhagens locais, e assim partilha com eles os benefícios divinos. O que ajuda a explicar certos relatos do século XIX sobre o tratamento dispensado aos inimigos mais honrados ou mais odiados, que inclui paródias das cerimônas de instalação dos chefes (por exemplo, Endicott, 1923:59-60; Diapea, 1928:19-20; Glunie, 1977). Como também explica esse lindo canto registrado pelo missionário inglês Thomas Williams, no qual o cadáver é levado a dizer, enquanto está sendo arrastado para o local de sacrifício por guerreiros triunfantes e mulheres escarnecedoras:

Yari au malua,	Me arrastem docemente,
Yari au malua,	Me arrastem docemente,
Koi au na sara ni nomu vanua.	Eu sou o campeão de sua terra.
	(Williams e Calvert, 1859:163).[19]

Homens cozidos foram dados pelo chefe dominante em troca de mulheres catwa cruas.[20] Essas equivalências não foram inventadas por Lévi-Strauss. Os nativos de Fiji as representam assim (Hocart, 1929:129), pois o chefe já fora obrigado a realizar a mesma transação com sua própria pessoa. Nos ritos finais da instalação em Lau, o governante é, mais uma vez, conduzido ao longo do caminho de pano de casca de árvore, após as cerimônias de purificação. Dessa vez, porém, é levado pelos guerreiros da aldeia mais distante e autóctone da ilha, cantando o canto tradicional da vitória. Estarão eles celebrando a vitória do rei recém-coroado? Este canto é o mesmo que os guerreiros entoam sobre o cadáver da vítima canibal.

Concluirei por apontar a última permutação estrutural. Vimos que a conjunção do chefe com o povo do mar com a terra gera um termo sintético, o poder soberano: este, por si só, masculino e feminino, uma combinação de *celeritas* e *gravitas*. Essa permutação dá ao sistema uma dimensão vertical – o chefe estando acima e no interior ao mesmo tempo – mas também motiva sua expansão horizontal para a inclusão de um terceiro termo necessário. A estrutura global, totalmente constituída, é um esquema piramidal, tripartite, composto das mesmas três funções determinadas por Dumézil para sua descrição (e.g., 1949:76).

O chefe dominante, uma vez transformado em deus local, inibe suas disposições canibais em relação aos donos nativos e passa a obter vítimas do exterior, cuja distribuição é feita como recompensa pelas oferendas do povo – mulheres e primeiros frutos da lavoura crus. O deslocamento do conflito para um campo de Marte extramuros conclama uma terceira categoria, análoga à terceira tribo romana, composta por militares etruscos. Em Fiji essas pessoas serão igualmente "estrangeiras", por oposição à "terra" (*vanua*) que é, agora, composta de chefe e povo com os quais, no entanto, os estrangeiros estão unidos em um "governo" (*matanitū*) de ordem mais alta. Os guerreiros estrangeiros pertencem a duas classes gerais: aldeias ou terras aliadas além das fronteiras da chefia (*bati* [*balavu*]), as quais retêm uma certa autonomia; e aqueles que estão integrados de uma forma mais completa, "o povo do mar" (*kai wai dina*), que vivem no interior dos domínios do chefe dominante. Os verdadeiros povos do mar são os mais eminentes assassinos; são os notórios "homens perigosos" (*tamata rerevaki*). O povo levuka de Lau, os butoni de Koro e de Cakaudrove e os pescadores lasakau de Bau são exemplos famosos – estes últimos têm a pesca de tartarugas como ocupação cerimonial, mas são também pescadores de homens quando o chefe tem necessidade de sacrifícios humanos.[21] São sempre de origem e de condição exterior, considerados "pessoas diferentes" (*kai tani*) mesmo quando estabelecidos por muito tempo naquele reino. Esses guerreiros estão ligados aos serviços do supremo chefe pela dádiva fundadora de uma filha do rei. Assim como o chefe é o sobrinho sagrado dos cultivadores nativos seus sicários estrangeiros são, na origem, os seus sobrinhos sagrados.[22]

O todo constitui assim um elaborado ciclo de trocas de mulheres cruas por homens cozidos, marcado em certos pontos, no entanto, por transformações que preservam as distinções entre categorias e as suas relações de hierarquia. Nos rituais de nascimento real, tanto a mãe – uma mulher crua obtida pelo chefe junto à população autóctone – quanto sua criança são simbolicamente cozidos.[23] Se isso as traz à cultura, as incorpora tirando-as do mundo natural-espiritual, também implica que essa filha que fora repassada pelo chefe a seus sicários fica reduzida a dimensões humanas. Em troca, os guerreiros estrangeiros trazem para o chefe corpos crus ou, se deixarem de preencher a cota cerimonial, terão que procurar vítimas entre seus próprios parentes (de outras comunidades) sob pena de compensarem a falta com suas vidas. As vítimas também estão identificadas com o chefe enquanto sacrificante; mais uma vez, porém, essas oferendas estão cozidas, tendo seu valor espiritual reduzido antes de serem partilhadas com os cultivadores nativos – cuja dádiva de uma mulher crua tinha iniciado todo o ciclo (ver Fig. 3.1). As transformações entre cru e cozido, natural e cultural, sustentam a posição hierárquica e intermediária do chefe: acima e entre seus povos da terra e do mar, seus cultivadores e seus pescadores (marinheiros), seus súditos domésticos e seus aliados estrangeiros, seus guardiães internos e seus sicários externos.

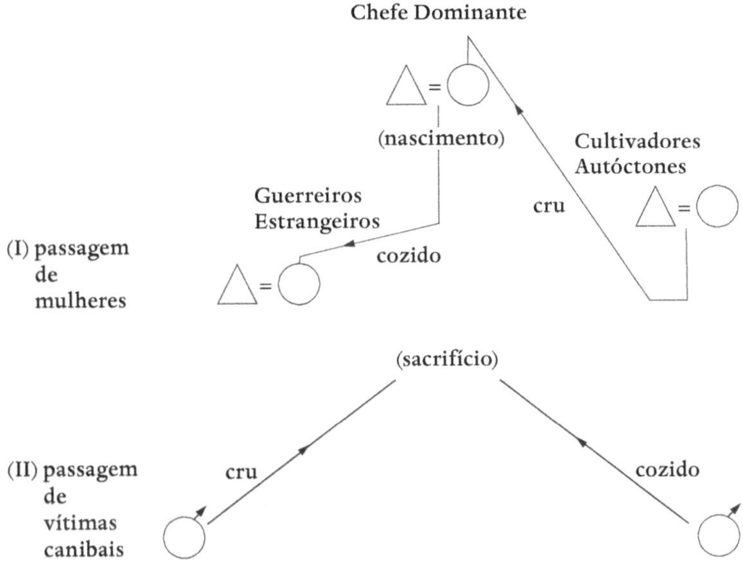

Figura 3.1. Mulheres cruas/homens cozidos: relações fundadoras do *Matanitu* ("Governo")

Mais ainda, a troca de mulheres cruas por homens cozidos é um paradigma da economia da chefia total. Os fiji fazem uma extensa classificação de coisas materiais paralela ao dualismo básico entre o povo nativo da terra e o povo imigrante do mar. Alimentos vegetais, carnes, líquidos, utensílios, móveis domésticos e adornos pessoais são igualmente diferenciados em coisas da terra e coisas do mar: trata-se de produtos complementares cuja combinação é indispensável a uma existência cultural completa (Rokowaga, s.d.:37-39). Pode então ser dito o mesmo em relação ao chefe dominante que, ao mesmo tempo ou alternadamente, terra e mar, funciona como o supremo mediador do intercâmbio material e como o grande gerador da totalidade cultural. Imigrante por origem, ele é uma pessoa do mar em relação à gente da terra e, como tal, fornece bens do mar em troca dos produtos da terra. Por outro lado, em termos dos sicários o chefe representa a "terra" (*vanua*) e transfere para seus aliados marítimos os produtos agrícolas e artesanais dos donos nativos. Em combinação com o status alternante terra/mar do soberano, uma regra simples garante a redução contínua do sistema triádico a uma troca binária: ninguém pode consumir os produtos especiais, frutos de seu próprio trabalho (seu *salu*), na presença de membros da categoria oposta. A regra, além do mais, se torna geral porque o chefe está praticamente presente (como doador e receptor) nas transações entre quaisquer dos dois grupos da sociedade, mesmo se não estiver presente na realidade, pois as relações entre os dois grupos são determinadas de forma transitiva por suas respectivas relações com o chefe. Tudo isso quer dizer que seu verdadeiro modo de movimento é maior do que qualquer conjunto dado e estático de contrastes. Aqui farei minha colocação geral sobre a prática teórica. Uma análise estrutural não seria digna desse nome se se desse por satisfeita com uma extensa tabela de oposições binárias, ou mesmo com as proporções clássicas A:B::C:D, derivadas de tal tabela. Há uma grande indústria etnográfica em torno dessas proporções saussurianas. Assim então consideremos a proposição para Fiji, homens:mulheres::cultura:natureza::chefe:povo. A afirmativa é válida, mas apenas como uma redução simplificada ou um momento particular da estrutura global, tomada de um contexto ou perspectiva local específica. Não pode ser uma descrição suficiente da estrutura, já que é sempre passível de falsificação por proposições semelhantes, também válidas mas que foram propostas de outros pontos de vista, nos quais todas as categorias têm seus signos alterados. Assim, também é, da mesma forma, verdadeiro, para Fiji, que homens:mulheres::natureza:cultura:: povo:chefes. Acredito que essas inversões locais de valores são condições gerais da estrutura, que não foram suficientemente levadas em conta, por exemplo, em estudos populares sobre o status das mulheres.[24]

Muitas vezes, também, chega-se à conclusão de que muitas das categorias culturais chave, são "ambíguas", "contraditórias" ou "logicamente instáveis". Esse tipo de conclusão nos traz a mais uma observação, a de que essas categorias podem perder esta ambiguidade quando referenciadas a outros contextos. Porém, tais conceitos de estrutura, ou seja, enquanto um conjunto de proposições contextualizadas, expostas em série, não esgotarão a lógica nem a especificarão. Todas essas formulações presas a contextos são meramente representações contingentes do esquema cultural, ou seja, seções transversais provisórias do mesmo, observadas a partir de algum ponto de vista motivado (seja o do observador, seja o do participante). A lógica do todo está no desenvolvimento produtivo de todas as suas categorias e é somente por esse desenvolvimento que podem ser motivadas todas as suas expressões estáticas ou parciais. É somente pela diacronia interna da estrutura que podemos compreender a "ambiguidade" de tais formas lógicas como a síntese, ou a determinação contextual de valores como uma determinada valorização de contextos. Tal é a vida cultural das formas elementares.

4. Capitão James Cook; ou o deus agonizante

Concernente à morte do capitão Cook:

> ...aquilo que disse aqui não asseguro ser a Verdade Real em cada detalhe apesar de em geral ser bem próxima ao assunto. Escolhi cuidadosamente as relações que tiveram a maior aparência de Verdade. Mas, de fato, estavam tão Excessivamente perplexos em seus Relatos, que foi tarefa árdua coletar certeza nos casos particulares, ou mesmo escrever Relato algum.
>
> Diário de bordo de Alex: Home, Marinha Real de Buskenburn, Berwickshire, que estava com o capitão Cook em sua Última Viagem

"Uma cadeia de eventos que não mais poderia ser prevista nem mesmo impedida" (William Ellis, segundo imediato de médico, HMS *Discovery*)

Fora a recepção mais generosa conferida a qualquer viagem europeia de descobrimento neste oceano.[1] "Ancorados em 17 braças de areia negra", lê-se no diário de bordo de um aspirante, "em meio a uma quantidade inumerável de canoas, em que as pessoas cantavam e exultavam ao longo de todo o caminho" (Riou, Diário de Bordo: 17 jan. 1779). Eles estavam cantando! Nem mesmo o capitão Cook, com toda sua vasta experiência, vira, antes, tantos polinésios juntos quanto ali na baía de Kealakekua. Além das inúmeras canoas, havaianos subiam a bordo do *Resolution* e do *Discovery*, ocupavam as praias e nadavam nas águas como "cardumes de peixes". Talvez lá estivessem dez mil pessoas, ou seja, cinco vezes mais que o número normal de habitantes do local. E não se via arma alguma com nenhum deles, como Cook reparou. Em vez disso, as canoas estavam carregadas de porcos, batata-doce, fruta-pão, cana-de-açúcar: enfim, tudo aquilo que era produzido pela ilha. As mulheres também "pareciam estar especialmente ansiosas de se ligarem a nosso pessoal" (Ellis, 1782, 1:86). Um sacerdote subiu a bordo e enrolou o capitão Cook com o tecido de tapa vermelho, decoração da imagem do templo, fazendo depois a oferenda expiatória de um porco. Uma vez já na praia, o sacerdote levou Cook pela mão até o templo de Hikiau. As pessoas que estavam em seu caminho corriam para suas casas ao ouvirem os gritos de "Ó, Lono" do arauto, ou prostravam-se ao chão. Lono é o deus associado à reprodução humana e ao incremento natural que retorna anualmente às ilhas junto com as águas fertilizantes do inverno; ele também é o rei antigo em busca de sua noiva sagrada. Em janeiro de 1779, o capitão Cook foi levado a cumprir no templo os ritos de boas-vindas a Lono. Cook tornou-se realmente a imagem de Lono, enquanto o sacerdote Ko'a e o tenente King mantinham seus braços esticados à sua frente. Ele parecia uma duplicata do ícone de travessão (construído com varas de madeira) que é a aparência do deus. Esta era a cerimônia do Makahiki, o grande festival de Ano-Novo havaiano. O Makahiki foi descrito por Sir James Frazer em *O ramo de ouro*, parte 3, O Deus Agonizante.[2]

A morte de Cook pelas mãos havaianas, apenas algumas semanas mais tarde, poderia ser descrita como a sequência ritual: a metáfora histórica de uma realidade mítica. E os mitos não eram somente de origem havaiana, havia o folclore britânico complementar caracterizado por J.C. Beaglehole, biógrafo de Cook, como "a busca inglesa por um 'Rei'". Na manhã de domingo, 14 de fevereiro de 1779, o capitão Cook desembarcou na praia com um contingente de fuzileiros navais para levar o rei havaiano, Kalaniopu'u, como refém em troca do pequeno veleiro guarda-costas do *Discovery*, roubado na noite anterior em uma manobra audaciosa – da qual o velho e bondoso governante era inocente. No instante decisivo, Cook e Kalaniopu'u se confrontaram como adversários cósmicos. Permitam-me, portanto, fazer uma leitura antropológica dos textos históricos, pois em todas as confusas narrativas tolstoianas do embate – dentre as quais o criterioso Beaglehole se recusa a escolher – a única certeza recorrente que temos é a de existir uma estrutura dramática com propriedades de transformação ritual. Da sua saída para o interior a fim de buscar o rei até sua volta em direção ao mar com seu refém, Cook passa por uma metamorfose, de objeto de adoração a objeto de hostilidade. Logo que chegou à praia o povo se dispersava diante de sua presença, prostrando-se de rosto ao chão; no final, é ele quem fica jogado de cara na água, esfaqueado pela adaga de ferro de um chefe, arma usada na troca ritual, com a multidão exultante cercando-o para acumular honras pela participação em sua morte: "agarravam as adagas uns dos outros", é o que lemos no relato de Burney, "no afã de ter participação em seu assassinato" (Diário: 14 fev. 1779). Na última inversão ritual, o corpo de Cook seria oferecido como um sacrifício pelo rei havaiano.

Cook sofrera a transformação de beneficiário divino do sacrifício em vítima sacrificada – esta nunca foi considerada uma mudança radical no pensamento polinésio e era sempre uma possibilidade nos combates reais (Valeri, no prelo). A cada fase da transformação havia um tipo de oferenda correspondente: os signos materiais mutantes da trajetória de Cook através dos valores cósmicos. Inicialmente ao ir "buscar o Rei", empurravam-lhe porcos e enquanto esperava que Kalaniopu'u acordasse, recebia outras oferendas de tecido de tapa vermelho – o que prova que, nesse momento ainda, o capitão inglês era a imagem do deus havaiano. O rei se apresentou de bom grado e de mãos dadas com Cook partiu em direção ao jovem que os esperava para levá-los até o navio. Então foi parado por sua esposa preferida, Kaneikapolei, e por dois chefes que lhe suplicavam e insistiam com ele para não embarcar. Todos os relatos, tanto ingleses quanto havaianos, dizem que Kaneikapolei e os chefes contaram-lhe tantas estórias de mortes de reis que fizeram com que ele se sentasse no chão, onde acabou por parecer – de acordo com a narrativa do tenente Phillips – "abatido e intimidado" (em Beaglehole, 1967:535).

Nada até esse momento havia ocorrido que levantasse suspeitas no rei e foi também nesse instante, como Phillips relata, que "nós começamos a suspeitar que eles não estavam bem-dispostos para conosco" (*Ibid.*). A transição é repentina e ocorre quando o rei começa a perceber Cook como um inimigo mortal. Esta é a crise estrutural quando todas as relações sociais começam a mudar seus signos. As dádivas materiais agora também contêm uma certa ambiguidade, semelhante àqueles sacrifícios maori que poluem os deuses enquanto os apaziguam. Um velho oferece um coco a Cook, mas de modo tão insistente que o capitão exasperado não consegue se livrar dele. Estaria ele suplicando a liberdade do rei? O tenente Phillips achou que "o sacerdote velhaco e ladino" estivesse agindo dessa forma para desviar as atenções do fato de que seus conterrâneos, que eram agora umas duas ou três mil pessoas, estivessem se armando para defender seu rei. Aproximadamente nessa hora também chegaram notícias de que os ingleses haviam matado um chefe importante na extremidade sul da baía. O rei ainda podia ser visto sentado no chão "com os sinais do mais forte pavor estampados em seu semblante" (Cook e King, 1784, 3:44), mas logo desapareceria de cena. Os acontecimentos já estavam além do controle de quem quer que fosse. "Os nativos" manifestavam a sua disposição para aquilo que os ingleses chamavam de "insolência". As homenagens finais a Cook ocorrem sob a forma de projéteis, que incluem entre pedras e clavas, pedaços de coco e fruta-pão. Cada lado, portanto, reagia de forma violenta às ameaças que percebia no outro, e assim rapidamente se chegou ao "impacto fatal".[3]

Mas quem exatamente cometeu o delito? Os textos históricos escritos entre aquele dia e cerca de cinquenta anos depois identificam entre oito a dez diferentes homens como "o homem que matou o capitão Cook", afirmação geralmente referente ao primeiro a atingi-lo com a adaga de ferro. Muitos dentre eles têm nomes – Pahea, Nuha, Pihole, Pohewa etc. Frequentemente são diferenciados de acordo com sua posição, filiação e outras características sociais: essas são pistas importantes, pois espero poder demonstrar que a chave do mistério está nas categorias elementares (meu caro Watson).[4]

Morte de Cook, morte de Lono. O evento era absolutamente único e, ao mesmo tempo, repetido anualmente. Pois o evento (qualquer evento) se desdobra simultaneamente em dois planos: como ação individual e como representação coletiva; ou melhor, como a relação entre certas histórias de vida e uma história acima e além dessas outras. Parafraseando Clifford Geertz, o evento é uma atualização única de um fenômeno geral (1961:153-54). Assim, por um lado, temos a contingência histórica e as particularidades da ação individual; e, por outro, aquelas dimensões recorrentes do evento, onde podemos reconhecer uma certa ordem cultural. O paradoxo para uma "ciência" histórica é que as circunstâncias contingentes – tais como acidentes biográficos ou geográficos – *são condições necessárias*. Se Cook não tivesse feito isso ou aquilo, então... Então, o quê? De modo inverso, o historiador sempre estará tentado a procurar aquele ato decisivo que acionou o movimento de toda a cadeia de acontecimentos. Para Beaglehole, esse momento foi quando Cook, exausto por suas aventuras pelo mundo, perdeu o controle de si e deu o primeiro tiro. E esse modo de pensar ainda comporta a promessa de que a história possa ser resgatada de sua triste condição "ideográfica" pela *verdadeira ciência*. Por exemplo, de acordo com o diagnóstico de um eminente médico inglês, Cook mostrava ter durante esta terceira viagem todos os sintomas de uma infecção parasitária dos intestinos (Watt, 1979). Foram vermes que acabaram com ele. De fato, há algo longinquamente heroico na ideia: a homenagem de um *medicine man** à posição assumida por Cook no folclore ocidental, como ente constituidor, responsável pelo formato do mundo como o conhecemos – e como se os havaianos, então, nada mais pudessem ter feito a não ser reagir à sua presença determinante de forma previsível, por uma psicologia ingênua. Ainda assim independente de sua condição intestinal, se a maré estivesse mais alta ou os barcos mais próximos, Cook teria facilmente escapado, apesar de – mais um fator decisivo – não saber nadar.

Mesmo assim, para saber o que realmente ocorreu, seria insuficiente assinalar que certas pessoas agiram de certos modos, a não ser que soubéssemos o significado dessas ações. Aquilo que é contingente só se torna plenamente histórico quando é significativo: somente quando o ato pessoal ou o efeito ecológico toma um valor de posição ou sistemático em um esquema cultural. Uma presença histórica é uma existência cultural. E foi assim que o efeito específico da individualidade de Cook foi mediado pela categoria (ou categorias) cultural que ele representava, enquanto indivíduo lógico. As relações categoriais estão, então, inferidas. Frazer poderia ter incluído os havaianos entre aqueles povos polinésios que encontrara e que poderiam testemunhar que o inimigo do rei é um estrangeiro. E se, naquele dia, o povo do Havaí se mostrara tão sensível em relação a vida de seu rei, não seria por

* Nome dado aos curandeiros tribais. (N.T.)

que, como Frazer também argumentou, o rei divino vivia a vida do povo?

A vida do cosmo também. Minha argumentação própria relativa à morte de Cook se iniciará com a criação, o famoso canto havaiano "Começando- [na]-Escuridão-Profunda", o Kumulipo (Beckwith, 1972). É o canto de nascimento de Ka-'I-i-mamao, pai do rei da época de Cook. Os havaianos veem este canto, alternativamente, como a estória do universo ou como a biografia do rei: a criança real assim é "o cosmo descrito" (Luomala em Beckwith, 1972: xiii). De acordo com uma tradição havaiana tardia, o canto Kumulipo era entoado pelo sacerdote nas cerimônias do templo com as quais Cook foi acolhido como Lono. Essa tradição não pode ser confirmada historicamente. A verdade da tradição talvez esteja na relação metafórica de Cook com o sujeito real do canto de criação, pois Ka-'I-i-mamao fora o último antecessor havaiano de Cook no papel de Lono: destituído de seu governo, de sua esposa e de sua vida por rivais políticos.

Nana i ke Kumu: busque as origens

O Kumulipo também pode ser ligado a Cook de outra forma. O canto coloca a origem do universo na elevação outonal, crepuscular, das Plêiades: o evento celestial que antecipa o início do ano ritual havaiano, o retorno anual de Lono – e, com oito dias de antecedência, em novembro de 1778, a aparição de Cook em Maui. De modo inverso, a cerimônia do Ano-Novo havaiano, o Makahi, tem o significado do eterno retorno: o renascimento do mundo na mudança das estações, como fora efetuado ou concebido por Lono. Porém, nem Lono, nem qualquer outro dos deuses havaianos, havia presidido a criação inicial. No Kumulipo, assim como em certos mitos cosmogônicos dos maori, o mundo de coisas naturais nasce das noções primordiais, elas próprias sendo princípios de reprodução (cf. Cap. 2). O divino primeiramente surge de forma abstrata, como o espírito-gerador-em-si. Somente após as setes épocas do *pō*, a longa noite de autogeração do mundo, nascem os deuses – como irmãos e irmãs da humanidade. Deus e homem surgem juntos e em uma contenda fraterna quanto aos meios de sua reprodução: a sua própria irmã mais velha. Esta contenda começada na oitava época da criação faz a transição para as sucessivas eras do *ao*, o "dia", ou o mundo da forma pela qual o homem o conhece. Na verdade, a luta é apresentada como a condição de possibilidade de vida humana no mundo onde os poderes geradores de vida são divinos. Assim, ao final do oitavo canto temos a celebração de uma vitória: "O homem agora se espalha, o homem agora estava aqui;/Era dia [*ao*]." A vitória conseguida sobre os deuses é análoga ao triunfo anualmente obtido sobre Lono durante o Ano-Novo, quando é efetuada a transição sasonal, como dizem os havaianos, do tempo de noites longas (*pō*) para o tempo de dias longos (*ao*) (ver Kepelino, 1932).

La'ila'i, irmã mais velha de deus e do homem, é a primogênita em todas as eras de criação anteriores. De acordo com a teoria havaiana, La'ila'i é a herdeira legítima da criação; e, enquanto mulher, é singularmente capaz de transformar vida divina em vida humana. A questão em torno da luta de seus irmãos para possuí-la, portanto, é cosmológica na extensão, e política na forma. Esses dois irmãos primordiais, descritos em certas genealogias como gêmeos, são nomeados no canto simplesmente como "Ki'i, um homem" e "Kane, um deus". Mas como Ki'i significa "imagem" e Kane significa "homem", tudo já está dito: o primeiro deus é "homem", e o primeiro homem é "deus". Como também está no canto, onde os status de deus e homem são invertidos pelas ações de La'ila'i. Ela "senta-se de lado", o que significa que ela toma para si um segundo marido, Ki'i, e seus filhos com Ki'i, o homem, nascem antes de seus filhos com o deus Kane. Desse modo os descendentes do homem são mais velhos:

> Houve murmúrios, lambança de beiços e falatório,
> Estalos, zangas e cabeças abanando.
> Muxoxos, rabugice, silêncio.
> Kane estava quieto, recusando-se a falar,
> Rabugento, zangado, ressentido
> Com a mulher por causa de sua prole...
> Ela dormiu com Ki'i.
> Kane, suspeitando da primogênita, teve ciúmes,
> Suspeitava da união secreta entre Ki'i e La'ila'i [?]...
> Kane estava irado, tomado de inveja por ter sido o último a deitar com ela.
> Seus descendentes seriam da linha mais jovem,
> Os filhos da mais velha seriam os senhores
> Primeiros através de La'ila'i, primeiros através de Ki'i
> Filhos dos dois nascidos nos céus
> Surgiram.
>
> (Beckwith, 1972:106)

A vitória da linha dos homens é assegurada nas gerações sucessivas que se seguiram por repetidos casamentos entre os filhos dos homens e as filhas dos deuses, ao ponto de a descendência do divino Kane ser totalmente absorvida pelos herdeiros de Ki'i (Genealogia Kamokuiki). É o modelo paradigmático da política de usurpação havaiana. Mas o que também é evocado nessa estória é uma ideia polinésia mais geral sobre a condição humana: os homens às vezes (ou mesmo frequentemente) são compelidos a infligir uma derrota ao deus para garantir sua existência, através da apropriação do poder feminino – a terra que sustenta e nutre.

Se me permitem, tomarei de empréstimo uma página de *O ramo de ouro*: cada ano a paisagem silvestre da antiga Nova Zelândia nos dava "uma cena de uma estranha e recorrente tragédia". Em uma pequena horta de batata-doce que havia sido reservada para o uso do deus, um sacerdote maori realizava um casamento sagrado, digno de seu lendário colega do bosque de Nemi. Plantava os primeiros montes (*puke*, também "mons veneris") da safra do ano e seus movimentos eram acompanhados da frase "esteja grávida, esteja grávida" (Kapiti, 1913; Johansen, 1958). O sacerdote estava desempenhando o papel do deus Rongo (-marae-roa, ≅ Ha., Lono), aquele que originalmente trouxera a batata-doce dentro de seu pênis desde a pátria espiritual, para engravidar sua esposa (Pani, o campo). Durante o período de maturação da planta nenhum estranho podia perturbar a horta. Mas chegando a época da colheita, a posse de Rongo era contestada por um outro deus, Tū (-matauenga) ancestral do homem "enquanto guerreiro tapu" – em uma batalha que é lembrada como sendo a origem da guerra. Um segundo sacerdote, representando o papel de Tū, usa um galho bruto da árvore *mapou* – por que não dizer um ramo arrancado da árvore sagrada? –, remove e amarra e novamente enterra as primeiras tuberosas da batata-doce. Assim fazendo mata Rongo, o deus, pai e corpo da batata-doce, ou então o adormece, para que os homens possam fazer a colheita para seu próprio uso. O brilhante informante maori de Colenso chega à essência desse mito de orientação:

> Rongo-marae-roa [Rongo enquanto batata-doce] foi morto com seu povo por Tu-matauenga ([Tū enquanto guerreiro]... Tu-matauenga também assou num forno e comeu seu irmão mais velho Rongo-marae-roa de modo que ele fosse totalmente devorado sob a forma de alimento. Agora, a interpretação simples ou o sentido desses nomes em palavras comuns é que Rongo-marae-roa é a *kumara* (batata-doce) e Tu-matauenga é o homem (Colenso, 1882:36).

Lembrem-se de que no pensamento polinésio, na maneira que se distingue do assim chamado totemismo, todos os homens são parentes de todas as coisas por descendência comum. O corolário seria que, em vez de uma espécie ancestral ser tabu, a vida social da Polinésia é um projeto universal de canibalismo generalizado ou até mesmo de endocanibalismo, pois as pessoas são genealogicamente relacionadas a seus meios "naturais" de subsistência. Este problema, no entanto, não era tão agudo para os havaianos quanto para os maori; mesmo assim o taro, base da alimentação havaiana, é o irmão mais velho da humanidade; na verdade, todas as plantas e animais úteis são formas imanentes de ancestrais divinos – são outros tantos *kinolau*, "incontáveis corpos" dos deuses. Mais ainda, o cozimento que torna as tuberosas apropriadas para o consumo humano é justamente o que destrói aquilo que elas têm de divino: seu poder autônomo de reprodução que só existe no estado cru. (Daí o valor ritual da distinção cru/cozido no Havaí, como em outras partes da Polinésia, especialmente na Nova Zelândia.) Porém, esta transformação agressiva da vida divina em substância humana descreve tanto o modo de produção quanto o de consumo – até mesmo o termo para "trabalho" (Ha., *hana*) serve também para "ritual". A pesca, o cultivo, a construção de uma canoa ou até mesmo gerar um filho representam as muitas maneiras de o homem tomar "uma vida do deus".

Os homens, assim, aproximam-se do divino, portanto, com uma mistura curiosa de submissão e orgulho, cujo objetivo final é transferir para si a vida que os deuses originalmente possuem e continuamente incorporam e que somente pode ser concedida por eles. Uma relação complexa entre súplicas e expropriação, sucessivamente trazendo o sagrado para o domínio humano e dele o banindo. A vida humana só é possível através de uma espécie de deicídio periódico. Caso contrário, o deus é separado dos objetos da existência humana por atos de devoção que seriam iguais na vida social ao roubo e à violência – para não falar em canibalismo. "Esteja por baixo, enquanto estou por cima", é dito no canto mágico dos maori, que acompanha a oferenda de alimentos cozidos; pois como nos alimentos cozidos o tabu está destruído, a oferenda é, ao mesmo tempo, espécie de poluição – isto é, do deus (Shortland, 1882:62; cf. Smith, 1974-75). Essa relação agressiva com os seres divinos auxilia a explicação de por que o contato com o sagrado é extremamente perigoso para aqueles que não estejam em tabu. É precisamente por esse motivo que os polinésios preferem arrancar sua existência dos deuses sob o signo e a proteção de um adversário divino. Para isso colocam Tū (Kū) como deus dos guerreiros. E assim os homens aprendem a se opor ao divino em seu aspecto mais produtivo e pacífico que é o de Rongo (Lono). Os homens são guerreiros nas suas relações máximas com o universo, que incluem as relações de produção e de reprodução.

Essa digressão comparativa será mais convincente se assinalarmos o fato de que o capitão Cook aparece nas tradições maori como "Rongo Tute" (Rongo Cook), cognato exato de sua histórica aparição no Havaí. De fato, os havaianos tinham um ritual da batata-doce com a mesma estrutura geral do ciclo maori. Esse ritual era utilizado nos "campos de Kamapua'a", nome do deus-porco, que algumas pessoas dizem ser uma das formas de Lono, cujo fuçar da terra é um símbolo bem conhecido da atividade viril. Durante o período de crescimento da colheita, a horta era tabu para que, assim, o porco pudesse fazer seu trabalho inseminador. Pessoa alguma poderia jogar pedras na horta, nem um graveto sequer; era também proibido que nela se andasse – estranhas proibições, exceto que todas resultam em proteção contra ataques humanos. Se, portanto, a horta pertencia a Lono, o primeiro deus a ser invocado na hora da ceifa era Kūkuila, Kū-o-esforçado (Kamakau, 1976:25s.). Porém, de significado muito maior – universal e cósmico – é os havaianos recapitularem o ciclo maori até seus últimos detalhes, durante as grandes cerimônias do Ano-Novo, chamadas de Makahiki (cf. Sahlins: no prelo). A batalha crítica entre Tū (Kū) e Rongo (Lono) desdobrava-se a cada ano em um conjunto complexo de ritos que se estendia por quatro meses lunares. Exceto que, no Havaí, o rei é o guerreiro *par excellence* e que dá início às agressões contra Lono: o rei cuja dádiva de vitória vem justamente de seu deus emplumado, Kū, Arrebatador-da-Ilha (Kū-ka-ilimoku). Poderíamos dizer, mesmo correndo o risco de simplificar a questão em demasia, que aquilo que é referente ao homem em geral na Nova Zelândia é sintetizado no rei do Havaí. Esta é a permutação havaiana do sistema polinésio: uma evolução hipertrófica da hierarquia (no sentido dumontiano) ou soberania divina (no sentido frazeriano). A vida do rei abarca a existência da humanidade – capacidade na qual o rei busca incorporar Lono.

Quando as lendas dos antecessores havaianos de Cook no papel de Lono são postas em ordem cronológica, elas ilustram de maneira semelhante esse princípio de hierarquia na transposição da luta primordial entre homem e deus para as guerras dinásticas mais recentes – nas quais a figura de Lono torna-se a do rei vencido.[5] Os principais Lonos antes de Cook foram, além do deus original, o lendário rei Lono-no-Makahiki (Lonoikamakahiki) e o proto-histórico Ka-'I-i-mamao, para que foi composto o canto de criação, o Kumulipo. De fato, essas histórias são apenas outras tantas versões da contenda entre o deus, o homem e a mulher que tinham estado juntos na origem da humanidade. O discurso tradicional muda, no entanto, quando a época da vítima divina em questão, a figura de Lono, se aproxima da histórica. É o que se vê com o caso do falecido rei Ka-'I-i-mamao cuja mulher é raptada pelo filho da irmã de seu pai, o que leva a mais uma troca de insultos entre parentes rivais e finalmente à batalha onde o rei é (dependendo da versão) deposto e banido, assassinado ou se suicida. De forma análoga, o anterior rei Lonono-Makahiki tinha abandonado ou assassinado sua mulher devido às pretensões de um homem socialmente inferior, He'a-o-ke-koa, "Oferenda de Sangue do Guerreiro", cujo próprio nome é uma referência à função específica da soberania e ao ato diacrítico – o sacrifício humano.

O sacrifício humano, prerrogativa do rei, é o que coloca o deus a distância e permite à humanidade herdar a terra. É uma vida em troca de outra. Como vimos (Cap. 2) no sacrifício prototípico da tradição maori, uma divindade menor chamada de Kaupeka ("Oferenda") foi morta por Tū, o ancestral do homem guerreiro, para conseguir material para a fabricação dos mastros do céu; o Pai Céu (Rangi) foi assim fixado em um estado separado, permitindo aos deuses e à prole humana habitarem a Mãe Terra (Papa). Assim como os templos consagrados ao sacrifício humano no Havaí, ao separarem o "sagrado" (celeste) do "secular" (terrestre) ou o tabu (*kapu*) do *noa*, liberam o resto do plano terrestre para a humanidade. Algo parecido acontece durante o ritual do Ano-Novo, da forma como é realizado na relação entre Lono e o rei.

A estação da passagem de Lono, época das chuvas de inverno, é a transição do "tempo anual de morrer" para o tempo em que "as coisas frutificam". Esse é o efeito benéfico da passagem de Lono. A conjunção com o deus produtivo é possível porque se mantém o deus militar temporariamente inativo: os ritos normais do templo, quando sob a égide de Kū, são suspensos. Mas, logo que Lono tiver partido, o rei reconsagra os templos de Kū por meio de sacrifícios humanos. E, então, circula pela ilha reabrindo os santuários agrícolas e os de pesca – santuários agrícolas que pertencem a Lono. Foi possível ao rei assumir e incorporar Lono, mas para que ele possa transferir os benefícios frutificantes da passagem de Lono, o deus tem de perdê-los. O deus é o primeiro sacrifício do Ano-Novo (cf. Valeri, no prelo).[6]

O rei obtém uma vitória e o povo, suas condições de subsistência. Há um *aloha* especial entre o povo e Lono, que é em certos mitos o deus original e cujo retorno anual é ocasião de alegria geral.

O momento ritual de conjunção com o deus é especialmente comemorado pelo povo, mesmo que o momento de separação final pertença ao rei. A alegria, então, faz parte da argumentação que faço de que a imagem de Lono nasce anualmente da união entre o deus e as mulheres do povo, assim como Lono desce dos céus em certos mitos para se acasalar com uma linda havaiana. Portanto, segundo Samwell, quando Cook surge na baía de Kealakekua durante a estação do Makahiki, as jovens passavam a maior parte de seu tempo cantando e dançando – evidentemente faziam isso de uma maneira muito determinada, tanto que ele coletou dois cantos muito sensuais de hula. Até mesmo a padroeira da dança, a deusa Laka, é descrita em um canto antigo como sendo esposa-irmã de Lono. Como acontece em ritos análogos das ilhas Marquesas e de outros povos da Polinésia (Handy, 1927), a dança despertaria o deus: um tipo de cópula cósmica entre mulheres mortais e o progenitor divino.

Se estou correto, a imagem Makahiki resultante desse casamento sagrado é fruto de uma união socialmente simétrica e inversa daquela onde o rei é ritualmente produzido. Lembremos que, na morte do rei, a ordem social se dissolve em cenas de violação excessiva de tabu. Cenas que são especialmente marcadas pela fornicação pública entre mulheres da chefia e homens comuns, relações sexuais que seriam de outro modo estritamente proibidas. O efeito simbólico é de que o herdeiro do trono, mantido longe da licenciosidade pública durante os dez dias, pode então retornar para restaurar a ordem (os tabus) nas cerimônias de instauração que imitam (idealmente) os ritos de nascimento da nobreza. O rei é, portanto, fruto metafórico de uma mulher sagrada e seu inferior social, enquanto que a imagem de Lono nasce de uma união hipergâmica entre um macho divino e mulheres do povo. Tarde da noite, antes de a imagem ser vista pela primeira vez, há uma das cerimônias do Makahiki denominada "espirrando água" (*hi'uwai*). Kepelino conta que os chefes sagrados eram carregados para a água onde o povo em toda sua elegância se banhava; na excitação criada pela beleza das roupas, "uma pessoa é atraída por outra e o resultado", diz esse prosélito do catolicismo, "não era de modo algum bom" (1936:96). De madrugada, quando as pessoas emergiam de seus folguedos amorosos, lá estava a imagem de Lono de pé, na praia.

A imagem alta de travessão tinha panos de tapa branca pendurados juntamente com as peles do pássaro *ka'upu* em sua barra horizontal. O *ka'upu* é, com quase toda certeza, o albatroz, um pássaro migratório que aparece na cadeia ocidental das ilhas havaianas – o albatroz Lanyon branco na ilha de Ni'hau – para acasalamento e desova em outubro-novembro, ou seja, no início da estação do Makahiki. A lenda sobre o antigo rei Lono-no-Makahiki consiste de repetidas viagens entre o Hawai'i e as ilhas ocidentais, em uma canoa que, de acordo com uma versão, tem seu mastro pendurado com peles de *ka'upu* (Kamakau, 1961:52-53). Lono descobre a ligação entre sua mulher e um jovem guerreiro, discute com ela e a mata. Então, magoado e com remorsos, viaja pelas diversas ilhas lutando contra o povo para, no final, perambular empobrecido e demente pelos confins da ilha ocidental, Kaua'i. É uma viagem em direção à morte, à privação e a um estado de natureza: esta é a condição de Lono durante o triunfo do homem guerreiro, ou seja, durante a maior parte do ano. Na outra parte, a estação do Makahiki, o deus retorna em sua procissão triunfal – prelúdio de mais um desterro, iniciado por suas lutas com a população.

O tabu anual de Lono, que inclui uma paz prescritiva, é proclamado quando a imagem do templo é vista na praia. "Paz" significa a suspensão de toda atividade humana tanto quanto de contendas, sendo que o deus agora casa com a terra ou dela toma posse – daí a "posse", que, em si mesma, tanto quer dizer domínio quanto apropriação sexual. A imagem principal de "Lono-o-pai" (Lono-makua), acompanhada de certos deuses do esporte, agora circunda a ilha inteira tomando a direção do sol, para voltar ao templo de origem 23 dias após sua partida. Este é o "circuito correto",* mantendo a ilha à sua direita, e este circuito à direita, diz um sábio havaiano, "significa a retenção... do reino" (Kamakau, 1976:5). Na fronteira de cada distrito, eram oferecidos ao deus alimentos e propriedades, da mesma forma como o chefe arrecadava "tributos". Mas após fazerem as oferendas e desse modo reconhecerem o domínio do deus, as pessoas em cada distrito se entregavam a combates rituais com a multidão que acompanhava Lono. Aparentemente a população local conseguia a vitória, tanto que era nesse momento que se retirava o tabu do deus: a terra fertilizada podia agora ser penetrada. No mesmo instante em que o povo dá início às comemorações, que durariam muitos dias, a imagem do templo é levada do distrito virada para trás: "para que", como explicam, "a 'esposa' possa ser vista" (I'i, 1959:72).

Os paradoxos aparentes desse triunfo soberano destro de Lono são resolvidos no final do circuito através de uma luta global com o rei. O rei em uma batalha ritual com o deus resume todas as batalhas locais e consegue a vitória final, ganhando a vida para o povo e sua soberania por si mesmo. Esse combate chamado *kāli'i* é o clímax estrutural do Makahiki. *Kāli'i* significa "golpear o rei" e "agir como – ou ser feito – o rei". Tudo isso acontece simultaneamente, o rei é golpeado por um dos partidários do deus e recupera sua soberania.

É o décimo sexto dia do primeiro mês havaiano. A imagem de Lono, retomada de sua procissão, de pé na praia, é defendida por

* No original *"right-circuit"*. *Right* em inglês significa a direita e o correto; no caso ambos os significados parecem estar em jogo. (N.T.)

um grande contingente de guerreiros armados. O rei, também acompanhado de sua hoste de guerreiros, porém precedido por um especialista no combate com lanças, vem do mar em uma canoa (um lembrete da origem da dinastia em Kahiki). Duas lanças são apontadas. A primeira é desviada por seu guerreiro-defensor mas a segunda, carregada por um corredor, toca no rei. Uma morte simbólica – ao mesmo tempo prenúncio dá vitória do rei. O tabu sobre ele é suspenso e seus guerreiros fazem uma investida em direção à praia, onde travam um falso combate com os defensores de Lono. De forma semelhante, em uma alusão mítica ao teste do *kāli'i*, o herói canta:

> As pontas das lanças passaram bem próximas a meu umbigo. Por acaso será um sinal de posse da terra (Fornander, 1916-19, 5:20).

A referência seria aos rituais tradicionais do corte do cordão umbilical nos nascimentos dos nobres, que confere à criança honras sagradas; ou às tradições da investidura real que têm igual formato. Pelo teste das lanças, o rei é morto como estrangeiro para renascer como rei.

A transformação é conseguida através *do* e *como* abarcamento de Lono. O conquistador se torna o governante pela apropriação do deus nativo, pacífico e produtivo, sob pena de sua própria domesticação. Assumindo os atributos de seu antecessor divino, ele surge como o benfeitor do povo. Valeri (livro no prelo) demonstra que no decorrer do ano cerimonial vindouro, o rei será simbolicamente transposto para o polo Lono da divindade havaiana; o ciclo anual amansa o rei-guerreiro da mesma forma que os ritos de instauração de Fiji, por exemplo (Cap. 3). Só é preciso notar que a renovação da soberania no clímax do Makahiki coincide com o renascimento da natureza. No calendário ritual ideal, a batalha *kāli'i* ocorre 33 dias após o aparecimento outonal das

Plêiades. Coincidia precisamente nos fins do século XVIII com o dia 21 de dezembro, o solstício de inverno. O poder é retomado junto com o sol.[7]

Nos dois dias seguintes, Lono faz o papel de sacrifício. A efígie do Makahiki é desmantelada e escondida em um rito presidido pelo "deus-vivo" do rei, que é Kahoali'i ou o "Companheiro do Rei", aquele que é também conhecido como "A-Morte-está-Próxima" (koke-ka-make). Kahoali'i, parente próximo do rei e seu duplo cerimonial, é quem engole o olho da vítima nas cerimônias de sacrifício humano (traço simbólico condensado do rei-estrangeiro canibalístico). Ainda por cima, o "deus-vivo" passa a noite anterior ao desmembramento da imagem de Lono numa morada temporária chamada "a casa de rede de Kahoali'i", construída diante da estrutura do templo onde a imagem dorme. No mito pertinente a esses rituais, o herói trapaceiro – cujo pai tem o mesmo nome (Kūka'ohi'alaka) que a imagem Kū do templo – usa uma certa "rede Maoloha" para cercar a casa, prendendo a deusa Haumea; Haumea (ou Papa) é também uma versão de La'ila'i, a mulher fértil arquetípica e a rede que é usada para embaraçá-la tinha pertencido a um certo Makali'i, "Plêiades". Assim também a cerimônia Makahiki, que se segue ao guardar do deus, é denominada "a rede de Maoloha" que representa os ganhos em fertilidade que cabem à população, provenientes da vitória sobre Lono. Uma grande rede de trama, cheia de todo tipo de comida, é sacudida a mando de um sacerdote. Os alimentos caídos ao chão são a porção que pertence aos homens e augúrio do ano que entra. A fertilidade da natureza é assim tomada pelos seres humanos (e uma canoa-tributo para Lono é posta ao mar em direção a Kahiki, pátria espiritual dos deuses). E assim o Ano-Novo chega ao seu término. Na próxima lua cheia, Kahoali'i apunhalará um homem (transgressão de tabu) e o sacrificará. Logo em seguida se iniciará a reconstrução das casas e das imagens do templo: consagradas – com mais sacrifícios humanos – para os ritos de Kū e para os projetos do rei.[8]

História ou mitopráxis

Na noite de Natal de 1778, a bordo do *Discovery*, batendo-se contra as ondas em direção leste da costa norte do Havaí, a tripulação comemora "de acordo com antigos costumes desde tempos imemoriais", com bebedeira e brigas gerais (Samwell em Beaglehole, 1967:1155). Um havaiano, que estava a bordo, aterrorizado por "tal cena de tumulto e confusão", teve que ser socorrido por um dos "cavalheiros". Sir James Frazer teria adorado essa convergência histórico-mundial de costumes de saturnália dos nativos: polinésios e ingleses celebrando em conjunto o advento do Ano-Novo e o de um príncipe da paz martirizado, com falsas batalhas e folia coletiva. Pelo calendário havaiano, o Natal de 1778 era o quinto dia do décimo segundo mês lunar, ou exatamente o meio do caminho do tumultuado circuito de Lono, isto é, o circuito à direita da ilha.

Cook fazia o mesmo circuito da imagem de Makahiki e exatamente ao mesmo tempo. O *Resolution* e o *Discovery* chegaram a Maui uns oito dias antes das Plêiades, aparecendo ao noroeste de Hawai'i, quando Cook iniciou uma prolongada circum-navegação no sentido à direita da ilha, ancorando em Kealakekua na costa ocidental para a alegre recepção de dez mil exultantes havaianos. Em Kealakekua, ou "O Caminho [de] o Deus", é onde a imagem de Lono geralmente começa e termina o seu circuito. Assim foi no templo de Hikiau, Cook se tornou o ícone daquele ícone: untado com coco mascado e alimentado por um sacerdote, enquanto o tenente King mantinha seus braços estendidos e os acólitos entoavam os cantos costumeiros. Essa alimentação ritual do deus (*hānaipū*) é realizada diversas vezes durante a progressão ritual de Lono, nos santuários domésticos do rei e dos sumos sacerdotes (cf. Sahlins, 1981). É verdade que o rei não tinha chegado mas havia testemunho suficiente dos poderes que representava. Cook, por exemplo, "se deixou ser dirigido" pelos sacerdotes para beijar e se prostrar diante da imagem central do templo, a figura do deus Kū, Cook aquiesceu de todas as formas ao status que os havaianos insistiram em lhe dar. Exceto que o circuito desse Lono havia se estendido treze dias além do curso normal do Deus Ano. Porém, ainda era tempo de Makahiki.

Não é necessário supor que todos os havaianos julgassem que Cook fosse Lono ou, para ser mais preciso, que o fato de ele ser Lono tivesse o mesmo significado para todos. Em relação às mulheres comuns que coabitavam com os marujos a bordo dos navios, seria mais apropriado o comentário de Antígono a respeito de sua própria deificação: "Não é esta a opinião que meu criado tem de mim." Por outro lado, os sacerdotes de Kealakekua designaram um assim chamado homem-tabu para atender constantemente a Cook, anunciando suas idas e vindas aos gritos de "Lono", para que as pessoas pudessem se prostrar, demonstrando dessa forma que, seja lá o que for que as pessoas em geral estivessem pensando, os poderes estabelecidos havaianos tinham a capacidade singular de objetivar de forma pública sua própria interpretação. Tinham o poder de fazer a estrutura pesar sobre questões de opinião e, ao prestarem a Cook os tributos de Lono, engajavam praticamente a população nessa religião da qual eram os profetas legítimos. "Igualdade de condição", como o tenente King reparou, "não é a felicidade desta ilha" (Beaglehole, 1967:605). Nem tampouco era sua teoria de história.

Essa diferença de opinião em torno da qual a história giraria surgiu no *interior* da classe dominante entre certos sacerdotes de Lono, que moravam perto do templo principal (Hikiau), o mesmo lugar onde os ingleses montaram um observatório astronômico, e os chefes guerreiros viviam com o rei Kalaniopu'u em Ka'awaloa, no lado norte da baía. O rei e seus chefes, associados a Kū por serem guerreiros, tinham relações ambivalentes com Cook/Lono que parecem ser totalmente consistentes com as antíteses cosmológicas da estação de Makahiki. Quanto mais os sacerdotes reificavam seus conceitos de Cook com o divino Lono, mais perigosa ficava sua relação com os chefes. Tudo acabaria como no rito de *kāli'i*, com nada mais a ser feito por seus seguidores, a não ser venerar a sua memória e esperar por seu retorno. Esse é o motivo da famosa pergunta de dois dos sacerdotes – um deles, o "homem-tabu" – que, escondidos, foram até o *Resolution* levando um pedaço de seu corpo:

> Eles... nos perguntavam com grande sinceridade e aparente apreensão: "Quando o *Orono* [Lono] voltaria outra vez e o que faria com eles quando voltasse?" A mesma pergunta foi feita com frequência a outros; e esta ideia está de acordo com o teor geral de sua conduta para com ele, que mostrava que o consideravam um ser superior (Cook e King, 1784, 3:69).[9]

Anteriormente, quando o sumo sacerdote Ka'ō'ō entrara com o rei Kalaniopu'u em Kealakekua, os dois fizeram com Cook uma troca complexa de objetos e cortesias – uma "ocasião de estado", como foi chamada por Samwell – que interpretaria cada um para os outros.[10] Kalaniopu'u colocou seu próprio manto e capacete de plumas em Cook e pôs em suas mãos o mata-moscas, emblema de status de tabu real. O sacerdote, por sua vez, vestiu Cook com um manto de pano de tapa vermelho. ("Um tipo de adoração religiosa" foi a conclusão do tenente King, depois de ter visto o mesmo tipo de procedimento em outra ocasião: "Nós sempre encontramos seus ídolos adornados da mesma maneira que o capitão Cook" [Cook e King, 1784, 3:5].) O rei havia feito a sua representação de Cook em sua própria imagem social como guerreiro divino, enquanto o sacerdote representou sua própria imagem do templo como o divino Cook. O rei Kalaniopu'u também trocou nomes com Cook e, mais tarde, receberia num jantar uma camisa de linho e a espada naval de Cook. Esse movimento de vaivém de emblemas e *personae* reais é um microcosmo das transferências de soberania durante os ritos do Ano-Novo. Em uma das transações correlatas a essa ocasião de estado, o sacerdote fez uma dádiva unilateral de enxós de ferro ao rei Kalaniopu'u, que foram obtidas de seus colegas sacerdotes em troca de sua generosa hospitalidade para com os ingleses. Se isso mais uma vez for sugestivo de uma apropriação real das benesses de Lono (às expensas dos sacerdotes), também era um paradigma material da estrutura histórica em evolução. A diferença das respectivas relações do rei e do sacerdote com Cook/Lono se desdobraria como uma oposição de interesses práticos.

"Um manto real de plumas tem o chefe, um botão desabrochado, uma criança real/A oferenda noturna, a oferenda diurna: pertence ao sacerdote declarar [as] antigas transações". Essas linhas do célebre canto do século XVIII, uma descrição perfeita das intrincadas trocas da "ocasião de estado", falavam da diferença que continuou distinguindo o comportamento dos sacerdotes de Lono daquele dos chefes guerreiros. Tal diferença, quando projetada para a história, significa que o sentido de imortalidade e totalidade da sociedade, expresso nas transações dos sacerdotes com os ingleses, era, no caso dos chefes, fundido com seus próprios interesses e àqueles de linhagem. Mesmo após a morte de Cook, enquanto reinava a hostilidade entre britânicos e chefes de Ka'awaloa, os sacerdotes de Lono diariamente enviavam suprimentos aos navios, tal como vinham fazendo desde o início, pois também haviam suprido generosamente o acampamento astronômico próximo ao templo de Hikiau, assim como exploravam o interior da ilha e ali trabalhavam. Mas "nenhum retorno jamais foi exigido", lê-se no relato oficial da Viagem, "nem mesmo insinuado da maneira mais remota. Seus presentes eram dados com uma regularidade que mais parecia o cumprimento de um dever religioso do que resultado de mera generosidade" (Cook e King, 1784,3:14-15). Contudo, com seus rituais próprios interferindo na percepção dessas ações, Cook deixara de dar o reconhecimento devido a essa veneração da parte dos sacerdotes. "Pois, era sempre sua prática prestar atenção total para agradar ao Chefe ou Rei do local onde se encontrava", tanto que por muito tempo nem pensou nem mesmo se deu conta de que os sacerdotes eram os responsáveis "pelas enormes quantidades diárias de porcos assados e legumes", e continuou a recompensar materialmente o rei Kalaniopu'u pelas respeitosas oferendas do sacerdote Ka'ō'ō (Beaglehole, 1967:564). O uso desses termos litúrgicos é deliberado. Um importante texto, datado de cerca de 1830, fala da relação do povo com Cook como sendo uma *ho'omana*, "adoração", tanto que "lhe davam [Cook/Lono] porcos, taro, tapa e todo tipo de coisas, do mesmo modo que dão coisas aos deuses; eles não barganhavam" (Remy, 1861:28). Por essa lógica e de acordo com todas as evidências, o modo de troca dos sacerdotes com Cook era realmente sacrificial.

Mas, "em todas as transações com os [chefes guerreiros]", relata o Sr. King, "nós os encontramos bastante atentos em seus próprios interesses" (Cook e King, 1784, 3:14-15). Os ingleses, por sua vez, eram tão ciosos desses interesses que chegaram a suspender o comércio de utensílios de ferro a favor de adagas, usadas pelos chefes como insígnias de seu status – o mesmo tipo de adaga que causaria a morte de Cook. Os interesses dos chefes eram também perigosos porque buscavam satisfazê-los através do furto e de ardis. Queriam, nas suas relações com o deus, desempenhar o papel do trapaceiro, o arquétipo mítico e ancestral do usurpador. Os modelos de troca entre os ingleses e os chefes alternavam entre *noblesse oblige* e roubo. Cook, King e Ellis repararam nesse vício aristocrático desde o primeiro dia que adentraram a baía de Kealakekua. A eclosão repentina de furtos poderia ser atribuída à "presença e ao encorajamento dos chefes": uma sociologia polinésia da audácia que continuaria a atormentar os estrangeiros até a morte de Cook – ela mesma consequência do furto do barco guarda-costas do *Discovery* que, de acordo com todos os relatos, teria sido obra do chefe Pahea. Afinal, o Makahiki estava completamente relacionado ao confisco agressivo das dádivas de Lono pelo chefe guerreiro.

Temos, portanto, que nos utilizar daquilo que foi chamado de uma "estrutura da conjuntura": um conjunto de relações históricas que, enquanto reproduzem as categorias culturais, lhes dão novos valores retirados do contexto pragmático (Sahlins, 1981). Chefes, sacerdotes e britânicos, todos seguiam suas tendências e interesses recebidos. O resultado foi um pequeno sistema social, completo com alianças, antagonismos – e uma certa dinâmica. "Aqui existem claramente assuntos partidários em discussão entre leigos e clérigos", como Clerke foi levado a comentar devido ao comportamento dos havaianos durante a crise que se seguiu à morte de Cook. Mas, nesse momento, os ingleses já haviam sido atraídos pela esquismogênese havaiana, que na realidade havia sido exacerbada por sua presença. Quanto mais os sacerdotes se objetivavam como partidários de Lono, mais eles demarcavam o destino de Cook como vítima do rei.[11]

Todavia, em virtude de uma série de coincidências espetaculares, Cook fizera uma retirada ritual quase perfeita no dia 3 de fevereiro. A cronometragem, por si só, já estava muito próxima da perfeição, isso porque os rituais do Makahiki terminariam no dia 1º de fevereiro (mais ou menos um dia) o que corresponderia ao décimo quarto dia do segundo mês havaiano. Isso ajuda a explicar uma anotação no *Voyage* feita por King, datada do dia 2 de fevereiro: "Terreeboo [Kalaniopu'u] e seus chefes estavam já há alguns dias muito curiosos quanto à hora de nossa partida." Em seu diário particular há o comentário adicional: "e pareceram ficar bem contentes ao saber que ela se daria em breve" (1784, 3:26; Beaglehole, 1967:517). O capitão Cook em resposta às importunações havaianas para que deixasse lá seu "filho", o tenente King, tinha até assegurado ao rei Kalaniopu'u e ao sumo sacerdote que voltaria no ano seguinte. Muito tempo após o terem matado, os havaianos ainda acreditavam que isso aconteceria.

Os ingleses retiraram, com a permissão do sumo sacerdote, certas imagens do templo de Hikiau para servirem de lenha. Houve acalorados debates durante o século XIX sobre a parte que coube a esse suposto "sacrilégio" na morte de Cook, sem que se observasse, entretanto, que, em seguida à estada de Lono, o templo é normalmente destruído para depois ser reconstruído. Na mesma noite de partida dos navios ingleses, uma das construções do templo fora vista em chamas. Entre tantas coincidências rituais, a mais notável talvez seja a morte do pobre velho marinheiro A.B,* Willie Watman, na manhã do dia 1º de fevereiro. Watman fora o primeiro da tripulação de Cook a morrer em Kealakekua: exatamente no dia do cerimonial, por cálculos que devem estar corretos, Kahoali'i, o deus-vivo do rei, engoliria o olho do primeiro sacrifício humano do Ano-Novo. E foi o chefe havaiano – ou em um dos relatos, o próprio rei – quem pediu que Watman fosse entrerrado no templo de Hikiau. Cook e King conduziram as exéquias, assim introduzindo o cristianismo nas ilhas Sandwich, auxiliados no entanto por Ka'ō'ō e a irmandade

* No original, *seaman A.B.*, que significa *Able Bodied*, isto é, marinheiro em perfeitas condições físicas para o trabalho. (N.R.T.)

de Lono que continuaram a fazer sacrifícios e realizar cerimônias à beira da sepultura durante três dias e três noites, mesmo após os ingleses já terem terminado as suas.

E assim, nas primeiras horas do dia 4 de fevereiro, Cook partia da baía de Kealakekua, vivo e bem-disposto. O rei, por sua vez, tinha sobrevivido à visita de Lono e incorporado os benefícios tangíveis da mesma, tais como enxós e adagas de ferro. A princípio, agora faria sacrifícios a Kū e reabriria os santuários agrícolas de Lono. Era hora de retomar o curso cósmico normal. E então aconteceu a coincidência ritual máxima, de ordem meteorológica: as tempestades fertilizantes do inverno, associadas ao advento de Lono, descarregaram sua fúria sobre o mastro de proa do *Resolution* e os navios foram forçados a voltar a Kealakekua para reparos no dia 11 de fevereiro de 1779.

Foi o "destino" ou, utilizando a metáfora científica ocidental "a interseção de duas cadeias independentes de causação". O elo fraco em uma das cadeias era "o trabalho desonesto" e a "supervisão" desleixada do estaleiro naval de Deptford (Beaglehole, 1967:1xix). Cook já havia reclamado outras vezes que seus navios eram melhor equipados quando sua manutenção era feita por serviços privados. Como o sistema de manutenção da Marinha britânica era corrupto, deveríamos talvez falar em uma infeliz interseção de estruturas. O que temos de certo, porém, é que a expedição de descobrimento tinha saído do eixo do ciclo ritual havaiano. O tenente King relata que havia tantas centenas de pessoas quanto tinham havido milhares na sua primeira chegada. Um tabu prescrevendo a ausência do rei estava em efeito. Porém as melhores evidências indicam que os ingleses haviam interrompido o rito anual de pesca de bonito, a transição entre a estação do Makahiki e as cerimônias normais do templo. Cook estava agora *hors cadre* e a situação começou a se deteriorar. As tensões e as ambivalências da organização social se revelaram na crise mitopolítica causada por esse retorno inexplicável de Lono. O rei, ao chegar no dia seguinte, ficou furioso com os sacerdotes por permitirem mais uma vez aos britânicos a utilização do terreno próximo ao templo de Hikiau. Os sacerdotes externavam reciprocamente o seu ódio cordial pelos chefes em Ka'awalos e não se preocuparam em esconder esta atitude de seus amigos ingleses. E, para completar esse triângulo, o rei e os chefes "estavam muito curiosos... para saber a razão desse retorno inesperado", diz o Sr. Burney, "e não pareciam nada satisfeitos com o mesmo" (Burney, MS: 12 fev. 1779; cf. Burney, 1819:256-257). Como King refletiu em retrospecto, "não parecia muito claro por quê, mas alguns chefes pareciam felizes em procurar qualquer motivo para discórdia" (Beaglehole, 1967:568). Na verdade, os cronistas têm opiniões variadas quanto à reação dos havaianos, talvez em função de suas experiências diversas na complexa estrutura da conjuntura. Samwell, que era amigo dos sacerdotes, encontrou "a imensa boa índole que sempre havia caracterizado [os havaianos] ainda ardendo em cada coração" e inspirando "cada semblante" (1957:6). Para John Ledyard, todavia, era evidente na aparência das pessoas "que nossa amizade anterior havia terminado e que nada mais tínhamos a fazer senão apressar a nossa partida para alguma ilha diferente, onde nossos vícios fossem desconhecidos e onde nossas virtudes extrínsecas ainda poderiam, por um curto espaço de tempo, causar admiração" (1963:141).[12]

Durante todo o tempo, as delicadas e diversas relações entre os dois povos haviam sido ordenadas por uma interpretação principal, a de Cock enquanto deus do Makahiki, que poderia ser reificada pelas autoridades havaianas e com a qual o Grande Navegador podia facilmente concordar. Agora, esta realidade começava a se dissolver. Estava se tornando até mesmo sinistra na visão do rei e dos chefes. O tenente King registrou

Figura 4.1. John Webber. *A Morte do Capitão Cook* (Dixson Galleries, Sydney, Austrália)

Figura 4.2. Webber. *A Morte do Capitão Cook*, detalhe

em seu diário a comovente crença empirista de que, uma vez explicadas as causas do retorno, a evidente desaprovação dos chefes seria removida (Beaglehole, 1967:68). Mas o problema não era empírico, nem tampouco prático: era cosmológico – e, assim sendo, o estado em que se encontrava o mastro do *Resolution* simplesmente não era inteligível. "Eles nos perguntavam constantemente o que nos teria trazido de volta", lê-se em um relato, "pois não conseguiam ter noção de nosso infortúnio nem do que havia ocorrido ao nosso mastro" (Anônimo [de Mitchell]: 23 jan. 1781). Esse retorno em momento inadequado era sinistro por apresentar uma imagem espelhada da política do Makahiki. Ao trazer o deus para a terra durante o triunfo do rei ele reabria toda a questão em torno da soberania. Daí a visão agourenta que os havaianos tiveram a respeito deste retorno que, de acordo com os cronistas mais confiáveis (Burney, King e Gilbert) teria o objetivo de colonizar a ilha, "e destituí-los de uma parte de seu país, ou mesmo dele todo" (Gilbert, MS; Burney, 1819:256-57; Beaglehole, 1967:509). Assim como acontece na boa teoria frazeriana da soberania divina, a crise ritual era uma ameaça política.

Houve um surto de violência e de roubo. "Desde que chegamos nesta nossa segunda visita", escreveu Clerke, "observamos uma propensão maior para o furto do que sentimos durante nossa primeira estada; a cada dia se produzem maiores e mais audaciosas depredações" (Beaglehole, 1967:531-32). O dia anterior à morte de Cook, 13 de fevereiro, foi notável pelas violentas altercações com os chefes. Trevenen posteriormente atribuiu a morte de Cook ao fato de um chefe ser expulso à força do *Resolution* por causa de furto. Os chefes tentaram impedir a população de ajudar os britânicos a carregar água para os navios da praia próxima ao assentamento dos sacerdotes. Em um tumulto que envolveu dois aspirantes (um deles George Vancouver) e vários marujos, foram todos fortemente espancados. Cook já havia demonstrado nas ilhas Tonga e Society que não permitiria aos "índios" pensarem que estavam com vantagem sobre ele; depois desse embate do dia 13 de fevereiro, decidiu que mais uma vez seria obrigado a se utilizar de força. Portanto, quando desembarcou no dia seguinte, para tomar o rei Kalaniopu'u como refém, garantiu sua segurança fazendo o desembarque com uma companhia de fuzileiros armados.

Essa cena lembrava estranhamente a batalha culminante do Makahiki, a luta *kāli'i*, só que realizada ao inverso. O deus Lono vinha da água para a praia para um confronto com o rei. Em vez do rei sob a égide de Kū, chegaram notícias de que o pessoal de Lono havia matado um chefe (isto é Kalimu, atingido por um tiro disparado pelo grupo de Rickman que executava um bloqueio). Agora quem iria ao mar seria o rei e não a canoa de Lono. Os outros atores também desempenharam seus papéis lendários. Lembremos que o que impediu Kalaniopu'u de acompanhar Cook foi a intervenção de sua esposa preferida Kaneikapolei. Por um breve e decisivo instante, o confronto voltara à tríade original, o deus, o homem e a mulher, e mais uma vez foi determinado pela escolha da mulher.

Figura 4.3. Webber. *A Morte do Capitão Cook*, detalhe

Entre os que desempenharam papéis coadjuvantes estão os guerreiros paladinos do combate *kāli'i* e o tenente dos fuzileiros, Molesworth Phillips, que o acompanhou por toda a parte enquanto estavam em terra. Não deveríamos buscar o assassino entre os atendentes da comitiva do rei: naquele que desvia as lanças atiradas pelo deus? Estivemos fazendo a análise cultural de um evento histórico (ou vice-versa). Por direito então, isso deveria nos levar a uma solução cultural do "mistério do assassinato".

Por exemplo, podemos de início eliminar todos aqueles que supostamente o atacaram primeiro e que eram, claramente, pessoas do povo. Não é a categoria sociológica correta; além disso, a arma, uma adaga de ferro para troca cerimonial, era usada somente nos círculos de chefia. Por outro lado, também é pouco provável que tenha sido o chefe mencionado por Trevenen – aquele que fora removido à força do *Resolution* por roubo – já que Trevenen diz que ele foi morto em ação e testemunhos havaianos e britânicos contemporâneos indicam que o assassino viveu para contar sua estória. Podemos, por motivos semelhantes, descartar os chefes acusados por Ellis e King. Para encurtar uma longa discussão indicial, há apenas um homem que se encaixa melhor em termos rituais e historiográficos. É aquele que foi identificado por Samwell, Edgar, Bayly e pelo "honesto Keali'ikea", sacerdote de Lono. Essa pessoa tinha descrição e reputação idênticas à daquela vista por membros da expedição de Vancouver em 1793-1794 e também em 1779. Seu papel na vida e sua posição social eram a de defensor do rei. Seu nome, Nuha.

Nuha (ou Kanuha), parente próximo e companheiro constante do rei, era, de acordo com Samwell, uma personalidade de "primeira importância" (Beaglehole, 1967:1171). Pertencia a uma família proprietária de terras de Ka'awaloa, uma linhagem de homens do chefe, descendentes de um casamento real secundário realizado algumas gerações antes.[13] Os relatos da época da expedição de Vancouver sugerem também que ele era um parente afim do rei Kalaniopu'u. Porém, como "um dos To'ah ou homens de briga da ilha", provavelmente devia sua posição tanto à sua habilidade quanto ao seu parentesco real. Samwell ficara especialmente impressionado pela sua aparência física desde a primeira vez que o vira integrando a comitiva do rei: "Ele era alto e corpulento, de olhar e conduta ferozes, era alguém que unia em sua pessoa aquelas duas qualidades de força e agilidade em tal grau, que jamais me lembro de ter visto em qualquer outro homem" (1957:23). Nuha seria então um dos *kakau ali'i*, ou chefes menores, que faziam parte do séquito real, um homem cujos privilégios eram contingências de seus serviços, um guerreiro que fora naquele dia tudo o que deveria ser.

No status e na aparência, exatamente a figura do assassino retratado por John Webber, artista da expedição, em seu conhecido quadro *A Morte do Capitão Cook* (Fig. 4.1). Não devemos ignorar esse testemunho pictórico. De fato, o maior mérito da pintura, geralmente reconhecido, é seu esforço de precisão. Consideremos, então, a caracterização que Webber faz do atacante de Cook. Um homem jovem de porte excepcional e corpo atlético. Perfeito para seu papel no *kāli'i*. Além disso, veste – à moda guerreira, sobre um dos ombros – um manto distintivo, feito em maior parte com penas de galo silvestre e do pássaro fragata, contrastando com as roupas finas e capacetes de penas multicoloridas que vemos no outro lado da pintura. Essas últimas são de aves raras da montanha (Fig. 4.2). A diferença é precisamente aquela feita pelo tenente King entre os mantos emplumados dos "chefes inferiores" e os mantos da mais alta nobreza (Cook e King, 1784, 3:136-37).

Mas a adaga, segura de forma ameaçadora pelo guerreiro na cena de Webber (Fig. 4.3), provavelmente fora confeccionada a partir de um grande cravo de ferro manufaturado na fábrica Soho, de Matthew Boulton em Birmingham – requisitado por Cook "para ser distribuído a eles sob forma de presentes como meio de obter sua amizade". E, em março de 1776, quando Cook fazia o embarque dessa carga para a expedição, a editora londrina de Strachan e Cadell anunciava a publicação de *A riqueza das nações*, de Adam Smith. Assim, somos lembrados – em um brilhante ensaio de Bernard Smith (1979) – que se Cook morrera como um deus havaiano, também encarnara um novo tipo de imperialismo europeu. Podemos também acrescentar que a morte de Cook foi uma notável conjunção de duas teologias e que seu espírito estava destinado a ter o mesmo papel tanto numa como na outra. Respectiva e igualmente, havaianos e europeus o lembrariam como o mártir de sua própria prosperidade.

Para os havaianos, Cook havia sido um dos aspectos do deus que deixa a terra, capaz de frutificar em benefício da humanidade: um deus seminal, padroeiro das artes pacíficas e agrícolas. Do lado europeu, "o agente global de Adam Smith" era igualmente o espírito encarnado da "pacífica" penetração do mercado: de uma expansão comercial que prometia trazer a civilização aos ignorantes e riquezas para o mundo inteiro. Cook mapearia o caminho: determinaria a rota, os recursos e os mercados. Arauto da *Pax Brittanica*, Cook também era um Lono burguês.

Essa convergência de crenças espirituais já estava presente na morte de Cook, isto é, nas razões e pela maneira como morreu. Mesmo suas ordens relativas ao tratamento de "os nativos" – sua preocupação em conseguir a amizade deles, de manter o uso de força restrito ao mínimo, de barganhar honestamente (mesmo que em vantagem própria), de prevenir a disseminação do "Venéreo" e das armas de fogo – tudo isso era em última instância consistente, muitas vezes de forma consciente, com a expansão mundial do comércio para a qual suas viagens haviam sido projetadas de modo a possibilitá-la. Cook fez da nova era de expansão capitalista um ponto de seu caráter pessoal (Smith, 1979). Não foi ele um Cortez – tanto quanto Lono não é Kū, o conquistador. Bernard Smith diz que "Cook deve ter sido o primeiro europeu a praticar com êxito e em escala global o uso da tolerância para fins de dominação" (1979:179). Assim, se os havaianos estavam dispostos a tratá-lo como um de seus deuses, ele aceitava de bom grado essa honra. Embora houvesse compreendido o fato ritualmente, acabou por apreciá-lo na prática. Porém, como escreveu o poeta Cowper quando soube como Cook havia morrido, "Deus é um deus ciumento".[14]

Por outro lado, esta *hubris* de Cook foi tanto polinésia quanto europeia. Observe-se que ele tinha anos de experiência nessas ilhas enquanto "uma espécie de ser superior", tantas vezes antes havia ele salvado a si mesmo e à sua tripulação do desastre iminente. Assim também desta vez, apesar de tudo que foi dito a respeito de seu cansaço ou de seus parasitas, ele foi, de acordo com os relatos contemporâneos, ao encontro da crise com tranquila confiança. A caminhada que faz em direção à morte tem uma certa qualidade de sonho. Mais de um dos diários fala de uma inexplicável "paixão", como se estivesse certo de sua invencibilidade. A sua morte teria sido uma morte realmente polinésia: a morte reservada para aqueles que acumularam tanto *mana*, que são tentados a desafiar as regras que governam os meros mortais. Os maori falam que essas pessoas

> só podem ser subjugadas por alguma ação ou descuido, tal como desatenção ou negligência de alguma de suas obrigações guerreiras ou religiosas, cuja experiência havia revelado ser essencial para o sucesso da guerra; mas que o nosso guerreiro, acomodado por uma longa e bem-aventurada carreira, veio a considerar como sendo necessária apenas para mortais comuns sem maiores consequências para os homens de *mana* (Gudgeon, 1905:62).

Assim mesmo, como Cook uma vez escrevera em seu diário pessoal: "Esses riscos são os companheiros inevitáveis do homem que faz Descobrimentos."*

* Em inglês *who goes on Discoveries*, numa alusão ao navio MMS *Discovery*, que acompanhava o MMS *Resolution*. (N.R.T.)

5. Estrutura e história

> Bem, mas tu não vês, Crátilo, que aquele que segue nomes em busca das coisas e analisa seus sentidos corre grande perigo de ser enganado?
>
> PLATÃO, *Dial.*, *Crátilo*

HOUVE ÉPOCAS MELHORES nas relações entre havaianos e europeus, como as dos primeiros momentos de contato, mais de um ano antes da morte de Cook, encontro esse marcado pelo *aloha* com o qual os habitantes da ilha saudaram seus "descobridores".

No dia 20 de janeiro de 1778, quando o *Resolution* e o *Discovery* fizeram a ancoragem inicial em Waimea, Kaua'i, quase instantaneamente começou um intercâmbio satisfatório entre britânicos e a população comum, tanto na terra como nos navios.[1] As mulheres nas canoas ao largo dos navios já faziam suas famosas e inconfundíveis propostas aos marujos, "suas intenções eram de nos gratificar com todos os prazeres que o sexo podia oferecer" (King, Diário de Bordo: 20 jan. 1778). Como sabemos, as mulheres logo conseguiram satisfazer suas exigências especiais, apesar dos tabus sexuais impostos pelo capitão Cook a seus homens. Foi desse modo que mulheres comuns deram início a uma série de violações de tabus que, como logo descobriram os chefes e sacerdotes, se aplicava igualmente a suas proibições sagradas.

No terceiro dia em Kaua'i, o navio *Resolution* do capitão Cook foi levado para o mar aberto por ventos contrários, enquanto tentava uma mudança de ancoradouro na baía de Waimea. O *Discovery*, sob o comando do capitão Clerke, permaneceu e foi no dia seguinte, mais uma vez, cercado pelos inúmeros barquinhos da população. Esse comércio pacífico, no entanto, foi bruscamente interrompido com a chegada de uma grande canoa dupla, carregando o chefe mais sagrado da ilha, Kaneoneo. As canoas do povo foram peremptoriamente postas de lado, para que o chefe pudesse ter seu acesso próprio e exclusivo à presença dos britânicos. Aqui será necessário lembrar que os havaianos consideravam como de natureza divina esses seres extraordinários que haviam irrompido do céu além do horizonte, assim como consideravam seus chefes. Eles tinham vindo da pátria espiritual de chefes e deuses, Kahiki ou no dialeto de Kaua'i, "Tahiti" – e, de fato, os ingleses admitiam que seu último porto havia sido "Otaheite" (Taiti).

Porém, quando o sagrado Kaneoneo viera aos navios, a população não havia se retirado de seu caminho com presteza suficiente e, como foi registrado por mais de um cronista inglês, alguns deles revelando seu espanto, o chefe simplesmente atropelara quem quer que estivesse em seu caminho "sem fazer o mínimo esforço" para evitá-los, e deixara os tripulantes de quatro canoas nadando entre os destroços.[2] A cena foi repetida um pouco mais tarde naquele mesmo dia; a canoa real veio trazer um convite para o capitão Clerke vir à terra, onde Kaneoneo havia preparado uma apropriada recepção polinésia (com dádivas) para o capitão britânico. O astrônomo Bayly relata que, nessa segunda ocasião, a visão da canoa foi suficiente para que a plebe saísse voando "na maior precipitação e logo descobrimos que não era sem razão pois quando a canoa do rei topava com qualquer outra, ela a atropelava, derrubando a todos que alcançasse, tanto que as pessoas se viam obrigadas a saltar, mergulhar, evitando assim serem acertadas na cabeça, mas deixavam suas canoas para que passasse por cima" (Diário: 24 jan. 1778).

Mas, também Kaneoneo era um chefe dos mais altos tabus. Filhos de casamentos entre irmãos, esses chefes são "chamados de divinos, akua" (Mala, 1951:54). Quando saíam, todos eram obrigados a se prostar, com o rosto para baixo, o mesmo tipo de homenagem que se prestaria ao capitão Cook. Essa também foi a razão de Kaneoneo atropelar as canoas: as pessoas foram capturadas por um paradoxo havaiano, pois era impossível abrir caminho para a canoa e ao mesmo tempo se prostrar diante dela.

Tomarei esse incidente como um paradigma concentrado da história havaiana: das relações mutantes entre chefes e população, marcadas por formas de opressão sem precedentes, desenvolvidas a partir das respectivas relações com os aventureiros europeus, especialmente com o crescente número de comerciantes. Essa colisão de havaianos não é somente um paradigma, mas também resume uma possível teoria da história, da relação entre estrutura e evento, que se inicia com a proposição de que a transformação de uma cultura também é um modo de sua reprodução. Cada qual à sua maneira, chefes e povo reagiam ao estrangeiro de acordo com suas autoconcepções e seus habituais interesses. As formas culturais tradicionais abarcavam o evento extraordinário, e, assim, recriavam as distinções dadas de status, com o efeito de reproduzir a cultura da forma que estava constituída. Porém, como já frisamos, o mundo não é obrigado a obedecer à lógica pela qual é concebido. As condições específicas do contato europeu deram origem a formas de oposição entre chefia e pessoas comuns que não estavam previstas nas relações tradicionais entre elas. Temos aqui, então, a segunda proposição de nossa possível teoria da história: no mundo ou na ação – tecnicamente, em atos de referência – categorias culturais adquirem novos valores funcionais. Os significados culturais, sobrecarregados pelo mundo, são assim alterados. Segue-se então que, se as relações entre as categorias mudam, a estrutura é transformada.

Primeiro, portanto, mostremos a base tradicional das reações havaianas à presença inglesa. Homens e mulheres comuns, cada um à sua maneira, ensaiavam trocas espontâneas com o pessoal de Cook, resultando num ágil comércio material. Esse pragmatismo simples era especialmente característico da consciência cultural – do *habitus* – do povo havaiano, contrastando com a de seus chefes e sacerdotes (cf. Cap. 2). Essa conduta da parte da população estava especificamente em concordância com aquele interesse que os havaianos chamam de "*mi haku*", "buscar um senhor". Era a contrapartida do sistema de dominação heroica da chefia. O princípio global mais importante de organização era a própria hierarquia, expresso no *aloha* recíproco mas desigual entre o povo e o chefe que mantinha as terras do povo como seu patrimônio. As relações sociais das pessoas comuns, além daquelas mantidas com parentes imediatos, eram mediadas pelos chefes dominantes ("solidariedade hierárquica"). Enquanto que os chefes, por suas próprias ligações com o reino espiritual (Kahiki), mediavam também as relações do cosmo com a totalidade social. E, assim, temos as tão famosas demandas sexuais das havaianas para com a ávida tripulação dos navios britânicos. Era sua maneira de "encontrar um senhor", através de ligações ascendentes, que estabeleceriam relações de parentesco com e reivindicações junto aos poderes estabelecidos. Portanto, quando os marinheiros foram saudados com uma efusão do *aloha* tradicional, como ainda se saúdam os turistas, foi exatamente devido à mesma síntese interessada de libido e lucro.

Por outro lado, examinemos mais de perto o comportamento do chefe sagrado de Kahua'i, Kaneoneo. Seu status cosmológico, como o de outros chefes importantes, pressupunha que tivesse uma intervenção privilegiada junto ao divino estrangeiro. O advento de Cook em 1778 introduziu uma certa "estrutura da conjuntura" histórica: um sistema de relações que estava determinando o futuro do comércio europeu e da política havaiana. Os ingleses estavam para os havaianos em geral, assim como a chefia havaiana estava para seu próprio povo. De início, as implicações eram, no entanto, equívocas ou até mesmo perigosas. Pois na versão havaiana da teoria de reis-estrangeiros, o reino do sagrado soberano de Kahiki é fundado com base na usurpação da dinastia já existente. De fato, em toda ascensão – do mesmo modo que em toda cerimônia anual de Makahiki – o rei toma o poder, "celebra a vitória", como diz Hocart, fazendo de seu antecessor uma vítima do sacrifício ou de feitiçaria. Daí essa ambivalência inicial da aproximação de Kaneoneo com os navios de Cook: o chefe só viera no quarto dia após a chegada, portanto, bastante tempo depois das pessoas comuns. O comportamento de Kaneoneo seria repetido por outros chefes importantes nas décadas que se seguiram. Várias vezes eles se aproximaram dos navios depois dos populares e com igual demonstração ambígua de dignidade e circunspecção. No caso de Kaneoneo, quando finalmente chegou a abordar o *Discovery*, foi impedido por seu séquito de ir além da prancha de embarque onde haviam formado um círculo protetor a seu redor e não permitiram a aproximação de outro inglês a não ser o capitão Clerke. O problema era que se os britânicos realmente eram deuses, eles eram, então, os rivais naturais do chefe.

Porém, o comportamento de Kaneoneo, a sua hesitação, o levou a contradições práticas com seu povo. A trajetória de colisão pode ser mapeada a partir das categorias da cultura tradicional, enquanto vetor das diferenças habituais entre a população comum e o chefe sagrado. Ser o primeiro nas relações com o divino estrangeiro não era a única prioridade do chefe. Ele era o primeiro em todas as coisas: o primogênito, o primeiro a agir na guerra e na paz, aquele que iniciava o ano agrícola através dos sacrifícios apropriados e coletava os primeiros frutos como seu tributo. Essa prerrogativa de "primazia" é o princípio essencial de hierarquia polinésia, tornando o funcionamento político da sociedade igual à atividade criativa da divindade. E essas reivindicações de Kaneoneo à precedência o colocavam em violenta oposição ao povo que estava em seu caminho. Mesmo assim, a ligação privilegiada do chefe com os deuses sempre fora mantida com o sacrifício dos homens sem lei, ou seja, dos violadores dos tabus reais.

Nas décadas seguintes à visita fatal de Cook, chefia e plebe, homens e mulheres, tabus rituais e bens materiais, se engajaram na troca prática com europeus, de maneira a alterar os sentidos e as relações habituais. E essas reavaliações funcionais sempre aparecem como extensões lógicas dos conceitos tradicionais. A estrutura dominante da situação inicial, a de que os chefes distinguiam-se do povo assim como os europeus eram diferentes dos havaianos em geral, tornou-se um conceito de identidade pessoal – do qual surgiria uma ordem de economia política. Os chefes se apropriaram de personagens da grandeza europeia ao mesmo tempo que imitavam o estilo adequado de vida luxuosa da Europa. O célebre Kamehameha, conquistador das ilhas entre 1795 e 1810, não se cansava de perguntar aos visitantes europeus que por ali passavam se não vivia "de modo exatamente igual ao rei George". Já em 1793, três dos chefes havaianos dominantes haviam dado a seus filhos e herdeiros o nome de "Rei George" (Bell, 1929:64). No início do século XIX, esse "vestir-se" como identidades preeminentes estrangeiras tinha virado alta moda no Havaí. Como testemunho desse fato, temos o relato de um comerciante americano sobre a reunião de figurões havaianos em 1812:

> Na pista de corridas, observei Billy Pitt, George Washington e Billy Cobbet passeando de maneira muito íntima... enquanto no centro de outro grupo se encontravam Charley Fox, Thomas Jefferson,

James Madison, Bonnepart e Tom Paine, conversando de modo igualmente amigável (Cox, 1832:44).

Nessa época, Cox (pseudônimo de Kahekili Ke'eaumoku) era governador de Maui, John Adams (aliás Kaukini) logo seria governador de Hawai'i, enquanto o antes mencionado Billy Pitt (Kalaimoku) era "primeiro-ministro" do reino. Por volta dessa época, marcada pelo lucrativo comércio do sândalo, também desenvolveu-se uma intensa competição por status no seio da aristocracia havaiana. Essa competição tomou a forma do consumo conspícuo de bens de luxo vindos da Europa – mas também o *mana* esteve sempre associado a um estilo de luminosidade celestial. O item principal de consumo eram as roupas finas, e as modas sofriam loucas mudanças, como se vê no lamento de um mercador de Boston sobre uma carga inútil de seda, de um tipo que já havia chegado por outro navio no ano anterior. O objetivo dos chefes era ter algo "que jamais haviam visto".[3] Logo, tecidos finos da China e da Nova Inglaterra eram acumulados em superabundância estéril, apodrecendo nos armazéns dos chefes, para finalmente serem jogados ao mar.

Contudo, o acesso popular ao mercado permanecia severamente restrito, mesmo em relação a utensílios práticos e domésticos. Ou, melhor dizendo, os produtos do povo entravam no comércio europeu sob forma de tributos ou aluguéis coletados pelos chefes nos moldes quase tradicionais e para seu benefício exclusivo. A antiga história do comércio de ferro já havia provado que os poderes estabelecidos eram capazes de organizar o tráfico para atender suas próprias demandas e em detrimento das necessidades populares. Já em meados de 1790, os chefes dominantes tinham um excesso de ferramentas e não queriam nem olhar para mais um machado e, assim, o comércio europeu foi desviado para outros meios e signos de poder do chefe, como tecidos e mosquetes. Isso tudo acontecia muito antes de a população em geral ter esgotado suas necessidades ou capacidades de uso produtivo do ferro. Em época tão tardia quanto 1841, um missionário americano na ilha do Hawai'i dizia que não havia um conjunto decente de ferramentas de carpintaria, a não ser aqueles pertencentes aos chefes locais (Forbes, 1842-155). Nessa época, também, a resistência popular havia sido reduzida ao uso de metáforas escatológicas, como quando pessoas do povo de Waialua, O'ahu, misturaram excrementos de bode na farinha de taro, reservada para ser tributo ao chefe dominante (Emerson para Chamberlain: 19 out. 1835). Pode-se dizer que a tradicional cultura havaiana fora preservada por inversão lógica, já que excremento é alimento negativo e, portanto, a reciprocidade era apropriada para o tipo de *aloha* que os chefes estavam descarregando no povo.

Qualquer tipo de resistência séria havia há muito terminado, sendo transcendida por utilizações negociadas dos tabus dos chefes, em um processo que terminou em uma reavaliação do significado de tabu que pode ser correlacionado com as distinções emergentes de classe (Sahlins, 1981). Desde os primórdios do contato, a chefia havia usado tabus para regular o tráfico com o europeu, fazendo assim uma extensão de propósitos rituais para a prática, justificada pelas funções e significados antigos de precedência dos chefes. O grande Kamehameha, entre 1795 e 1819, impôs essas interdições às épocas e aos termos de comércio com navios estrangeiros, com o interesse de evitar negócios por parte da população ou, pelo menos, de garantir que as demandas do consumo político e aristocrático teriam prioridade sobre os interesses populares por bens domésticos. No caso, o conceito de tabu, de coisas colocadas à parte para o deus, passou por uma extensão lógica até haver uma transformação funcional. O tabu era cada vez mais usado como signo de direito material e de propriedade. Podemos ainda ver essa forma final no Havaí de hoje: nos numerosos avisos onde se lê KAPU, que significa "entrada proibida".

Essa utilização comercial do tabu por Kamehameha e por outros chefes teve o significado para a população em geral de que aquelas restrições sagradas, que (quando respeitadas) prometiam benefícios divinos, estavam agora diretamente contrapostas ao bem-estar comum. Em *Historical Metaphors*, demonstro como o povo não hesitara então em violar tabus de todos os tipos, em um desafio mais ou menos claro aos poderes estabelecidos. As mulheres quebravam aqueles tabus rituais que as deixariam confinadas às suas casas para se ocuparem de suas relações amorosas com as tripulações dos navios europeus. Esse tráfico apaixonado logo veio a ser um importante meio de atividade comercial popular com o duplo propósito de driblar os tabus dos sacerdotes e os negócios da chefia. O status sagrado do homem em relação à mulher acabou também a partir do momento em que viram que tinham os mesmos interesses na transgressão de tabus. Antigamente, e no culto doméstico, homens eram tabu em relação a mulheres, assim como chefes eram tabu em relação ao povo. O tabu cortava transversalmente todas as distinções de posição social e, portanto, nesse aspecto não poderia ser privilégio exclusivo da chefia. Ao contrário, o argumento era pela inclusão da sociedade como um todo na chefia, mesmo que de forma subordinada. Agora a clivagem de classe que se vinha desenvolvendo revisava as antigas proporções do tabu e punha em evidência a oposição radical que existia entre chefes e povo, enquanto respectivamente tabu e *noa*, ou "livre" de restrição. Essa é uma verdadeira transformação estrutural, ou seja, a redefinição pragmática das categorias alterando as relações entre as mesmas. O tabu agora sacralizava de forma singular as oposições de classe às expensas daquelas de gênero.

Fenomenologia da vida simbólica

Parece-me haver algo a mais nessa tempestade num copo de água do Pacífico Sul do que apenas uma possível teoria da história. Há também uma crítica básica às distinções ocidentais através das quais geralmente se pensa a cultura, como as supostas oposições entre história e estrutura ou entre estabilidade e mudança. Utilizamos constantemente, em nosso folclore nativo assim como em nossas ciências sociais acadêmicas, essas dicotomias reificadas na divisão do objeto antropológico. Não será necessário lembrar-lhes que a antítese entre história e estrutura está sacramentada na antropologia desde Radcliffe-Brown e o apogeu do funcionalismo, e foi confirmada mais recentemente pelo estruturalismo inspirado por Saussure. Porém, aquilo que sugere este breve exemplo havaiano, é que não há base alguma em termos de fenômeno – e, menos ainda, alguma vantagem heurística – em considerar a história e a estrutura como alternativas mutuamente exclusivas. A história havaiana está, toda ela, baseada na estrutura, na ordenação sistemática de circunstâncias contingentes, ao mesmo tempo que a estrutura havaiana provou ser histórica.

O que, então, acontece com a oposição corolária entre estabilidade e mudança? O pensamento ocidental pressupõe, mais uma vez, que estas sejam antitéticas: contrários lógicos e ontológicos. Efeitos culturais são identificados enquanto contínuos com o passado, ou descontínuos, como se existissem tipos alternativos de realidade fenomenal, em distribuição complementar em qualquer espaço cultural. Essa distinção atravessa em profundidade uma série inteira de categorias elementares organizadoras do saber comum: o estático *vs.* o dinâmico, ser *vs.* devir, estado *vs.* ação, condição *vs.* processo e, – por que não incluir? – substantivo em oposição a verbo. A partir desse ponto, resta apenas um pequeno passo lógico até confundir história com mudança, como se a persistência da estrutura através do tempo (pensemos na *pensée sauvage*) não fosse histórica. Porém, mais uma vez, a história havaiana certamente não é única em demonstrar que a cultura funciona como uma *síntese* de estabilidade e mudança, de passado e presente, de diacronia e sincronia.

Toda mudança prática também é uma reprodução cultural. Por exemplo, a chefia havaiana, enquanto incorpora identidades e meios materiais estrangeiros, reproduz o status cósmico do chefe como um ser celestial vindo de Kahiki. Nesta mitopráxis da hierarquia, o *ariki* polinésio, o primogênito real, "começa sua vida à época da criação do mundo"; ou para sermos mais exatos em termos de Havaí, sua vida é a criação (Koskinen, 1960:110; cf. Cap. 4). A chefia havaiana, segura de seus privilégios cósmicos, pôde incluir a aparição do capitão Cook em seus próprios termos mitopráticos.

No final, quanto mais as coisas permaneciam iguais, mais elas mudavam, uma vez que tal reprodução de categorias não é igual. Toda reprodução da cultura é uma alteração, tanto que, na ação, as categorias através das quais o mundo atual é orquestrado assimilam algum novo conteúdo empírico. O chefe havaiano para quem o "rei George" da Inglaterra servia de modelo de *mana* celestial não é mais o mesmo chefe, nem tampouco está na mesma relação com seu povo.

Minha argumentação é que esse diálogo simbólico da história – diálogo entre as categorias recebidas e os contextos percebidos, entre o sentido cultural e a referência prática – coloca em questão uma série inteira de oposições calcificadas, pelas quais habitualmente compreendemos ambas, a história e a ordem cultural. Não quero dizer apenas estabilidade e mudança ou estrutura e história, mas o passado enquanto radicalmente diferente do presente, sistema *vs.* evento, ou até mesmo o contraste entre infraestrutura e superestrutura. O que proponho, portanto, se me aguentarem através de uma digressão semifilosófica, um tipo de ingênua filosofia da ação simbólica, é de explorarmos essas distinções reificadas com vistas a descobrir sua síntese mais verdadeira.

O problema enfim recai na relação de conceitos culturais e experiência humana, ou o problema de referência simbólica: de como conceitos culturais são utilizados de forma ativa para engajar o mundo. Afinal, aquilo que está em questão é a existência de estrutura *na* história e *enquanto* história. Mas iniciarei de uma forma mais simples, fazendo duas observações elementares, nenhuma das quais é novidade nem descoberta minha. A primeira é aquele venerável princípio boasiano de que "o olho que vê é o órgão da tradição..." A experiência social humana consiste da apropriação de objetos de percepção por conceitos gerais: uma ordenação de homens e dos objetos de sua existência que nunca será a única é possível, mas que, nesse sentido, é arbitrária e histórica. A segunda proposição é de que o uso de conceitos convencionais em contextos empíricos sujeita os significados culturais a reavaliações práticas. As categorias tradicionais, quando levadas a agir sobre um mundo com razões próprias, um mundo que é por si mesmo potencialmente refratário, são transformadas. Pois, assim como o mundo pode escapar facilmente dos esquemas interpretativos de um dado grupo humano, nada pode garantir que sujeitos inteligentes e motivados, com interesses e biografias sociais diversas, utilizarão as categorias existentes das maneiras prescritas. Chamo essa contingência dupla de o risco das categorias na ação.

Mas primeiro falemos da continuidade da cultura na ação: o olho que vê enquanto órgão da tradição. E dessa forma estou invocando uma longa tradição filosófica, que pode ser traçada até Kant em especial e que foi continuada na linguística por Saussure e por Whorf, assim como na antropologia social de Boas e Lévi-Strauss. Esses (e outros) ensinam que a experiência de sujeitos humanos, especialmente do modo como é comunicada no discurso, envolve uma apropriação de eventos em termos de conceitos *a priori*. A referência ao mundo é um ato de classificação, no curso do qual as realidades são indexadas a conceitos em uma relação de emblemas empíricos com tipos culturais. Conhecemos o mundo como instâncias lógicas de classes culturais: "Capitão Cook é um deus." Não é, como alguns acreditam, que tenhamos uma "necessidade" de classificar. A classificação formal é uma condição intrínseca da ação simbólica.

Ou como diz Walker Percy (1958:138), o caráter simbólico da consciência consiste no cotejamento de um objeto de percepção e um conceito, por meio do qual os objetos de percepção tornam-se inteligíveis para nós e são transmitidos a outros. "Toda percepção consciente", diz Percy, "tem a natureza de um reconhecimento, um cotejamento, o que é o mesmo que falar que o objeto é percebido como aquilo que é... não é suficiente dizer que estamos conscientes de algo; estamos conscientes de algo como *sendo* alguma coisa." – "Ele [Cook] é um deus." Este reconhecimento, porém, é uma espécie de reconhecimento: o evento é inserido em uma categoria preexistente e a história está presente na ação corrente. O surgimento de Cook, vindo de além do horizonte, fora realmente um evento sem precedentes, jamais visto antes. Mas, por assim abarcar aquilo que é realmente singular naquilo que é conceitualmente familiar, introduz o presente no passado.

O mesmo acontece na estrutura lógica do discurso: o modo como frases descrevem ou afirmam. Assimilando um tipo particular (o sujeito gramatical) no interior de um outro mais geral (o tipo de ato ou atributo predicativo dele), a frase de proposição se desdobra igualmente como um ato de classificação simbólica:

He akhua ia.
Um deus ele
"Ele é um deus."

O sujeito identifica um espaço-temporal particular (em um mundo possível): "Ele", "Cook." O predicativo descreve por meios gerais relativos: "deus." Muitos filósofos reconheceram esta hierarquia de tipos lógicos do discurso. Strawson, por exemplo:

> Dois termos acoplados em uma sentença verdadeira estão respectivamente em posição referencial e predicativa, se aquilo que o primeiro termo designa ou significa for uma instância do que o segundo termo significa. De itens deste modo relacionados (ou os termos que se designam ou significam) pode-se dizer que são respectivamente de tipo [lógico] superior ou inferior (Strawson, 1971:69).

Poderíamos resumir, pelo que foi visto até o momento, que não há tal coisa que seja a imaculada percepção. "A representação 'objetiva'", como diz Cassirer, "não é ponto de partida para o processo de formação da linguagem, mas sim o ponto de chegada... A linguagem não entra em um mundo de percepções completamente objetivas apenas para adicionar aos objetos – já dados e claramente distinguíveis uns dos outros – 'nomes' que seriam somente signos externos e arbitrários; ela própria é uma mediadora na formação dos objetos" (1933:23).

Esta constituição da objetividade dos objetos é consequência direta da posição saussuriana de assinalar o caráter "arbitrário" do sistema simbólico: uma certa *découpage* das continuidades possíveis do sentido, implicando uma segmentação do mundo em referência enquanto função das relações entre signos de caráter interno à língua (valor linguístico). As categorias pelas quais a experiência é constituída não surgem diretamente do mundo, mas de suas relações diferenciais no interior de um esquema simbólico. O contraste que existe no francês entre *fleuve* e *rivière* implica uma segmentação de objetos fluviais diferentes das versões usuais do inglês, que seriam "rio" e "riacho".* No entanto, os termos franceses não estão baseados em tamanho relativo como estão os ingleses, mas sim no fato de se águas correm para o oceano ou não (cf. Culler, 1977). De modo semelhante vemos que a distinção inglesa (ou francesa) entre "deus" e "homem" não é igual ao seu aparente paralelo havaiano de *akua* e *kanaka*, porque *kanaka*, utilizado para designar "homens (comuns)", está em posição de contraste de definição com *ali'i* ou "chefe". Em havaiano, "chefe" e "deus" são transitivamente iguais por oposição aos homens. Nem corresponderia esta diferença entre deuses e homens àquela entre espíritos e mortais, já que alguns mortais (os chefes) também são deuses. Não existe ponto algum de partida para esses esquemas na "realidade", como escreve Stuart Hampshire ao observar que alguns filósofos acreditavam que houvesse (1967:20). Ao contrário, cada esquema cultural particular cria as possibilidades de referência material para pessoas de uma dada sociedade, enquanto esse esquema é constituído sobre distinções de princípios entre signos que, em relação aos objetos, nunca são as únicas distinções possíveis. Ou para citar o antecessor de Saussure, Michel Bréal:

> não há dúvida de que a língua designa coisas de modo incompleto e inexato ... Substantivos são signos ligados a coisas: eles incluem somente parte da *vérité* que possa ser abarcada por um nome, uma parte que é tanto mais fracional quanto mais realidade tenha o objeto... se tomo um ser real, um objeto existente na natureza, será impossível para a língua pôr no mundo todas as noções que este objeto desperta na mente (Bréal, 1921:178-79).

---

* No original, *"river" and "stream"*; os termos em português também são baseados em tamanho relativo. (N.T.)

Bréal está falando da desproporção inevitável entre a língua, qualquer que seja, e o mundo: "As nossas línguas estão condenadas a uma falta de proporção entre a palavra e a coisa. A expressão é, por vezes, ampla em demasia, por outras restrita demais" (*Ibid.*, p.107). Poderíamos dizer que é sempre ambas, desde que os objetos de referência sejam ao mesmo tempo mais particulares e mais gerais do que as expressões utilizadas para designá-los. Os objetos são mais particulares enquanto emblemas em um espaço-tempo específico do que os signos, enquanto categorias ou classes conceituais. Por outro lado, as coisas são mais gerais do que suas expressões, por apresentarem sob a forma de experiência mais propriedades e relações do que poderiam ser escolhidas e valorizadas por qualquer signo. Assim temos aquele conhecido princípio: de que é impossível esgotar a descrição de qualquer objeto.

Portanto o signo, enquanto sentido, se torna duplamente arbitrário na referência: ao mesmo tempo uma segmentação relativa e uma representação seletiva. Conclui-se da natureza arbitrária do signo que a cultura é, por sua própria natureza, um objeto histórico. Saussure, famoso naturalmente por fazer a distinção entre pontos de vista diacrônicos e sincrônicos no sentido da língua, foi o primeiro a admitir, no entanto, e sempre insistiu nisso, que um sistema linguístico é inteiramente histórico. É histórico porque é arbitrário: por não refletir simplesmente o mundo existente; mas, pelo contrário, porque na ordenação dos objetos existentes pelos conceitos preexistentes, a língua ignoraria o fluxo do momento. A totalidade e a particularidade de objetos lhe escapam. Então, inversamente, o sistema é arbitrário porque é histórico. O presente, seja lá qual for, é reconhecido enquanto passado. O paradoxo de certas ordens culturais consideradas como "a-históricas" é que elas insistem inteiramente em um "*approche historicisante du monde*" (tomando-se emprestada uma frase de Délivré [1974]).

Vimos que Cook já era uma tradição para os havaianos antes de se tornar um fato.

Por outro lado, as realidades empíricas em todas as suas particularidades jamais poderão corresponder aos mitos, nem o poderia Cook enquanto homem corresponder ao exaltado status que lhe pretendiam atribuir. Isso nos traz à segunda consideração geral de nossa digressão, às formas elementares da vida simbólica: o risco da ação cultural, que é o risco das categorias em referência. As pessoas colocam, na ação, seus conceitos e categorias em relações ostensivas com o mundo. Esses usos referenciais põem em jogo outras determinações dos signos, além de seus significados recebidos, ou seja, o mundo real e as pessoas envolvidas. A *práxis* é, portanto, um risco para os significados dos signos na cultura da maneira como está constituída, do mesmo modo como o sentido é arbitrário em sua capacidade enquanto referência. Como o mundo tem propriedades próprias, ele pode vir a se mostrar intratável, podendo muito bem negar os conceitos que lhe sejam indexados. A *hubris* simbólica do homem se torna uma grande aposta feita com as realidades empíricas. Esta aposta é de que a ação referencial, que coloca os conceitos *a priori* em correspondência com objetos externos, implicará alguns efeitos *imprevistos* que não podem ser ignorados. Além disso, a ação envolve um sujeito (ou sujeitos) pensante(s) relacionado(s) ao signo na posição de agente(s). O esquema cultural é colocado em uma posição duplamente perigosa, isto é, tanto subjetiva quanto objetivamente: subjetivamente pelo uso motivado dos signos pelas pessoas para seus projetos próprios; objetivamente, por ser o significado posto em perigo em um cosmo totalmente capaz de contradizer os sistemas simbólicos que presumivelmente o descreveriam.

A aposta objetiva reside, portanto, nas desproporções entre palavras e coisas. Toda implementação de conceitos culturais em um mundo real submete esses conceitos a alguma determinação pela situação. Isto é aquilo que já foi descrito como a reavaliação funcional dos signos; por exemplo, a reavaliação do conceito de tabu havaiano. Pois signos como "tabu" são notoriamente polissêmicos: eles têm muitos sentidos possíveis, enquanto virtuais ou na sociedade em geral. O "tabu" quando realizado, quando utilizado em um conceito específico tal como a regulamentação do comércio, é valorizado em algum sentido seletivo. Um significado é posto em primeiro plano em relação a todos os outros significados possíveis. Ao mesmo tempo a referência é feita a particulares concretos que não são iguais a todos os usos prévios. No evento, a estrutura do campo semântico é revista (cf. Lyons, 1977:1:250s.). A ideia de tabu tem sido objetivada como um direito comercial e de propriedade, um sentido que pode vir a ser generalizado pelos poderes das pessoas que o impõem – tendo efeitos recíprocos nas definições e nas relações dessas pessoas e de seus poderes. O "tabu" assim emerge da ação com um resíduo empírico. O mundo dá uma certa carga à ideia.

O risco subjetivo consiste da possível revisão dos signos pelos sujeitos ativos em seus projetos pessoais. A contradição surge da inevitável diferença entre o valor do signo em um sistema simbólico, ou seja, suas relações semânticas com outros signos e seu valor para quem o utiliza. O signo, no sistema cultural, tem um valor conceitual fixado por contraste a outros signos; quando na ação, o signo também é determinado como um "interesse", que é seu valor instrumental para o sujeito ativo. Lembrem-se de que a palavra "interesse" deriva de uma construção impessoal do latim (*inter est*) que significa "isso faz uma diferença". Porém, se o interesse por alguma coisa é a diferença que faça para alguém, paralelamente e em outro plano, Saussure definiria então o signo como um valor conceitual. Enquanto conceito, o signo é definido por relações diferenciais com outros signos. O significado de "azul" é determinado pela coexistência na língua de outras palavras como o "verde". Se, como é verdade para muitas línguas naturais, não existisse o "verde", o termo "azul" (ou "azerde") teria maior extensão conceitual e referencial: também cobriria o campo que, em nossa língua, chamamos de "verde". O mesmo vale para Deus, o Pai, a nota de um dólar, a maternidade e o filé *mignon*: cada um tem um sentido conceitual de acordo com sua posição diferencial no esquema total de objetos simbólicos. Por outro lado, o objeto simbólico representa um interesse diferencial para diversos sujeitos, de acordo com a sua posição em seus esquemas de vida. "Interesse" e "sentido" são dois lados da mesma coisa, ou seja, do signo, enquanto este é respectivamente relacionado a pessoas e a outros signos. No entanto, meu interesse em algo não é igual ao seu sentido.

A definição de Saussure de valor linguístico ajuda a fechar a questão, por ser formulada em uma analogia com o valor econômico. O valor de uma moeda de cinco francos é determinado pelos objetos dessemelhantes pelos quais ela pode ser trocada, tais como uma certa quantidade de pão e leite e por outras unidades de moeda, às quais pode ser comparada por contraste: um franco, dez francos etc. Por essas relações é que se determina o valor que cinco francos têm para *mim*. Para mim, ele surge como um valor instrumental ou interesse específico e se compro pão ou leite com ele, se o dou ou o coloco no banco, isto vai depender de meus objetivos e de minhas circunstâncias particulares. Do modo como for implementado pelo sujeito ativo, o valor conceitual adquire um valor intencional – que pode muito bem ser diferente de seu valor convencional.

Da maneira como o signo for posto em ação, ele estará sujeito a outro tipo de determinação: aos processos de consciência e inteligência humana. Não mais um sistema semiótico virtual ou desencarnado, o significado agora está em contato com os poderes humanos originais de sua criação. Não há razão para crer – apesar da crença ser o *a priori* de certas formas de relativismo linguístico – que esses poderes criativos fiquem suspensos uma vez que as pessoas tenham uma cultura. Pelo contrário, os signos na ação são incluídos em várias operações lógicas, como metáforas e analogias, redefinições de intensidade e de extensão, especializações ou generalizações de sentido, deslocamentos ou substituições, para não falar de "mal-entendidos" criativos. E porque os signos são engajados em projetos por interessses e, dessa forma, em relações temporais de envolvimento e não apenas em relações simultâneas de contraste, seus valores são arriscados, por assim dizer, sintagmaticamente e não apenas paradigmaticamente. Essas utilizações interessadas não são meramente imperfeitas por relação com os ideais platônico-culturais, mas são potencialmente inventivas. Vimos como os chefes havaianos puderam reconhecer o seu *mana* nos bens extravagantes dos mercadores estrangeiros, em oposição às coisas mais rudes ou às utilidades domésticas. Os bens oferecidos para troca eram administrados de acordo com as autoconcepções dos chefes. O significado do *mana* sofreu uma mudança através da metáfora motivada de luminosidade celestial, cuja lógica recebia da cultura tradicional sua razão de ser, conforme descoberta, entretanto, na situação existente por uma certa intencionalidade.

Antítese e síntese

Dadas essas compreensões fenomenológicas, seguem-se certas reflexões críticas concernentes às dicotomias procrustianas da sabedoria acadêmica.

Em um certo estruturalismo, história e estrutura são antinomias; supõe-se que uma negue à outra. Já na natureza da ação simbólica, sincronia e diacronia coexistem em uma síntese indissolúvel. A ação simbólica é um composto duplo, constituído por um passado inescapável e por um presente irredutível. Um passado inescapável porque os conceitos através dos quais a experiência é organizada e comunicada procedem do esquema cultural preexistente. E um presente irredutível por causa da singularidade do mundo em cada ação: a diferença heraclitiana entre a experiência única do rio (ou *fleuve*) e seu nome. A diferença reside na irredutibilidade dos atores específicos e de seus conceitos empíricos que nunca são precisamente iguais a outros atores ou a outras situações – nunca é possível entrar no mesmo rio duas vezes. As pessoas, enquanto responsáveis por suas próprias ações, realmente se tornam autoras de seus próprios conceitos; isto é, tomam a responsabilidade pelo que sua própria cultura possa ter feito com elas. Porque, se sempre há um passado no presente, um sistema *a priori* de interpretação, há também "uma vida que se deseja a si mesma" (como diria Nietzsche). Isto é o que Roy Wagner (1975) deveria estar querendo dizer com a "invenção da cultura": a inflexão empírica específica de significado dada a conceitos culturais quando estes são realizados como projetos pessoais.

Mais uma vez, é necessário insistir em que a possibilidade do presente vir a transcender o passado e ao mesmo tempo lhe permanecer fiel depende tanto da ordem cultural quanto da situação prática. Para iniciantes, existem todos os tipos de "*approches historicisantes du monde*". Em hopi, como Whorf demonstrou, não é gramatical supor que "amanhã será um novo dia": pois simplesmente amanhã é o mesmo dia que volta envelhecido. Além disso, há o sistema social, e nos sistemas sociais existem poderes diferenciais. Vimos que no Havaí, qualquer que tenha sido a interpretação dada pela população ao capitão Cook, os sacerdotes e os chefes tinham o poder de objetivar suas opiniões por meio de cerimônias rituais e, não somente isso, podiam também obrigar o povo a render tributos materiais a tais opiniões. Ou, novamente, tudo aquilo que já foi dito sobre sociedades heroicas (Cap. 1) sugere capacidades diferenciais dos poderes estabelecidos para transformarem suas inovações pessoais em compreensões gerais. Giddens (1976) coloca o diálogo de ação ("estruturação") de forma geral, referindo-se à dualidade de estrutura como um conceito preexistente e como uma consequência não intencional sem tampouco se esquecer das consequências intencionais das pessoas que estão no poder. Essa fenomenologia que estivemos discutindo permanecerá "ingênua" enquanto continuar a ignorar que a ação simbólica é tanto comunicativa quanto conceitual: um fato social retomado nos projetos e nas interpretações dos outros. Desse modo é que a "estrutura da conjuntura" entra aqui: a sociologia de situação das categorias culturais com as motivações que oferece aos riscos de referência e às inovações de sentido. Uma prática antropológica total, contrastando com qualquer redução fenomenológica, não pode omitir que a síntese exata do passado e do presente é relativa à ordem cultural, do modo como se manifesta em uma estrutura da conjuntura específica.

Mais ainda, o caso havaiano já nos mostrou, mesmo com toda a sua historicização do mundo, que não há base alguma nem razão para a oposição excludente entre estabilidade e mudança. Todo uso efetivo das ideias culturais é em parte reprodução das mesmas, mas qualquer uma dessas referências também é, em parte, uma diferença. De qualquer jeito, nós já sabíamos disso. As coisas devem preservar alguma identidade através das mudanças ou o mundo seria um hospício. Saussure articulou o princípio: "Aquilo que predomina em toda mudança é a persistência da substância antiga: a desconsideração que se tem pelo passado é apenas relativa. É por esta razão que o princípio da mudança se baseia no princípio da continuidade" (1959:74). Mas, em uma certa antropologia e notoriamente no estudo da história, isolamos algumas alterações e as chamamos de "eventos", em oposição a "estrutura".

Esta realmente é uma distinção perniciosa, se apenas pelo motivo relativamente trivial de que toda estrutura ou sistema é eventual em termos fenomenológicos. A ordem cultural, enquanto um conjunto de relações significativas entre categorias, é apenas virtual. Existe meramente *in potentia*. Portanto, o significado de qualquer forma cultural específica consiste em seus usos particulares na comunidade como um todo. Mas este significado é realizado, *in presentia*, apenas como evento do discurso ou da ação. O evento é a forma empírica do sistema. A proposição inversa, a de que todos os eventos são culturalmente sistemáticos, é mais significante. Um evento é de fato um acontecimento de significância e, enquanto significância, é dependente na estrutura por sua existência e por seu efeito. "Eventos não estão apenas ali e acontecem", como diz Max Weber, "mas têm um significado e acontecem por causa deste significado." Ou, em outras palavras, um evento não é somente um acontecimento no mundo; é a relação entre um acontecimento e um dado sistema simbólico. E apesar de um evento enquanto acontecimento ter propriedades "objetivas" próprias e razões procedentes de outros mundos (sistemas), não são essas propriedades, *enquanto tais*, que lhe dão efeito, mas a sua significância, da forma que é projetada a partir de algum esquema cultural. O evento é a interpretação do acontecimento, e interpretações variam.

Considerem mais uma vez a apoteose dos ingleses no Havaí, e também sua queda eventual desse estado de graça. O capitão Cook era verdadeiramente um grande homem (ou pelo menos assim pensamos), mas nada havia de inerentemente divino na maneira pela qual conduziu seus navios para dentro daquela baía havaiana, quanto mais algo que representasse o retorno de Lono, o antigo deus da fertilidade e do povo, como supuseram os havaianos. Por esse motivo, havia dez mil pessoas aglomeradas na praia para comemorar o retorno de Cook em 1779. Raras vezes o colonialismo gozara de tão auspicioso início. Por outro lado, quando as mulheres começaram a viver e comer com a tripulação a bordo dos navios britânicos, surgiram sérias dúvidas a respeito da divindade do estrangeiro. Não há nada de inerentemente irreligioso no fato de haver comensalidade com mulheres – exceto que, no sistema havaiano, isso polui e destrói o tabu dos homens. Os eventos não podem ser entendidos, portanto, separados de seus valores correspondentes: é a significância que transforma um simples acontecimento em uma conjuntura fatal. Aquilo que parece para alguns como um mero encontro para o almoço, para outros é um evento radical. Então, cá estamos separando judiciosamente sistema e evento por atos heroicos de teoria acadêmica, enquanto o fato simbólico humano é de que não existe evento *sans* sistema.

Os erros antropológicos (ou históricos) gêmeos, o materialismo e o idealismo, consistem claramente em tentativas de ligar uma significância prenhe de sentido a uma relação mecânica ou "fisicalista" de causa e efeito. Para o materialismo, a significância é efeito direto das propriedades objetivas do acontecimento. Ignorando, portanto, o valor relativo do sentido dado pela sociedade ao acontecimento. Enquanto que, para o idealismo, o acontecimento é simplesmente o efeito de sua significância, ignorando, assim, sua carga de "realidade": as forças que têm efeitos reais, mesmo que sempre em termos de algum esquema cultural.

O mesmo é válido para a teoria e a prática, se as tomarmos como alternativas de natureza de fenômeno: essa distinção objetivada entre conceitos culturais e atividades práticas é falsa na prática e absurda na teoria. Toda *práxis* é teórica. Tem sempre início nos conceitos dos atores e nos objetos de sua existência, nas segmentações culturais e nos valores de um sistema *a priori*. Portanto, não há materialismo algum que não seja histórico. Marx já o dissera, mas um certo marxismo contemporâneo e de modismo, confuso pela oposição entre teoria e prática, nega esse fato. Considerem a afirmação feita por Hindess e Hirst:

> Os eventos hisóricos não existem [em] e não podem ter efetividade material alguma no presente. As condições de existência das relações sociais atuais existem necessariamente e são reproduzidas constantemente no presente. Não foi ao "presente" que o passado se dignou a nos dar acesso, mas sim à "situação atual"... Toda teoria marxista, por mais abstrata que seja, existe para tornar possível a análise da situação atual. Uma análise histórica da "situação atual" é impossível (Hindess e Hirst, 1975:312).

No entanto, a cultura é justamente a organização da situação atual em termos do passado. Nem tampouco existe infraestrutura sem superestrutura, pois, "em última análise", as categorias pelas quais se define a objetividade são, elas mesmas, cosmológicas – do mesmo modo que, para os havaianos, o advento dos britânicos foi um evento de dimensões universais cujas expressões orientadoras eram os conceitos de *mana*, *akua* e a geografia celestial de Kahiki (as origens espirituais). Se a prática, então, postulou a correspondência estrutural entre os chefes havaianos e os europeus preeminentes, enquanto opunha ambos à população havaiana em geral, isso se tornaria a organização do comércio material e também da identidade pessoal – sem mencionar que ela (a prática) aparece de forma decisiva nos eventos históricos, tais como a rivalidade entre o capitão Cook e o rei havaiano que provou ter sido desastrosa para o Grande Navegador. A *práxis* se desdobraria como a exclusão relativa do povo dos bens europeus, especialmente daqueles colocados na categoria havaiana de itens de prestígio e apresentando cenas como as de "Billy Pitt" Kalaimoku e "John Adams" Kuakini exibindo-se em robes de seda chinesa e coletes europeus, em aposentos decorados com finos móveis de teca e espelhos decorados ou em jantares servidos em serviços de prata pura. O povo afundava-se progressivamente na miséria, da qual até hoje não se recuperou. Nem tampouco a prática pode ser retomada simplesmente em seus efeitos pela superestrutura, como uma consciência distorcida chegada ao palco da história, por assim dizer *post festum*. Pois, já vimos que as utilidades do comércio estavam constantemente sujeitas à definição pelas demandas de consumo da chefia. De modo que aquilo que aparece nos livros de contas e nas cartas dos mercadores de Boston, no Havaí, documentando mudanças nas demandas por armas de fogo, suprimentos navais ou esse ou aquele tipo de tecido de *cashmere*, representa intimações politicamente contextuais da divindade polinésia. O mercado era uma condição irredutível da *práxis* material, onde os preços eram atribuídos com base nas inevitáveis concepções polinésias de *mana*.

Poderíamos continuar fazendo semelhantes observações ("desconstruções") sobre as sínteses históricas dessas dicotomias radicais, como o "individual" e o "coletivo" ou o "real" e o "ideológico". Mas já foi dito o bastante, porque essas oposições são apenas outras tantas expressões análogas da mesma concretude deslocada. A questão mais verdadeira jaz no diálogo entre sentido e referência, visto que a referência põe o sistema de sentido em situação de risco em relação a outros sistemas: o sujeito inteligente e o mundo intransigente. E a verdade desse diálogo maior consiste da indissolúvel síntese de coisas como passado e presente, sistema e evento, estrutura e história.

Notas

1. Suplemento à viagem de Cook (p.25 a 58)

1. Cook tinha dúvidas razoáveis quanto à capacidade de seus médicos para determinar quando um homem estivesse suficientemente curado para impedir a transmissão "do Venéreo", bem como à propensão dos marinheiros infectados de resistirem aos avanços das mulheres polinésias.
2. Samwell continua dizendo que "tomamos conhecimento de que alguns dos que desembarcaram tiveram relações sexuais com as mulheres" (Beaglehole, 1967:1.083). Além disso, um grupo de aproximadamente vinte homens, sob o comando do tenente Gore, ficou na ilha de Ni'ihau, próxima a Kaua'i, impossibilitado de voltar ao navio por um dia e duas noites; certamente ocorreram ligações entre ingleses e havaianas durante esse tempo. Thomas Edgar, capitão do *Discovery*, dá crédito aos relatos, por ele ouvidos, de que apesar da vigilância dos oficiais em Kaua'i os marinheiros conseguiram colocar mulheres a bordo clandestinamente: vestiram-nas de homem e as chamavam de seus "Tios" (Diário de bordo: 24 jan. 1778). Se este relato for verídico, os homens conseguiram o seu intento, utilizando-se de um arranjo calidoscópico de impressões culturais: os marujos teriam enganado os oficiais usando um conceito taitiano de "amigo formal" (*tio*), totalmente desconhecido de suas amantes havaianas. Para maiores comentários sobre as importunações das mulheres havaianas durante a primeira visita de Cook a Kaua'i/Ni'ihau (19 jan. – 12 fev. 1778), Samwell (em Beaglehole, 1967:1.084-85), Zimmermann (1930:68), Clerke (em Beaglehole, 1967:597) e Cook e King (1784,2:130-31). As tradições havaianas relativas a essa visita são unânimes em alegar que as ofertas feitas pelas mulheres eram aceitas pelos britânicos (Remy, 1861-21; Fornander, 1969,2:162-63; S. Kamakau, 1961:94s). Quanto ao relato tradicional de que o capitão Cook teria dormido com uma mulher de alta posição de Kaua'i, ver nota 4 a seguir.

   As exigências amorosas das havaianas repetiram-se quando da segunda visita de Cook nos fins de 1778, começo de 1779 (p. ex., Cook em Beaglehole, 1967:265-66; Samwell em Beaglehole, 1967: 1151, 1152, 1158 et passim; Cook e King, 1784,2:544,3:10-11; Ledyard, 1963:107-9; Ellis, 1782, 2:76,86, etc.).

3. Nos exames feitos pelos médicos do *Discovery*, oito dentre doze homens de uma canoa havaiana encontrada ao largo de Maui estavam com "o Venéreo" (Diário Burney: 26 nov. 1778). Alguns dias mais tarde, o Sr. King relata que três dos dez ou doze havaianos a bordo do *Resolution* estavam igualmente infectados (Beaglehole, 1967:300). O *Oxford English Dictionary* determina de modo específico que a definição de *clap* é gonorreia, e cita o uso desse termo já em 1803, utilizando a mesma expressão encontrada nos diários do Sr. King, "*a clap*"; portanto, não é pertinente neste caso que pudesse ter havido uma confusão de diagnóstico com sífilis ou framboesia.
4. Não há consistência empírica alguma para a tardia tradição havaiana de que o capitão Cook teria dormido com a mulher sagrada de Kaua'i, Lelemahoalani, filha da chefe de alta posição na ilha (Remy, 1861:19-21; S. Kamakau, 1961:94-96; Fornander, 1969, 2:168-69). Por outro lado, é de uma consistência cultural considerável a alegação de que o capitão Cook fora considerado como a encarnação do Deus Lono que – como diversos chefes lendários assim identificados – retornava para buscar a sua esposa perdida (– inseminar a terra, cf. Capítulo 4, adiante). A própria tradição havaiana diz que essa é a razão da apresentação da princesa nativa a Cook. A dignidade que Cook se atribuía, enquanto comandante naval britânico, estava em concordância com as concepções havaianas relativas ao seu status e apenas levava-o a uma resposta diferente com respeito à oferta de uma mulher da aristocracia. De acordo com Zimmermann, Cook não tinha muita simpatia por cerimônias religiosas e raramente as realizava a bordo de seus navios, e jamais tolerou a presença de um padre nas embarcações sob seu comando. Ao mesmo tempo não estava prestes a ceder às tentações da carne, apesar de estar preparado para admitir que seus homens exibissem assim as suas fraquezas de meros mortais (Beaglehole, 1974:390-91). Evidentemente, só poderia haver uma *Autoridade* a bordo de um navio de Sua Majestade. Portanto, mesmo que lhe fosse oferecida a mulher sagrada porque era um deus, podemos ter certeza de que ela foi recusada por motivos parecidos.
5. Uma excelente discussão sobre *le'a*, e a sexualidade havaiana em geral, pode ser encontrada em Pukui et al. (1972, 2 [1979]). Utilizei muito essa discussão neste trabalho.
6. Em uma das reflexões de Cook há um comentário sobre a disposição inicial dos havaianos de tomarem tudo em que colocassem as mãos: "Eles acreditavam que tinham direito de levar tudo em que pusessem as mãos." Mas, acrescenta, "eles logo deixaram de lado essa conduta quando os convencemos de que não poderiam continuar agindo assim impunemente" (Cook

e King, 1784, 2:205). O aspirante Gilbert comenta no mesmo tom que os havaianos "placidamente" e "sem escrúpulo ou hesitação" saíam carregados com tudo que pudessem carregar, e quando os ingleses tomavam as coisas de volta, "eles ficavam muito surpresos... por não conseguirem acreditar que estávamos agindo a sério, mas, ao contrário, imaginavam que os deixaríamos levar tudo que escolhessem" (Narrativa, jan. 1778). Para mais incidentes análogos e comentários sobre os momentos iniciais do contato entre havaianos e ingleses ver King (Diário de bordo: 20 jan. 1778), Cook e King (1784, 2:195), Clerke (em Beaglehole, 1967:1322) e Dibble (1909:23).

7. A semelhança (ou identidade) entre os rituais aos quais Cook foi submetido em Hikiau (e em outros lugares) e a cerimônia de hānaipū na qual os chefes estatutários dão as boas-vindas a Lono durante sua procissão anual é discutida em Sahlins (1981; cf. Capítulo 4, onde outros detalhes das cerimônias do Ano-Novo ou Makahiki também são discutidos).
8. Para um exemplo de comportamento análogo, observado pelo missionário Fison na ilha de Rotuma, na Polinésia, ver Frazer (1911, 1:184). Os havaianos são ligados a seus ancestrais (aūmakua) e também a seus parentes e descendentes por diversos cordões que emanam de diversas partes do corpo, mas que são semelhantes ao *piko*, "cordão umbilical". É em relação a esse fato que a Sra. Pukui discute o incidente em Kaua'i:

> Já vi muitas pessoas idosas com pequenos recipientes para os cordões umbilicais... Uma avó levou os cordões de seus quatro netos e os jogou no canal *Alenuihaha*: "Eu quero que os meus netos viajem através dos mares", ela me disse. A Sra. Pukui acredita que a estória contada das mulheres escondendo os *pikos* de seus filhos no navio do capitão Cook provavelmente seja verdadeira. Em um primeiro momento se pensou que Cook era o deus Lono, e que seu navio fosse uma ilha flutuante. Qual a mulher que não quereria deixar o *piko* de seu filho ali? (Pukui et al., 1972, 1:184).

9. "Nunca conheci mulheres menos reservadas. De fato parecia-me que elas nos visitavam com nenhum outro intuito exceto o de se entregarem" (Cook e King, 1784, 2:544). "Essas senhoras são mui generosas com os seus favores, porém, estão longe de serem tão mercenárias quanto as das ilhas Friendly [Tonga] ou Society, e algumas de suas ligações parecem ser apenas fruto da afeição." (Ellis, 1782:153).
10. Para outros relatos da relação entre as mulheres havaianas e o comércio masculino nos primeiros anos do contato, ver Portlock (1784:159), Puget (Diário de bordo: 21 fev. 1793), Manby (1929 1 [1]:14). O tráfico doméstico de serviços femininos continuou durante a época missionária:

> Os nativos [de Kaua'i oriental] apesar de pobres são extremamente bondosos, oferecem-nos as melhores comidas e, em sinal de respeito, o marido oferece sua mulher, o pai a sua filha, o irmão a sua irmã. Nós lhes dissemos que havia um Deus no céu que tinha proibido esta iniquidade; eles disseram que isso é bom, mas vocês são homens brancos esquisitos (Diário Whitney: 27 maio 1820).

Na época de Cook, no entanto, a solidariedade doméstica da troca não era completa. Há dois relatos (Trevenen *MS*; Beaglehole, 1967:1227) de mulheres guardando ferramentas destinadas aos homens e as usando para troca com outros havaianos (homens ou mulheres?) por panos e leis de penas.

11. Não darei prosseguimento à discussão das "sessenta e nove maneiras". E espero que me perdoem por servir como um (*pauvre*) *esprit* no qual *les catégories se pensent.*
12. O texto havaiano aparece em Elbert e Mahoe (1970); outras coletâneas acessíveis de cantos havaianos incluem as de Emerson (1965), Roberts (1926) e Pukui e Korn (1973).
13. Elbert indica que o pequeno número de fonemas e a grande quantidade de homônimos ou de quase homônimos criam um campo especialmente fértil para trocadilhos e "sentidos ocultos" (*kaona*). Quanto a esses últimos, Pukui et al. (1972:85-86) escrevem:

> Na área das piadas sexuais, os havaianos têm uma vantagem natural. Eles sempre usaram eufemismos, alusões e metáforas em seu discurso; Eles têm uma aptidão natural para entender o *kaona*, o sentido oculto, de uma palavra ou de uma frase... Após a chegada dos ocidentais, os *mele* foram musicados e tiraram muita vantagem das metáforas. Será que o canto sobre a "Bela Kaua'i" realmente descreve uma ilha ou estará descrevendo uma bela mulher? Será que se está realmente cantando sobre *maka* (a vista [cf. adiante, a discussão sobre o olho]), das *ka palai* (samambaias) na ilha úmida? Ou da *makamaka* (a amiga íntima) e das suas "samambaias" agora úmidas? Será que a canção *Alika* conta apenas de um navio com esse nome, que inicialmente singra com dificuldade através de um "estreito apertado e frio"... como diz a Sra. Pukui, "quando os havaianos começam a dar risadinhas então sabemos que querem dizer outra coisa" (Pukui et al., 1972, 2:85-86).

Inversamente, nem todos os cantos explicitamente assim chamados eram dedicados ao que seria considerado por ocidentais como o objeto apropriado para tal afeição. Aqui estão trechos de um canto escrito por volta de 1860 (AH, Coleção de *Meles*) intitulado *Uma canção de amor à Sabedoria, He Mele Aloha i ka Na'auao*, e que também ilustra o gosto pelos *kaona*.

E ka na'auao, e aloha 'oe	Ó sabedoria, amor para você,
Kaikamahine 'ūhā nemonemo...	Menina das coxas redondas e lisas...
'Akahi au a ike i ka lomi a ke aloha,	Esta foi a primeira vez que conheci o aperto do amor,
Ke oni kapalili la i ka wai o Pukaiki,	Tremendo ali, nas águas de Pukaiki [lit., "Buraco Pequeno"]
Kula ke pene i ka la'i o Wainiha luna,	A ligeireza se lança na paz do alto Wainiha [lit., "Água Inamistosa"]
Mamau pipili papa'a ka wai o Paulike...	A água de Paulike [lit., "Terminando Juntos"] interminável, pegajosa e apertada...
Kekahi nō 'oe o ka'u mea i aloha ai	É você a minha amada.
E kū wiwili ho'omamau nei o ke kulu'aumoe...	Abrançando-nos sem cansar, sem parar, tarde da noite...
Naue aku kaūa o ka wai hu'ai pa'u o Namolokama	Nós dois trememos nas águas úmidas de Namolokama [uma montanha em Hanalei, Kaua'i, lit., "O entrelaçamento atado com firmeza"]
'O ia wai kahea noi ka ihu o ka moku,	A água chama para a proa do barco
E ka na'auao, e aloha ke 'oe.	Ó sabedoria, amor de fato para você.

14. A Sra. Pukui afirma que os cantos genitais tinham uma distribuição entre a população em geral. Mas é particularmente difícil determinar essa distribuição social, porque a forma foi suprimida, ao menos de nome, na era Cristã (a partir de 1820). Uma dançarina havaiana e estudante dos *mele ma'i* escreve:

> Os havaianos logo aprenderam a não discutir o sexo abertamente, especialmente em relação ao hula, que foi severamente censurado pelos *haole* (homens brancos) importantes de Honolulu no século XIX. Com a crescente aculturação dos havaianos, eles pararam de discutir os *mele ma'i* mesmo entre si, ou pelo menos [os discutiam] em grupos muito restritos.

Por exemplo na *hālau* [escola de dança], fomos ensinadas a dançar os *mele ma'i*, mas raramente nos diziam qual o significado do canto ou qual era a sua função. Os havaianos não acabaram totalmente com eles, apenas mudaram a sua classificação para *mele inoa*, "cantos dos nomes", ou para *mele aloha*, "canções de amor" (Dorton, 1981; estou especialmente agradecido a esse excelente trabalho).

15. Samwell registrou os cantos de acordo com uma fonética própria. Foram transcritos para a ortografia havaiana moderna por Mary Kawena Pukui para J.C. Beaglehole (1967:1234n). No entanto, *ule*, "pênis", permanece em havaiano na versão publicada.
16. De acordo com as evidências internas, esse canto foi pelo menos modificado na época cristã, porque há um jogo com gestos e sons que envolve a declamação das vogais do alfabeto. Não obstante, a associação com a proeza genital e com o sacrifício humano (e também com o status divino do chefe – ver texto adiante) continua forte. Um mestre atual do hula contou-me que Kūnui'ākea, o nome do deus de sacrifícios humanos, também era o nome que foi dado aos genitais de Kamehameha. A imagem desse deus é fabricada com a madeira da árvore *'ohia lehua*, e suas flores no canto têm o significado de "vagina". Lili Dorton escreve que a flor de *lehua* "é uma vagina simbólica, por ser uma flor macia e peluda, de coloração avermelhada, parecendo um pouco com um pompom; se for sacudida com força, ela se desfaz". *Pūnana*, "ninho de passarinho", é outro termo comum nos cantos genitais e é usado ainda hoje como jargão para "vagina".
17. O sistema simbólico de sacrifício humano no Havaí foi documentado e brilhantemente analisado por Valeri (no prelo); minha própria discussão deve muito a esse trabalho. As principais fontes usais sobre a chefia havaiana são: Malo (1951), S. Kamakau (1961;1964; MS), Fornander (1916-19:1969); Handy e Pukui (1972); I'i (1959); K. Kamakau (em Fornander, 1916-19, 6:2-45); Rev. Ellis (1828) e Remy (1861). Um bom resumo pode ser encontrado em Goldman (1970).

    As associações solares com a chefia vão da descendência dos chefes de Wakea, personificação do sol no zênite, a cantos de louvor do século XIX, tais como *Para ti, ó sol faiscante* (*Iā'Oe, e ka La e'Alohi nei*), escrito para o rei Kalākaua. Obviamente, não estou falando de um culto solar; é mais uma questão do sol enquanto rei, do que do rei enquanto sol.
18. As famosas genealogias da chefia havaiana – algumas remontando a mais de 900 gerações – eram mantidas por homens e mulheres, especialistas em tradições, e esses peritos genealógicos eram tradicionalmente

ligados aos chefes supremos. Livros de genealogia datando do século XIX (como aqueles depositados no Bishop Museum e nos Arquivos do Havaí), muitos dos quais se remetem às primeiras décadas do século passado, são testemunhos da maneira pela qual o conhecimento especializado dos mestres em genealogia, sobre as origens ancestrais remotas, era conciliado aos interesses correntes da chefia em ter ascendência a essas origens. Linha a linha – ou "lado a lado" como dizem os havaianos – os ancestrais masculinos e femininos do chefe eram ligados às grandes genealogias cosmológicas, geralmente em algum ponto ancestral nas últimas dez ou doze gerações. Os livros também atestam de forma eloquente os interesses dos chefes de Maui e do Hawai'i por suas conexões com as antigas linhas ancestrais de O'ahu e Kaua'i, principalmente à linha Nanaulu. O efeito completo das genealogias reais quando diagramadas (p. ex., Fornander, 1969: folha final) é uma estrutura pouco elaborada nas primeiras vintenas ou centenas de gerações (i. e., um conjunto restrito de linhas patrilaterais que incluem o ramo júnior ocasional), para então tornar-se uma trama reticular de relacionamentos através de homens e mulheres nas gerações mais recentes. Mesmo assim, qualquer dessas representações não faz justiça às complexidades do parentesco da chefia nas gerações mais recentes, ocasionadas por uniões múltiplas e consanguíneas, primárias e secundárias.

19. Quanto aos direitos de posse de terras, além das habituais fontes sobre a chefia (nota 17) ver, entre outros, Handy (1965), Wise (1965), Lyons (1875) e o Comissário para as Terras Públicas (1929 1-12).

20. Para informações sobre os hábitos domésticos e sexuais na primeira metade do século XIX – a serem utilizadas com a sensibilidade e o cuidado necessário devido aos preconceitos das fontes missionárias – ver Wyllie (1846; cf. Malo, 1839). Ver também Handy e Pukui (1972), Keesing (1936) e Howard (1971) para observações mais recentes. Uma outra fonte reveladora sobre as práticas sexuais havaianas são os registros dos tribunais das décadas de 1830 e de 1840, quando um novo código de leis inspirado na moralidade puritana foi imposto ao reino. (Sumários estatísticos podem ser encontrados nos Arquivos do Havaí – "Tribunais, Miscelâneo", "Procuradoria Geral, Miscelâneo" etc. – material referente a casos julgados também nos registros dos Tribunais Distritais e Supremo Tribunal.) Como exemplo, uma tabela das condenações aparentemente referindo-se a todas as ilhas, incluindo uma pequena fração de casos envolvendo brancos – para 1838 (Kanoa [atrib.] 1839):

Transgressão	*Nº de condenações*
"Adultério"	246
"Impudência"	81
"Furto"	48
"Desordem"	32
"Perjúrio"	30
"Sedução"	18
"Motim"	15
"Homicídio culposo"	4

Ou ainda os casos dos Tribunais Distritais de Kaua'i, 1º de abril de 1846-1º de abril de 1847:

Transgressão	*Nº julgado pelo Tribunal Distrital*
"Fornicar"	140
"Roubo"	34
"Trabalho aos domingos"	21
"Brigas"	10
"Outras transgressões"	16

Em todas as estatísticas referentes a esse período, as transgressões rotuladas como "adultério", "prostituição", "fornicar", "alcovitar" (*wea-wea*), "sedução" e/ou "impudência" estão em ordem de quatro ou cinco vezes mais que crimes contra a propriedade e constituem a maior classe geral de processos do tribunal.

21. O argumento a favor da ausência de linhagens corporadas no Havaí, quer entre os chefes quer entre as pessoas comuns, é tomado em oposição às noções recebidas, relativas às famosas *'ohana* (p.ex., Handy e Pukui, 1972). A palavra *'ohana* tem, entre o povo, como referência primária as relações de parentesco egocêntricas, ou as redes locais de parentesco sob as ordens de um "chefe"* provincial, mas não estão referidas às linhagens corporadas ou, por assim dizer, sociocêntricas. Os copiosos registros e depoimentos sobre a grande divisão das terras (*Mahele*) de 1846-54, guardados nos Arquivos do Havaí, deixam claro que não havia nenhuma corporação de linhagem encarregada de segmentos de terras. O termo *'ohana* está praticamente ausente desses registros; nem tampouco eram as porções de terras *ahupua'a*, *'ili'aina* ou *mo'oaina*, ocupadas por grupos de descendência comum. Minha intenção é de desenvolver a exposição e argumentação completa desta questão em outra publicação.

* No original inglês, "*big man*". (N.R.T.)

22. Assim, temos uma argumentação análoga feita por Peter Huber com relação aos Anggor da Nova Guiné:

> A sociedade melanésia apresenta uma face distorcida quando vista como um sistema abstrato de direitos e deveres, ou de grupos e categorias fundados no parentesco. Se pensarmos a sociedade como sendo constituída pela sanção ou pela implementação ordenada de tal sistema, então a sociedade melanésia é ritualmente constituída através da produção de eventos que mobilizam as pessoas de uma certa maneira. Esses eventos não são necessariamente caracterizados pela inutilidade ou pelo sobrenatural – não são rituais nesse sentido – mas pelo fato de que são informados por esquema de classificação simbólica. Por atualizarem esses esquemas de classificação, eles constituem a sociedade (Huber, 1980:44-45).

2. Outras épocas, outros costumes (p.59 a 99)

1. Os capítulos sobre historiografia (Parte 1) de Stone em *The Past and the Present* (1981) fornecem uma ótima introdução à "nova história". Barraclough (1978), escrevendo sobre o mesmo assunto, também faz referência a Thomas Grey – será este um costume de historiadores ingleses radicados na América do Norte? Os comentários de Voltaire em seu *Essai sur les moeurs* são colocados por Le Goff em um ensaio próprio e muito pertinente à presente discussão; cf. Braudel (1980), Dumoulin e Moisi (1973), Gilbert e Graubard (1972), Le Goff e Nora (1974), Ricoeur (1980).
2. Fiz uma tradução livre do texto, tomando liberdades especialmente com a palavra *devenir*, sem alterar, a meu ver, a intenção de Durkheim.
3. Além de Frazer (1911-15), de Hocart (1969[1927], 1936), e de Dumont (1970), as ideias aqui apresentadas, referentes à soberania divina e à hierarquia, utilizam-se especialmente dos estudos antropológicos recentes de Heusch (1962, 1972, 1982), Valeri (no prelo), Geertz (1980), Tambiah (1976) e Adler (1978, 1982), bem como de clássicos mais antigos como Evans-Pritchard (1962), Frankfurt (1948), Dumézil (1948), Meek (1931), Kuper (1947), Krige e Krige (1943); cf. adiante Cap. 3. Não faço uma discussão taxonômica das diferenças entre "reis divinos", "reis sagrados", "reis mágicos" e "reis sacerdotes" – nem mesmo da diferença entre "chefes" e "reis". Com relação a esta última, concordo com Heusch que o Estado seja uma criação da soberania divina e não o inverso; sendo assim, a principal razão para diferenciar a soberania divina da chefia perde sua

força. Para uma discussão sobre os problemas taxonômicos em torno da soberania divina, assim como uma excelente análise de Jukun, ver Young (1966). Não há dúvidas de que a minha opção por uma categoria abrangente para sociedades heroicas, sem um olhar mais detalhado para suas variações, só pode ser vantajosa para os presentes propósitos teóricos e a curto prazo. Não tenho ilusões quanto à durabilidade ou ao valor da categoria.

4. Além de que, no caso de Fiji, um chefe pode literalmente ser filho da irmã em relação a outra chefia (por exemplo, *vasu ki Rewa vasu ki Mbau* etc.). Assim, temos uma relação entre coisas que aparentemente são de "natureza díspar". A personificação das forças políticas envolvidas nas relações de *vasu* (sobrinho uterino) são discutidas adiante.
5. O informante aqui citado é um dos "céticos", em um fascinante debate entre, os kuba, registrado por Vansina (1964:101-2), relativo à divindade do rei. Os céticos têm uma visão funcionalista da realeza; enquanto condição necessária de ordem em uma sociedade que de outro modo seria segmentar. Admitem que o rei tenha uma poderosa magia negando-lhe, entretanto, poderes divinos. Discussões ideológicas à parte, os kuba praticam um conjunto clássico de rituais através dos quais o rei é desprovido de suas relações de parentesco de nascença e é colocado acima e fora da ordem clânica da sociedade – ao mesmo tempo enquanto uma força da natureza, enquanto um representante do deus e enquanto um feiticeiro incestuoso.
6. A frase usual na ortografia ortodoxa de Fiji é *na lotu nei Ratu Cakobau*. Reverti a frase a uma ortografia mais antiga e heterodoxa, mais fácil de ser pronunciada por anglófonos. Perguntado uma vez por que não aprendia inglês, Thakombau respondeu que era porque tinha ouvido os ingleses falando sua língua.
7. Por outro lado, quando certos deuses de Mbau resistiram ao cristianismo, depois da conversão de Thakombau, o chefe reuniu os sacerdotes e os chicoteou (Waterhouse, 1866:265-66). As relações antigas dos sacerdotes/deuses com Jeová podem ser acompanhadas nos diários de Cross (por exemplo, 24 out. 1840), Hunt (18 fev. 1839: 10 maio 1839), Calvert (15 ago. 1841; 20 out. 1841), entre outros.
8. Paradoxalmente uma teoria de determinação pela infraestrutura, então aparecerá como sendo verdadeira para a história de Fiji – isto é, a propagação de uma nova fé (a crença em Jeová) segue-se à demonstração prática do poderio europeu, por causa do conceito preexistente de que esse poder tinha causas "sobrenaturais". Surge então a interessante questão de que, se em outros lugares também, a sequência mecânica de mudança

infraestrutural → mudança superestrutural, não depende igualmente do status *a priori* da atividade prática, um "esquema" cosmológico "das coisas". Embora essa compreensão possa negar a oposição radical entre pragmática e "ideologia", oferece certas vantagens óbvias, como o fim de simples "explicações" reflexo-funcionais de suas relações e um melhor entendimento do intercâmbio entre atividades materiais (*práxis*) e conceitos culturais (ver Cap. 5).

9. A resistência inteligente de Thakombau à pregação está documentada em todo o livro de Waterhouse, *The King and the People of Fiji* (1866). Incluindo sua indiferença em relação à sugestão de um bispo católico de passagem por Fiji, que contou que o motivo pelo qual os missionários metodistas fracassaram em obter acesso a Mbau foi que a Virgem Maria estava guardando o lugar para o catolicismo. "Thakombau então disse em resposta ao bispo que deixasse ele e sua cidade aos cuidados da Virgem, e que voltasse quando já estivessem convertidos." (*Ibid.*, p.196)

   Missionários protestantes no Havaí, duas décadas antes, estavam sendo sujeitados a experiências semelhantes de seus colegas de Fiji, "'Se ele [o rei Liholiho] abraçar a nova religião'", foi dito ao rev. Ellis em 1822, "'nós todos o seguiremos'" (Ellis, 1969:41). Um dia, quando o missionário Hiram Bingham foi admoestar o rei, que se encontrava realmente bêbado "e lhe disse que Deus não estava satisfeito com tal conduta", Liholiho respondeu que "'Eu próprio sou deus. Que diabos! Saia da minha casa'" (Hammatt: 6 jan. 1823). Durante os eventos seguintes, que incluem a morte do rei Liholiho, o cristianismo foi usado como um instrumento de poder pela mãe adotiva do rei e por seus irmãos (os da rainha), grupo que efetivamente governava, e da mesma maneira como em Fiji tornou-se um sucesso da noite para o dia (cf. Bingham, 1969). De fato, parecemos estar diante de uma grande regularidade ou de uma lei para as sociedades heroicas da Polinésia. Na Nova Zelândia também houve um quantum estatístico para o alto no processo de conversão por volta de 1828-39, após um período de sucessos relativamente parcos (em especial entre os escravos dos maori). Mais uma vez os chefes tinham tomado a liderança (Wright, 1959:141s.).

10. Durante a guerra Mbau Rewa, quando um importante chefe desertasse para as hostes inimigas, como foi, por exemplo, o caso de Thokanauto de Rewa, que foi para o lado de Mbau, levava consigo muitas aldeias e clãs a ele subordinados. A mudança era efetivada sem muitos embaraços porque, como comenta o reverendo Hunt, "Não importava o lado pelo qual se estivesse lutando, pois a luta era por seu chefe" (19 out. 1845). Derrick, no mesmo tom, parafraseia Tácito: "Quanto às pessoas comuns, as causas de seu chefe eram as suas próprias causas" (1950:78). Essas deserções são uma

boa demonstração da relação entre solidariedade hierárquica e consciência "tribal" ou "nacional", que discutiremos com mais detalhes adiante.

11. Não somente Rewa, mas também muitas das suas "terras guerreiras" (*bati*) ou aliados, estavam ausentes na batalha de Kamba, apesar da afirmação contrária de Derrick (1950:112). Além de Nakelo e sete guerreiros da terra chamada de Tonga, não encontrei menção histórica alguma aos aliados tradicionais de Rewa, em Kamba (por exemplo, Mburembasanga, Notho, Nuku etc.). Isto está de acordo com o que dizem informantes modernos, isto é, que apenas uma das onze ou doze cidades de Nakelo juntou-se aos inimigos de Thakombau na batalha final. E mais ainda, Calvert, que frequentemente visitava Kamba enquanto esteve ocupada por rebeldes de Mbau, relatou que esta última cidade (sob Ratu Mara) tivera a intenção de atacar Rewa depois de derrotar Thakombau, por esta ter entrado em acordo com Mbau quando da morte de seu chefe (Diário: 7 abril 1855).

12. Hocart faz da possibilidade de um colapso geral uma condição estrutural para a soberania divina:

> O rei deve testar a eficácia de sua consagração através do combate. Lutar pelo trono torna-se prática regular. As guerras do Oriente são em grande parte conflitos pessoais pela soberania, assim como foi a nossa Guerra dos Cem Anos. O patriotismo não é o incentivo: o povo luta meramente para apoiar o deus que traz o bem-estar. Se este for morto, eles perdem todo seu interesse pela questão e aceitam o vencedor. Exércitos persas, indianos e cingaleses dispersavam-se assim que o seu líder fosse morto, mesmo que estivessem vencendo (1933:272).

13. As mudanças de organização que se seguiram também testemunham uma historicidade heroica, não só pela capacidade de Shaka para introduzir o câmbio geral e rápido, mas na atenção que deu às solidariedades hierárquicas, enquanto reconstituía o estado de conquista. Ao repetir as vitórias de Dingiswayo, Shaka foi cuidadoso em não repetir sua política de deixar intactas a liderança e a organização das tribos conquistadas. Liquidando uma com a outra, e reagrupando os remanescentes dos exércitos inimigos no sistema de regimentos zulu, Shaka construiu uma ordem evitando as falhas das ambições hegemônicas de Dingiswayo, ou seja, o sistema de confederação que tinha dividido os interesses das tribos por seus líderes ainda estarem vivos (Bryant, 1926; Flynn em Bird, 1888; Isaacs, 1970; Krige, 1936; Wilson, 1969).

14. Relatos em primeira mão desses incidentes são dados por Flynn (em Bird, 1888:81-84, 91-93) e Isaacs (1970:108s.). John Kelly escreveu uma

excelente tese de mestrado "Conquista Mongólica e Terror Zulu: Uma análise de mudança cultural", com uma análise cultural detalhada do esquema de dominação heroica zulu (Chicago University, Department of Anthropology, 1982).

15. Sobre ritos mortuários de governantes havaianos, ver Handy e Pukui (1972:156-57); Kamakau (1961:104-7); Ellis (1969:175s.); Stewart (1970 [1830]:216); etc. Coloco antiestrutura entre aspas para marcar as habituais reservas ao conceito de *communitas* de V. Turner (1969), enquanto uma condição de solidariedade amorfa, em oposição à ordem estrutural (*societas*). Obviamente, não é uma ausência, mas uma inversão de estrutura, tendo, portanto, forma própria, cuja alternância com a monarquia normal significa relações importantes de soberania (ver Cap. 4).

A história havaiana também dá testemunho do colapso "real" (ou da incapacidade) de uma reação coletiva a uma ameaça militar na ausência do governante. O comandante naval inglês Broughton fornece um exemplo da revolta de 1796, quando um chefe rival de Kamehameha, aproveitando-se de sua ausência, tomou a maior parte da ilha do Hawai'i com facilidade. Nem seria de se esperar muita resistência, pois não havia quem a liderasse:

> Ele [o rebelde Namakaeha] agora possuía quatro dos seis distritos [da ilha], e estava se aproximando de Karakooa [Kealakekua], onde existiam poucas chances de haver resistência, porque o povo estava com pouca disposição para a luta, não havendo um chefe que os liderasse; de fato, a única pessoa de alguma posição era Mahooa, que havia perdido a visão. Ele queria muito ir conosco para Wohahow [O'ahu] para que pudesse explicar o ocorrido a Tamaahmaah [Kamehameha], mas o povo, não tendo outro chefe, não permitiu (Broughton, 1804:69).

16. A descrição de Gifford da segmentação heroica estava destinada a tornar-se um célebre locus de contenda entre especialistas sobre a Polinésia:

> Tudo aponta para a necessidade de haver uma linha de chefes poderosos como um núcleo em torno do qual a linhagem se agrupa. Sem tais chefes a linhagem parece esmorecer e morrer, seus membros se ligam gradualmente a outras linhagens de crescente importância. Esse processo de realinhamento natural fere a regra de descendência patrilinear que determina, em teoria e em grande parte na prática, a condição de membro de uma linhagem (Gifford, 1929:30).

O ponto final a estas discussões foi dado (ou ao menos deveria ter sido) pela cuidadosa descrição da organização Tonga realizada por Elizabeth Bott (1981), juntamente com excelentes exemplos do processo de segmentação em questão (p.41ss.). Uma das lições que se pode tirar dessa controvérsia é que não deveríamos esperar uma "consciência de linhagem" das populações subordinadas às sociedades hierárquicas da Polinésia. Na verdade, no Havaí, onde a segmentação heroica é levada ainda mais longe, desde a liderança dos distritos até os níveis relativamente baixos de segmentação, redistribuída por cada governante entre seus parentes quando de sua ascensão, a ordem de linhagem foi completamente erodida. Nem tampouco se poderia esperar que o povo tivesse suas próprias linhagens extensas e assim ter suas próprias linhas seniores e relações colaterais de solidariedade, em oposição àquelas dos chefes que lhes são constantemente impostas. As formas mais sutis da formação de "clãs" por governantes foram documentadas por Schwimmer (1963, 1978).

17. Chadwick escreve sobre "a instabilidade da sociedade heroica":

> Os seguidores militares de um rei pacífico se dispersavam, a menos que esse fosse muito rico e generoso, enquanto a maior parte da população não era nem levada em conta. Na ausência de uma organização nacional verdadeira ou de um sentimento nacional, tudo dependia das qualidades pessoais do líder. Os ostrogodos, sob Teodorico, eram o principal poder na Europa, mas, menos de trinta anos depois de sua morte, todos haviam desaparecido e não mais se ouviu falar deles. Sob os comandos de Dusan os sérvios pareciam estar destinados a absorver tudo aquilo que ainda restava do império grego; mas após sua morte, deixaram de oferecer qualquer resistência aos turcos. Os reinos da época heroica grega parecem ter sucumbido a antagonistas bem menos formidáveis. Os casos são tão numerosos que talvez seja justificado pensar que o desastre seja o fim natural das tais épocas (Chadwick, 1926:461-62).

18. Sobre as intrigas da realeza dos estados fiji de Mbau e Rewa, ver Waterhouse (1866), Derrick (1950) ou Wilkes (1845, vol. 3); em relação a Lau, ver Hocart (1929), Reid (1977). Para exemplos análogos europeus ver Chadwick (1926:338s.).

19. O "eu heroico" é encontrado em Maori, Tonga, Fiji, entre os yoruba assim como entre os luapula e provavelmente em outras ordens hierárquicas. Esse uso é discutido em Sahlins (1981) como o "eu de parentesco" segundo o que fora estabelecido por Johansen (1954) para os maori. No caso maori o "eu" é relativamente democrático apesar de o chefe ter mais probabilidade do que outros de usar a primeira pessoa do singular, quando referindo-se a ancestrais notáveis ou ao clã (*hapu*) como um todo.

20. A estrutura de governo fiji é analisada com maiores detalhes culturais adiante (Cap. 3).
21. A constituição de relações a longo prazo, baseadas em um "casamento fundador", possivelmente lendário, é característica de sistemas de sucessão posicional. E o peso diferencial dado ao casamento aristocrático é a razão baseada em princípios, válida ao menos para certas sociedades, de por que a distinção entre casamentos prescritivos e preferenciais não precisa ser acolhida pela análise estrutural. Portanto, a regra de troca generalizada, que às vezes opera entre os chefes supremos, parece ser tão crítica à organização da sociedade de Tonga, quanto mínima na prática social. De qualquer modo, nas sociedades da Polinésia, as pessoas comuns praticamente não se casam, falando em termos rituais, em oposição a coabitação (*noho pu*), cuja duração e resultado são incertos até que os filhos nasçam e sejam assumidos.
22. Nos reinos (austronésios) da Polinésia, a reserva de conhecimento genealógico/histórico (e consequentemente cosmogônico também) para a elite era marcada de modo similar. Como podemos ver em um dos primeiros relatos sobre Tonga do missionário John Thomas:

> Podemos observar que o conhecimento sobre os deuses, suas origens, ou da origem das coisas terrenas, não era assunto comum, nem estava no âmbito de conhecimento das pessoas comuns, nem em suas preocupações; seu dever era obedecer aos chefes, os quais tinham sido informados, por pessoas de maior importância, daquilo que deveria ser feito, e quais as crenças relativas às coisas sagradas. Uma dessas chefes de mais alta posição, e ela mesma vista como uma semideusa, era a falecida Tamaha [sobrinha sororal do rei sagrado, Tui Tonga] – uma senhora muito inteligente – um oráculo vivo; era realmente muito interessante ouvi-la contar os eventos passados, com os nomes dos chefes que governaram e os nomes de suas esposas e famílias de muitas gerações já passadas. Esse tipo de informação era, aparentemente, confiado a membros desta e de outras das grandes famílias, que eram muito ciosos da mesma, e a comunicavam fielmente às pessoas apropriadas para sua guarda (Thomas, MS).

Assim também, Kamehameha, o famoso conquistador do Havaí, escolheu a filha do seu irmão como repositório do saber e da genealogia dos chefes:

> O sistema pelo qual era instruída era extremamente rigoroso. Pessoas empregadas pelo rei atuavam como professores, e ela era confinada durante muitas horas diárias da maneira mais restrita, com poucas in-

terrupções por muitos e muitos anos (*The Polynesian*, 21 de julho 1845, [Honolulu]; obituário de Kekauluohi).

23. Excelentes exemplos desse tipo de reflexão autobiográfica podem ser encontrados entre os testemunhos prestados à Comissão de Fronteiras do Reino do Havaí, na década de 1860: Departamento de Terras e Recursos Naturais, Livros da Comissão de Fronteiras nos arquivos do Estado do Havaí.
24. A relação entre a fofoca comum e, digamos assim, as genealogias reais é ilustrada de maneira feliz pelos povos de Luapula pela etimologia e pelo destino da palavra *ilyashi*, que se refere aos "assuntos" ou "tradições" do grupo. Esta palavra é proveniente do platô de Bemba, onde tem o sentido meramente de "fofoca"; no entanto, ultimamente esse sentido vem sendo substituído pela palavra inglesa *meaning*, significado, sentido.
25. A prática histórica ilongot é, em muitos casos, a antítese da "mitopráxis" maori, que será descrita em breve, por isso é necessário ressaltar a observação de Renato Rosaldo de que "até o mais bruto de todos os fatos brutos é mediado pela cultura... Comentários dos ilongot sobre seu passado estavam incorporados a formas culturais que enfatizam certos fatos da vida enquanto silenciam sobre outros, através da forma padronizada de seleção, avaliação e ordenação do mundo, ao qual davam conta" (1980:17-18). Caso contrário, a ideologia ilongot poderia evocar no etnólogo um individualismo metodológico radical. Felizmente, Rosaldo consegue também ligar a consciência histórica ao sistema de casamento, uma combinação de casamentos complexos e trocas matrimoniais que unificam cada geração, enquanto as opõe às gerações adjacentes, e também mostrar os ciclos de repartição e coalescência de parentesco (cf. 1980:199).
26. Ou, ao contrário, o sentido é de que o homem que antes preservava o seu *tapu*, da próxima vez o misturará com a mulher, e assim o perderá, uma interpretação que é apoiada pelo conceito maori de relação sexual enquanto morte do homem (ver adiante).
27. Os maoris... descrevem o passado como *nga ra o mua*, "os dias em frente", e o futuro como *kei muri*, "atrás". Eles se movem em direção ao futuro com os olhos no passado. Para decidir como agir no futuro, examinam o panorama histórico disposto diante de seus olhos e selecionam o modelo que for mais apropriado e mais útil entre os muitos ali apresentados. Isso não significa viver no passado mas sim utilizá-lo como um guia, trazendo o passado para o presente e para o futuro (Metge, 1976:70).
28. Os discursos feitos pelos chefes maori amistosos numa reunião com o Governador durante a guerra estão parcialmente preservados na corres-

pondência do então governador, Fitzroy. Porém, esses discursos "eram tão repletos de alusões alegóricas e respostas a antigos costumes maori, que grande parte deles não era compreendida pelos missionários, que não podiam traduzi-los para o inglês" (Buick, 1926: 41n.; cf. Carleton, 1874, 2:78-79). Best descreve da mesma maneira os conselhos de guerra, onde, "eram feitos os discursos mais emocionantes e mais eloquentes, discursos cheios de provérbios e aforismas antigos com inúmeras alusões aos célebres feitos dos ancestrais e aos mitos clássicos da raça polinésia" (1902-3:46).

29. As ideias aqui apresentadas, relativas ao senso histórico dos maori, foram especialmente estimuladas por e devem muito a Johansen (1954) e a um trabalho inédito de Gregory Schrempp, "O Padrão da Mitologia Maori".

30. As principais fontes da presente discussão referentes à rebelião de Heke são: Buick (1926), Burrows (1886), Carleton (1874), Cowan (1922), Sinclair (1972), Wards (1968), W. Williams (1867), e o relato feito a Maning por um chefe anônimo dos ngapuhi que lutou do lado britânico (Maning, 1906:220-323). Os livros de J. Rutherford, sobre a guerra de Heke e o Tratado de Waitangi, não me foram acessíveis até o momento em que escrevo (mas, ver Rutherford, 1961: Cap. 8). Nem (infelizmente) pude consultar os arquivos abundantes na Inglaterra e na Nova Zelândia.

31. Heke poderia, alternativamente, estar se referindo aos ingleses, franceses e americanos, as três variedades *pākehā* pertinentes a esse período da história maori; ou até mesmo às principais divisões de europeus locais, soldados, marinheiros e colonos, durante a rebelião, que também eram considerados pelos maori como vindos de tipos ancestrais distintos. O Anônimo de Ngapuhi fala de acordo com essa última distinção sobre os soldados e marujos ingleses, quando da primeira batalha contra os rebeldes:

> Que povo vistoso são esses soldados! Pessoas finas, altas e bonitas; todos parecem ser chefes; e o seu avanço é como o avanço feito por maçaricos voando no ar, tão ordeiros e retos. E, junto aos soldados vieram os marinheiros; eles são de uma família diferente e vieram buscar vingança pelos parentes que perderam na luta em Kororareka. Eles se vestiam com roupas diferentes das dos soldados, com pistolas curtas e espada[s] longas e pesadas; eram um povo que ria e falava mais que os soldados e exibiam suas pistolas enquanto avançavam e comiam tabaco (Maning, 1906:248).

32. É concebível que esses mastros tenham sido tomados por sinais de *tapu* (*rahui*), o que também era uma das opiniões dos maori a respeito do mastro em Kororareka, pelo menos enquanto os impostos alfandegários ainda estavam em funcionamento (antes de 1844). Mesmo que assim

fosse, o mastro teria essencialmente o mesmo significado dos *tūāhu* e de outros mastros (ver adiante).

33. A existência de um mastro negativo (ou "escuro") no *tūāhu*, por oposição ao positivo (ou "claro"), está geralmente relacionada à função de preservação, pela absorção ou neutralização dos malefícios – daí o aspecto feminino do mastro negativo, com analogias ao papel das mulheres vivas nas transformações *tapu*. As aparas do cabelo do chefe, por exemplo, poderiam ser postas no *tūāhu*, assim protegendo o chefe e a comunidade da exposição por negligência de tão perigosa substância. Da mesma maneira, a latrina da aldeia – em especial, a trave onde as pessoas se agacham, separando a vida (à frente) da morte (atrás) – também pode ser conhecida por *tūāhu*, e é o local de famosos rituais.

34. Cf. Shortland, 1882:69-70. A diferença na estória de Manaia, coletada por Grey, é que os colonizadores originais tinham deixado de construir por descuido um *tūāhu*; portanto, quando os recém-chegados puderam mostrar o lugar sagrado que haviam construído, Manaia foi forçado a aceitar as suas reivindicações sobre todas as outras coisas, incluindo as casas e clareiras feitas por seu povo (Grey, 1956:179-80). O informante ngati-awa de Best dá uma outra versão, que talvez seja mais pertinente à presente discussão. Pio, que se orgulhava de descender do povo nativo da terra (*tangata whenua*), tomou cuidado, ao falar com Best, para assinalar o fato de que o *tūāhu* dos imigrantes na realidade era o local sagrado (*pouahu*) do povo original, e assim condensava em uma frase a usurpação empreendida por estrangeiros violentos e aristocráticos.

35. Considerando o valor geral e produtivo do mito de Tāne, não é surpreendente que haja a elevação ritual de mastros, feita no interesse de um indivíduo ou grupo, em diversos contextos exteriores ao *tūāhu*. O mastro ao lado direito da entrada da fortificação maori pode guardar o *mauri* do local; chamado de *pou reinga*, aparentemente fazia a ligação do fortim com Hawaiki (= Reinga; cf. Skinner, 1911:76; H.W. Williams, 1975:297). Os tūhoe podiam elevar um mastro para ser o *mauri* pessoal de uma criança, prática análoga à de outros lugares onde se planta um galho utilizado no rito de "batismo" (*toni*) (Best, 1976:365).

36. Hone Heke certamente era um *parvenu* em termos geracionais, e provavelmente também o era em termos genealógicos dentro da "tribo" ngapuhi. Baseado nisso (entre outras coisas) é que Tamati Waka Nene – ele mesmo era aparentemente um chefe ngapuhi de sangue nobre (cf. Wilkes, 1845, 2:383-84) – convocou a oposição maori para lutar contra Heke (Burrows, 1886:5, 14-15; Davis, 1876:80; Shortland, 1856:264; Carleton, 1874: passim; Rutherford, 1961:78). Com relação a Hongi Hika,

seu famoso precursor, a carreira de Heke é realmente clássica, não somente em termos de seu casamento com a filha de Hongi, mas também por Heke ser filho da irmã ou, ao menos, filho da irmã classificatória de Hongi, segundo o que consigo entender dos comentários um tanto obscuros de Carleton (1874,2:13-14n). Deve-se notar que Hongi teve filhos varões, que herdaram a sua propriedade e que pelo menos dois estavam vivos quando da rebelião de Heke (Carleton, 1874, 2:61-62; Davis, 1876:56). Por outro lado, não há dúvidas de que Heke tivesse assumido o lugar ou mesmo a pessoa de Hongi aos olhos dos maori, tomando, assim, para si alguns de seus inimigos: "Eles vieram em auxílio de Walker [Tamati Waka Nene] em busca de vingança contra Hongi Ika, pois Heke e Hongi são iguais" (Anônimo de Ngapuhi, em Maning, 1906:241; cf. p.232). Heke escolheu o local onde supostamente Hongi havia proferido suas últimas palavras, *kia toa! kia toa!*, "Sejam corajosos! Sejam corajosos!", para iniciar a sua resistência contra os ingleses. Heke construiu nesse local o fortim Te Kahika, "O Ancestral".

O sistema de alianças e de inimizades desenvolvidas durante a época de Hongi, muitas das quais já haviam sido estabelecidas muitas gerações antes desses eventos, tornou-se por sua vez uma *estrutura de traço* (como poderia ser chamada) da rebelião de Heke (cf. Smith, 1910; Buick, 1926:100n; Wright, 1959; Maning, 1906). Essa estrutura foi herdada com todas as falhas ou divisões/oposições geográficas no interior de Ngapuhi, já que parece claro que a "tribo" Ngapuhi foi, em grande parte, reunida por Hongi (cf. Binney, 1968:58n; Carleton, 1874, 1:65-68; 2:41-43). De forma dialética e seletiva, a estrutura de traço influenciou em 1844-46 o conflito entre Waka e Heke. Waka, por sua vez, baseado no tradicional modelo maori, invocava laços biográficos com os *pākehā* ("europeus") para explicar sua aliança com o governo (Maning, 1906; Davis, 1876:18-19, 34s.; White, 1887-90,5:210-11; Shortland, 1856:232-34).

37. O ponto de vista aqui apresentado é semelhante ao de Sinclair, que menciona a depressão econômica de 1840-44 como a circunstância catalisadora, embora não fosse a decisiva, em virtude do que revelou para os maori sobre a situação colonial (1972:65-66).

38. As assinaturas hieroglíficas que foram apostas ao tratado são usualmente descritas como as tentativas dos chefes em copiarem suas tatuagens faciais (para um fac-símile das assinaturas no Tratado ver Buick, 1936: em frente à p.352). Hone Heke foi o primeiro a assinar o Tratado dessa forma. Uma questão documental muito discutida é se Heke tinha apoiado fortemente ou atacado com veemência o Tratado, no dia anterior à sua assinatura (cf. Buick, 1936:140n).

Charles Wilkes, comandante da Expedição Exploratória americana, estava na baía de Islands, dois meses após a assinatura do Tratado. Seus comentários sobre os chefes maori em geral e sobre Pomare, um importante chefe Ngapuhi em particular, sobre o que haviam assinado, sem dúvida servem aos interesses americanos, mas nem por isso deixam de ser caracteristicamente maori:

> Até onde a compreensão dos chefes chegue, eles não acreditam ter alienado quaisquer de seus direitos ao solo, mas o consideram apenas como uma concessão pessoal, não transferível. Na entrevista com Pomare, quis saber a impressão que nele havia ficado. Vi que não parecia ter desistido de sua autoridade, nem de qualquer porção de terra de forma permanente, ainda mais que não lhe seria possível desistir da última, porque a terra não era sua, mas de toda sua tribo. Toda vez que esse assunto era mencionado, depois de responder às perguntas, ele invariavelmente falava da bela figura que faria de uniforme escarlate e dragonas, que lhe seriam enviados pela rainha Vitória, "e então que homem bonito ele seria!" (Wilkes, 1845, 2:376).

39. Depois de ter escrito essas linhas, fiquei feliz em encontrar uma explicação abalizada e antropológica para as mesmas:

> Há duas versões [do Tratado], uma escrita pelo capitão Hobson em inglês e outra, substancialmente ambígua, escrita pelo reverendo Henry Williams em maori. A versão inglesa dizia que os maori perderiam a sua "soberania". A versão maori dizia que eles perderiam sua "kawanatanga", uma palavra cunhada para os fins do Tratado e desprovida de significado a não ser no contexto da lei constitucional ocidental, da qual os maori eram completamente ignorantes. O Tratado em inglês garantia suas terras aos maori; em maori a palavra foi escrita como "rangatiratanga" que, de fato, pode significar posse, mas pode igualmente significar "chefia". Em 1840, um maori teria grande dificuldade em discernir aquilo de que ele teria aberto mão (kawanatanga) e aquilo que teria mantido (rangatiratanga) (Schwimmer, 1966:107).

40. Desde que esse trabalho foi lido e publicado pela primeira vez, fiz uma breve visita à Nova Zelândia, onde soube que o famoso mastro no alto de Kororareka – atualmente Russel – fora atacado duas vezes em 1982-83, por grupos maori de protesto. No segundo atentado, em 27 de fevereiro de 1983, foram colocadas duas cargas de gelatina em torno do revestimento de cobre do mastro, e embaixo foram pintadas duas frases na plataforma de concreto: uma em maori "Lutaremos até a morte", e

outra em inglês. "O tratado está morto" (*New Zealand Herald*, 28 fev. 1983). Graças ao Dr. Bruce Sutton, pude ver como mastros continuam sendo relevantes aspectos dos *marae* (recintos cerimoniais e comunitários) modernos dos maori. O Dr. Sutton também enviou-me uma foto onde o mastro era a continuação da barra vertical do crucifixo – cf. os comentários no texto referentes ao deus próximo ou dentro do mastro.

3. O rei-estrangeiro (p.100 a 131)

Este capítulo é dedicado à memória de Pierre Clastres.

1. Os mitos havaianos registrados sobre o retorno de Lono, que o identificam com o capitão Cook, datam da segunda e terceira décadas do século XIX, o mais tardar quarenta a cinquenta anos depois da viagem de Cook (ver Cap. 4, nota seguinte). Existe uma controvérsia tanto a respeito da antiguidade desses mitos quanto à forma tradicional do Makahiki, ou cerimônia do Ano-Novo à qual estão referidos. Certos aspectos do mito em suas formas mais recentes foram elaborados claramente para dar conta da vinda de Cook. Por outro lado, os mitos fazem alusões às lendas épicas dos antecessores reais de Cook no papel de Lono da ilha do Hawai'i, especialmente a Lono-i-ka-makahiki e Ka-'I-mamao e provavelmente também a La'amaikahiki de Kaua'i e O'ahu, e de fato incorporam suas relações e incidentes (cf. Beckwith, 1972). É muito menos questionável a autenticidade desse corpo épico e, tanto na estrutura quanto nos detalhes, as lendas incorporam a mesma estrutura que é representada nos ritos do Makahiki, assim como nos mitos Cook/Lono mais recentes. Além disso, as cerimônias do Ano-Novo, associadas ao surgimento das plêiades em novembro, são pan-polinésias ou até mesmo austronésias, entre as quais o Festival Makahiki do Havaí é apenas uma versão local (cf. Makenson, 1941). Igualmente, os temas de Orfeu-Eurídice e de Deméter-Perséfone, que falam do drama cosmológico de morte e vida sazonal encenados em Makahiki, são encontrados em outras partes da mitologia havaiana e polinésia (Handy, 1927:81-82). De todos esses fatos, é possível concluir judiciosamente que as vindas de Cook em janeiro de 1778 e novamente em novembro de 1779 tiveram precedentes míticos e cerimoniais específicos, provavelmente bastante próximos às versões registradas por volta de 1820-30.
2. As principais fontes de arquivos e publicações estão citadas no texto e nas notas do Capítulo 4.

3. "A Wary Reasoning: Humanities, Analogies and Social Theory", conferência apresentada na Chicago University, 15 de dezembro de 1979.
4. Balandier (1967:125) citando P. Valery: "O ato político age sobre os homens de uma maneira que evoca as 'causas naturais'; eles se submetem a isso da mesma maneira que se submetem aos caprichos do céu, do mar e da crosta terrestre." "A analogia", comenta Balandier, "sugere que o poder se coloca acima e além da sociedade."
5. Dumézil provavelmente está se referindo às "cerimônias de coroação" de Fiji, descritas por Hocart em *Kingship* (1969 [1927]). (Ver também Dumézil, 1948, 1949, 1968, 1977, entre seus muitos trabalhos sobre sociedades indo-europeias.) Sobre o problema da classificação de "reis-divinos", "reis-sacerdotes" e "reis-mágicos" etc., ver nota 3, Cap. 2. Nos sistemas polinésios, um governante atuante da ordem de um rei-mágico e um rei-divino sacerdotal são partes complementares da mesma soberania (diárquica) (cf. Valeri, 1982).
6. Os progenitores lendários dos chefes havaianos foram Wakea e Hoohokuokalani, esta última filha de Wakea com Papa. Essa estória é a contrapartida humanizada do mito maori, em que o deus Tāne gera os seres humanos, copulando com uma mulher feita do *mons veneris* de Papa ou Terra, a mãe de Tāne (ver Cap. 2). As lendas havaianas e maori estão, em geral, desta maneira, em contraste como versões míticas e épicas respectivamente dos mesmos temas (cf. Dumézil, 1949, 1968, 1977). No interior desse contraste geral, no entanto, ambas tendem a passar para o gênero histórico de discurso em relação aos heróis mais recentes, enquanto mantêm as relações de categoria dos mitos antigos.
7. Descrições das cerimônias de instalação em Lau e em Bau – as últimas sendo referentes ao rei de guerra Vūnivalu – são encontradas em Hocart (1929). Outros textos sobre os ritos de Bau incluem: Hocart (HF) e Tippett (1973:91ss.). Hocart (1952) também fornece informações sobre as instaurações Vanua Levu, em suas notas de campo de Fiji (FN) assim como para outras áreas. Sobre Moala, ver Sahlins (1962:386-88). Registros da investidura do supremo chefe de Lau em 1969 (Tui Nayau/Sau ni Vanua), incluindo os programas, as fotografias oficiais e um relatório bilíngue em *Na Tovata*, estão guardados na David Seidler Collection, Turnbull Library (Wellington). Seguramente o relato mais útil me foi generosamente fornecido pelo Sr. Stephen Hooper, da Cambridge University, tirado de suas próprias notas de campo, registradas em 1980, a partir de relatos de participantes das cerimônias de 1969. Agradeço sinceramente ao Sr. Hooper por seu auxílio universitário – sem o qual a minha análise ficaria empobrecida em muito.

8. Em fotografias do que seria aparentemente o segundo estágio dessas cerimônias, no movimento que vai da casa do chefe até a área cerimonial, o chefe é escoltado também por mulheres idosas, enquanto outras mulheres, em duas filas, margeiam o tecido de casca de árvore sobre o qual o grupo avança. Esse é apenas um entre os muitos rituais de nascimento (– surgimento) do chefe feito por mulheres da terra. Mais uma vez, a presença e os gritos dos guerreiros reunidos no desembarque do chefe na noite anterior sugerem a captura do rei-imigrante-do-mar pelo povo autóctone da terra. Adiante, forneço outros detalhes proeminentes dos rituais que dizem as mesmas coisas de maneiras diferentes. Menciono-os aqui para indicar o quanto simplifico e dou ênfase seletiva às riquezas simbólicas das cerimônias de instalação.
9. Diversas versões das lendas da chefia de Lau podem ser encontradas em Reid (1977), Thompson (1940:162), Hocart (1929: passim), Dranivia (MS), Swayne (MS) e Hocart (FN: 2792 s., 3207s.). O advento da linhagem original de chefia contada de uma forma mais mítica é recontada por Fison (1904:49-58), em uma estória de estrutura igual à das lendas de Lau, mesmo sendo contada de forma ainda mais fabulosa.

   A eventual vitória de uma linha mais júnior da chefia é um aspecto padrão das tradições reais de Lau, assim como o é em muitas (todas?) regiões de Fiji. Também é típica a repetição do drama da usurpação em vários estágios da saga da chefia, chegando até tempos recentes. Alguns desses embates trazem ao poder novas linhas de descendência (*yavusa*) havendo assim uma sucessão de dinastias no interior do próprio "clã" dominante (*mataqali*). Famílias de chefia (*malosivo*) que foram substituídas aparecem na organização atual de Lakeba como líderes dos grupos autóctones da "terra", muitas vezes tendo funções sacerdotais. A deposição de uma linha sênior por uma júnior representa frequentemente a domesticação da chefia: a substituição de um governante mais terrível, com tendências a alimentar-se de sua própria gente, por um disposto a alimentá-la (e.g., Pokini e Qilaiso na tradição Lakeba). Hocart (1936) registra, como um aspecto estrutural, esse deslocamento do sacrifício humano e do canibalismo para as relações externas da sociedade. Finalmente, as sucessivas usurpações lendárias podem significar mudanças no valor político de diferentes padrões de casamento nos diferentes estágios de formação social. Os príncipes estrangeiros originais estão ligados por casamento aos "donos" nativos: são tomadores de mulheres e filhos da irmã em relação ao povo autóctone (*vasu i taukei*). Porém, deslocamentos mais tardios do poder para outras famílias ou para linhas juniores também são afirmados por alianças externas vantajosas. Aqueles que agora chegam ao poder são desse modo os filhos da irmã ou "sobrinhos-netos" (*vasu levu*) de poderosas chefias exteriores. Portanto, enquanto os chefes de Lau eram originalmente *vasu* do povo nativo de Lau, os chefes posteriores eram sucessivamente *vasu* de Caukadrove, Bau e Tonga. A tendência continua: o atual herdeiro presumível seria *vasu* de Rewa.

10. Os informantes masculinos vanua levu de Buell Quain contaram que eles ficam com água na boca quando veem uma bela mulher (Quain, 1948:322n).
11. É, de fato, apenas uma forma polida que os povos dominados, ao darem um banquete para o chefe, se ofereçam para ser nele incluídos: – "os homens são o banquete."

> Uma pequena cesta [o banquete] cá está na presença de vocês dois [o chefe], e um frágil ramo de um toco [a raiz do kava] que eu coloco na presença de vocês dois. Não há mais nada para se comer com isso. Seja gracioso; se, não for suficiente, nós somos o complemento. Os homens são o banquete (Hocart, HF, homenagem ao chefe supremo de Namata, Viti Levu).

12. Não deveríamos notar também a duração histórica mais longa na qual a monarquia é substituída pela república, para ser substituída por sua vez pelo imperialismo totalitário – ou mesmo a repetição do ciclo na história europeia moderna?
13. Lembremos a notável comparação tripartite operada por Frazer, na segunda edição de *O ramo de ouro*, entre o festival hebreu do Purim, o festival babilônico de Sacaea e a Paixão de Cristo. A justaposição de Mateus 27:26-31 com Dio Chrysostom sobre o falso rei de Sacaea dramatiza a semelhança, ponto por ponto – menos a apropriação da mulher na versão cristã.

> Então ele [Pilatos] soltou Barrabás para eles: e quando havia flagelado Jesus, entregou-o para ser crucificado. Então os soldados do governador levaram-no para o grande salão e o grupo inteiro de soldados se acercou dele, tomaram a cana de sua mão e com ela bateram na sua cabeça, e depois de terem escarnecido dele, lhe tiraram o manto, e lhe colocaram as suas próprias vestes e levaram-no embora para ser crucificado.

Comparem este tratamento do "Rei dos Judeus" com o rei da Sacaea (na versão de Frazer do Dio Chrysostom):

> Eles tomam um dos prisioneiros condenados à morte e o sentam no trono, e lhe dão os trajes do rei e deixam-no governar e beber e fazer esbórnia e se utilizar das concubinas do rei durante esses dias. Nenhum homem o impede de fazer aquilo que quiser. Mas, depois, tiram suas roupas e o flagelam e o crucificam (Frazer, 1900, 3:187).

A inserção da crucificação que Frazer fez no contexto das cerimônias de renovação foi consideravelmente atacada; na terceira edição de *O ramo de ouro* ele professa essa interpretação como sendo incerta, relegando-a a um apêndice (cf. Dorson, 1968:285-86). É digno de nota, no entanto, para nossos atuais propósitos, que essa cena da Sacaea, que ele uma vez achou tão parecida com a crucificação, apareça na versão de volume único (de 1922) em conexão direta com o festival de Makahiki do Havaí, como um ritual de mesmo tipo (Frazer, 1963 [1922]: 328-29).

14. Em Lau, as mortes dos chefes não eram resultado de guerras do povo – pois esse é um conceito ausente das lendas de Fiji e da história registrada (Derrick, 1950:48) – mas efeitos das rivalidades nas famílias reais. Aí, então, o povo poderia tomar partido dos rebeldes reais, quando liderados por uma de suas linhas seniores, ou por seus clãs ou suas aldeias. Veremos adiante que esses clãs súditos tinham obrigações definidas e limitadas para com o chefe dominante; quando pressionados além desses limites poderiam revisar suas lealdades. Em uma outra publicação, mostrarei como as ambições transcendentes e exigências extraordinárias de Cakobau (Thakombau) durante as grandes guerras de Fiji do século XIX incitaram o ressentimento geral e deserções para o campo inimigo quase causando sua queda. O regicídio no Havaí era um vicio aristocrático, ao menos é o que parece pelos registros históricos e proto-históricos, mesmo se o distrito de Ka'u fosse conhecido por suas lendas sobre os assassinatos dos "maus reis" pela população (ver p.120-1 deste capítulo). Conclui-se, portanto, de tudo o que foi exposto, que a ação heroica não é absoluta (cf. Cap.2). Quando tomada sem consideração pelas relações costumeiras, coloca o rei (mas não a soberania) em perigo. Pode-se dizer da oposição entre "Estado" e "Sociedade", aqui discutida, que esta coloca o limite máximo – mesmo se relativo estrutural e historicamente – às pretensões e inovações heroicas, ou seja, uma determinação negativa "além da qual não se pode ir".

15. Os mitos de Tonga, relativos às origens do kava, são extensivamente analisados por Bott (1972) e Leach (1972). Para Rotuma, ver Churchward (1938-39) e Gardiner (1898). A versão registrada por Hocart para Lau é bastante similar às lendas de Tonga, como se poderia esperar dos contatos históricos e pré-históricos conhecidos. Há nos escritos inéditos de Hocart o comentário, um tanto mistificante, de que a criança da terra, de cujo corpo a planta do kava brotou, era um menino e não uma filha do povo como ocorre em Tonga. Essa transformação tem um paralelo na utilização de servidores masculinos para o kava em Fiji, enquanto em Tonga são femininos. As notas de campo de Hocart (FN: 3220-22) relativas a esse mito apenas fazem referência a uma "criança" (*luve*) que

habitava no mato (*lekutu*) do interior. Porém, o manuscrito original de sua etnografia Lau (WI) identifica a criança como um filho. No mito de Cakaudrove-Natewa, reproduzido no Northern States de Hocart (1952:127), a vítima e fonte do kava não somente é masculina, como também é um jovem chefe da terra (status de Natewa enquanto *bati* ou aliado terrestre em relação a Cakaudrove) no auge de sua virilidade. O rei-estrangeiro é assim envenenado pelo chefe original do povo. Estou inclinado a pensar que a transformação dos mitos de Tonga-Rotuma é autenticamente fiji, porém as evidências não são conclusivas já que a estória de Cakaudrove-Natewa tem traços suspeitos da Paixão de Cristo. Da maneira como é descrita brevemente (neste texto), a interpretação completa do mito requer a consideração do ritual de servir o kava, com o qual a identificação do kava-criança da terra com o chefe (masculino) original seria consistente. Para outras variantes do mito do kava de Fiji oriental – as quais também não resolvem de maneira definitiva esta questão – ver Wallis (1851:347-48), Waterhouse (1866:340), Hocart (1952:99).

O deslocamento da terra natal do protagonista – se não for da cena dos acontecimentos para o leste, em geral para Tonga – também é consistente com a teoria política fiji. Parece não ser um simples caso de difusão mítica (nem tampouco de difusão do kava), porque pode ser encontrada uma razão forte dentro do sistema para a associação entre uma chefia estrangeira e a origem do ato de beber o kava.

16. Há mais motivos desse mesmo tipo no kava tomado por um arauto logo após o chefe; o arauto é um representante da terra. Este ingerir do arauto é chamado de "chutar", *rabeta*, o kava do chefe. *Raberabe*, que é a mesma palavra reduplicada, significa "uma doença", que resulta de se chutar acidentalmente um *drau-ni-kau* (Capell 1973:168). O arauto está aqui tomando os efeitos sobre si mesmo: *drau-ni-kau* é o nome comum de "feitiçaria". Em relação à associação entre kava e veneno em Tonga, ver Bott (1972).
17. Em Cakaudrove, as esteiras do lugar sobre as quais o chefe se senta são colocadas por membros de um grupo da terra verdadeiro (*vanua sara*; Hocart, 1952:93-94).
18. O povo levuka, que instala o Vunivalu de Bau (enquanto Tui Levuka) é o "povo do mar verdadeiro". Mas na instauração fazem o papel da facção da "terra" nativa, pois são de fato os ocupantes ou donos originais (*i taukei*) da ilha de Bau (Tippet 1973:91s.).
19. Lyth registrou um outro canto referente à vítima canibal no mesmo tom:

Sa bobo na matana,	Os olhos cerrados,
Sa yadra na lomana.	A mente desperta.
Sa vei ko qaqa?	Onde está o herói?
Sa laki yara	Foi ser arrastado (para o forno)
Sa vei ko datuvu?	Onde está o covarde?
Sa laki tukutuku.	Foi levar a notícia.

(Lyth, Reminiscences: 326)

20. "Homens cozidos" é usado aqui de forma diacrítica. Inimigos masculinos mortos constituem o significado privilegiado, assim como o não marcado, de *bakola* (ou *bokola*), "vítima canibal". Relatos históricos deixam claro que até o início do século XIX mulheres e crianças também eram consumidas.
21. *Dau ni ika, dau ni tamata,* "pescadores de peixes, pescadores de homens", esta expressão também é de Fiji (Hocart, 1952:120-21).
22. Refiro-me especificamente às transações iniciais de casamento como "relações fundadoras", para evitar a implicação de que o fluxo de mulheres continue nessa mesma direção, como aconteceria em um sistema elementar de casamento assimétrico (casamento com a filha do irmão da mãe*). Os casamentos fundadores são mapas das relações entre a tríade de categorias básicas (povos autóctones da terra, chefes e guerreiros ou pescadores estrangeiros). Portanto, quando Hocart perguntou aos homens de Wailevu, por exemplo, se eles se casavam com mulheres de uma determinada linha de chefes, eles comentaram: "Ele busca confirmação da relação [*i vakadinadine ni bati*] de fronteira [*bati*, aliado terrestre]" (Hocart, HF). Mas casamentos nessa direção podem ser repetidos ou não de forma regular, dependendo da situação política. Por outro lado, uma vez estabelecidos, os direitos e obrigações da relação podem ser ativados em uma outra modalidade, isto é, através de transações com dentes de baleia. Quero também ressaltar que a presente discussão está confinada aos pontos essenciais da formação da chefia às suas categorias básicas. No interior das três categorias mencionadas, em especial na dos donos nativos, há uma cuidadosa divisão adicional de status (*i tūtū*) e funções (*i tavi*). Essa discussão nos levaria, no entanto, além dos objetivos deste trabalho.
23. O cozimento da criança real – assim como o de sua mãe – é minha interpretação de certos episódios dos ritos de nascimento de Fiji oriental, pertinentes aos filhos da nobreza. Especialmente notável é o *tavu deke*, "assar os pequenos", de Bau e uma cerimônia análoga registrada

* *MBD marriage, Mother's Brother's Daughter marriage.* (N.R.T.)

para Lau do Sul (Toganivalu, MS; Thompson, 1940:84-85). O *tavu deke* é o banquete que marca um banho ritual fora do comum da criança. No seu segundo ou quarto dia de vida, o bebê real é segurado por cima do vapor proveniente de uma tigela de água aquecida por pedras de fogo. Essa é essencialmente a maneira pela qual se cozinham alimentos ou corpos no forno subterrâneo. Temos, adicionalmente, os registros de Jarré (1946) das cerimônias de nascimento kadavu. Após um banho sumário – o *tavu deke*? – a criança é untada com um óleo perfumado com sândalo e *malawaci* (*Streblus anthropophagorum*). Assim como seu nome sugere, a *malawaci* é uma planta associada de modo muito próximo ao canibalismo: suas folhas são usadas para embrulhar o corpo para ser assado e depois são consumidas juntamente com ele (Capell, 1973:133). Além disso, um fogo ardente é mantido durante dez dias perto da mãe e do recém-nascido na parte posterior, seção sagrada da casa de confinamento, e as portas ficam bem-fechadas. A atmosfera é descrita por Toganivalu como sendo excessivamente quente.

24. "Em Fiji, declarações contraditórias não são necessariamente inconsistentes. Parecem-nos ser contraditórias porque não compreendemos as nuances de sentido e porque não se sabe, sem muita experiência, o ponto de vista de onde partiram" (Hocart, 1952:61).

4. Capitão James Cook (p.132 a 168)

1. Este ensaio está relacionado com meu trabalho anterior, "L'apothéose du capitaine Cook", em *La fonction symbolique*, Míchel Izard e Pierre Smith, orgs. (Paris: Gallimard, 1979), mas as ideias relativas à presença e morte de Cook no Havaí, bem como às da natureza do festival do Ano-Novo (Makahiki) foram substancialmente alteradas por pesquisa subsequente. O texto aqui apresentado é fundamentalmente aquele da palestra Frazer, proferida na Liverpool University, 1982.
2. Uma completa discussão das fontes referentes à terceira viagem de Cook, inéditas e publicadas, pode ser encontrada em Beaglehole (1967: clxxi-ccxvii). O presente ensaio baseia-se em minha consulta própria dessas fontes em Londres (British Museum e Public Records Office), em Sydney (New South Wales Library), em Canberra (National Library of Australia), em Wellington, N.Z. (Alexander Turnbull Library) e em Honolulu (Archives of Hawaii, Bishop Museum Library e Sinclair Library, University of Hawaii). As citações específicas a diários e diários de bordo serão aqui restritas (na maioria) à citação direta.

3. O único relato da morte de Cook, vindo de alguém de seu grupo que estava em terra, é o do tenente Molesworth Phillips, tal como foi transposto para o diário de Clerke. Na realidade, Phillips foi atingido e derrubado antes de Cook ser ferido, portanto não poderia ter visto os lances finais. Beaglehole (1967:cxlviii-clvii 1974:670-72) examina as numerosas descrições aventadas sobre o evento em diários públicos e particulares, incluindo aquilo que foi visto dos barcos pertencentes aos navios que estavam ao longo da praia. Em geral sigo sua versão cuidadosa, que conta especialmente com os relatos de Phillips, Clerke e King (cf. Kennedy, 1978). Mas tendo a enfatizar os detalhes "simbólicos" dessa e de outras fontes, que foram relativamente ignorados por Beaglehole, que também dá crédito limitado a informações diretas e indiretas da parte dos havaianos, sejam essas antigas ou mais recentes. Veremos que considerei esses dados como sendo úteis e compatíveis com alguns dos mais confiáveis cronistas europeus, especialmente para a identificação de figuras-chave havaianas e para os conceitos necessários à compreensão do ato fatal. É claro que muitas incertezas persistirão; talvez mais importante seja o momento exato da sequência em que a notícia da morte do chefe havaiano Kalimu nas mãos dos ingleses chegou à praia de Ka'awaloa, onde Cook se confrontava com Kalaniopu'u.
4. Os supostos atacantes de Cook são identificados em relatos contemporâneos da expedição como: um certo Nuha segundo Samwell (em Beaglehole, 1967:1202; 1957:23-24, 41-42), pelo astrônomo Bayly (Diário PRO-Adm 55/21:14 fev. 1719); e/ou um certo Kalanimano-o-Kaho'owaha-a-Heulu; outra vez por Samwell assim como por autores havaianos mais recentes (Remy, 1861:34-35; Kamakau, 1961:86, 103). Samwell e Bayly obtiveram suas informações de amigos havaianos. Outros cronistas contemporâneos mencionam um chefe (ou chefes) anônimo; ver King (Beaglehole, 1967:557), Trenenen (notas à margem) e Ellis (1782, 2:109). Outros aparecem em registros feitos por viajantes europeus posteriores: Pohewa encontrado por Colnett em Kaua'i (Diário: fev. 1788); Pahea (e outros?) encontrado(s) por membros da expedição Vancouver em 1793-1799 (1801, 5:55) Puget (BM.MS. 27 jan. 1794; PRO-Adm 55/17:27 jan. 1794), Bell (1929:86), Vancouver (1801, 5:55), e Menzies (Diário: 3 mar. 1793); um certo Pihole, conhecido por Dimsdell na ilha do Hawai'i em 1792 (Barber, MS); uma pessoa do povo de nome Kaai-moku-a-Kauhi, mencionada pelo reverendo Bloxam em 1825 (MS); além de diversos populares anônimos aos quais se referiram Mariner (Martin, 1817, 2:67) e Dampier (1971:65).
5. As lendas relevantes sobre Lono-o-deus, nas antigas fontes incluem Freycinet (1978:73), Byron (1826:19-22), Ellis (1969[1842]:134-35), Kotzebue

(1830, 2:160-69), Bingham (1969[1855]:32); Bloxam, MS; Notas etnográficas havaianas (MS; Bishop Museum, 648s.). Referente a Lono-i-ka-maka-hiki, o antigo rei Lono, ver Fornander (1916-19, 4:256-363) e Kamakau (1961:44-63). Referente a Ka-'I-i-mamao, o rei Lono mais recente: Byron (1826:4-6), Fornander (1969:129-35), Beckwith (1972).

6. As principais fontes tradicionais para a descrição do ciclo Makahiki são Malo (1951), K. Kamakau em Fornander (1916-19, vol. 6), I'i (1959) e Kepelino (1977). Ver também Corney (1896 e Lisiansky (1814). Valeri (no prelo) reuniu um registro completo. As correspondências registradas entre datas lunares do Makahiki foram computadorizadas para o autor por William Fay e Jocelyn Linnekin.
7. Esta correspondência entre o solstício de inverno e o rito *kāli'i* do Makahiki foi conseguida da seguinte forma: em termos ideais, a segunda cerimônia de "quebrar o coco" (Malo, 1951:142), quando os sacerdotes se reúnem no templo para observar a elevação das Plêiades (I'i, 1959:72), coincide com a lua cheia (Hua tabu) do décimo segundo mês lunar (Welehu). No final do século XVIII, as Plêiades surgiam no dia 18 de novembro (cf. Makenson, 1940). Dez dias depois (28 de novembro), a efígie de Lono começa seu circuito, que dura 23 dias, trazendo o deus de volta para a batalha final com o rei no dia 21 de dezembro, dia do solstício (= 16 Makali'i havaiano; Malo, 1951:150). Essa correspondência é "ideal" e raras vezes conseguida, pois depende da coincidência entre a lua cheia e o surgimento crepuscular das Plêiades.
8. Devo assinalar que essa não é a primeira vez que ouvintes de uma palestra Frazer foram convidados a contemplar essas trocas cerimoniais de soberania. O ciclo completo do Makahiki lembra fortemente as cerimônias de investidura do rei Shilluk tornadas célebres na palestra Frazer de Evans-Pritchard em 1948: a série de batalhas entre o novo rei e a efígie representando a derrubada da dinastia, na qual o rei leva a mulher através do gado de seu predecessor ancestral. De fato, por uma estranha transformação, a própria palestra Frazer, com seus habituais ritos de homenagem e de ataque ao imortal ancestral acadêmico, parece ter se tornado uma representação icônica e recorrente da teoria magistral que primeiro a inspirou.
9. Essa pergunta dos sacerdotes de Lono seguia-se a uma outra, que havia sido suscitada pelas insistentes indagações inglesas, relativas a se os havaianos teriam comido os restos mortais de Cook. Quando os ingleses, depois de muito perguntar de modo indireto, finalmente indagaram se "não tinham comido uma parte dele", os havaianos ficaram horrorizados com a ideia "e perguntaram, o que é muito natural, se este era o nosso costume" (Cook e King, 1784, 3:69).

10. A "ocasião de estado" é descrita com um certo detalhe por King (em Cook e King, 1784, 3, 16-19; Beaglehole, 1967:512-13), Edgar (Diário: 27 jan. 1779), Roberts (Diário de Bordo: 27 jan. 1779) assim como Samwell (Beaglehole, 1967: 1169), entre outros.
11. Como ficará evidente neste parágrafo, não utilizei a noção de uma estrutura conjuntural no sentido braudeliano, uma questão que justificadamente ocasionou algumas críticas por parte dos autores de resenhas em *Historical Metaphors* (Sahlins, 1981). A "estrutura da conjuntura" refere-se às relações de alguma duração intermediária – em oposição às de *longue durée* por um lado e o evento por outro – tais como os ciclos econômicos capitalistas. O meu próprio uso é mais literal (*conjoncture, "situation qui résulte d'une rencontre de circonstances"* [Robert]), e mesmo sendo definitivamente circunstancial permite mais do que Braudel a estruturação da situação. Uma *"estrutura da conjuntura"* é nesse sentido um conjunto situacional de relações, cristalizadas a partir das categorias culturais operantes e dos interesses dos atores (ver Cap. 5), assim como a noção de ação social de Giddens (1976) está sujeita a dupla determinação estrutural de intenções baseadas em um esquema cultural e das consequências involuntárias que surgem de sua recuperação em outros projetos e esquemas.
12. Para outras caracterizações gerais das atitudes havaianas (na maioria negativas) em relação ao retorno dos navios de Cook, ver Clerke (em Beaglehole, 1967:531-32), Zimmermann (1930:90), Ellis (1782, 2:102), Home (Diário de Bordo: 7 fev. 1779), Law (Diário: 11 fev. 1779) etc.
13. Pesquisas nos registros de terras e genealógicos do Havaí (Archives of Hawaii) indicam que era um dos famosos "Moanas" da ilha do Hawai'i e, portanto, descendente do supremo chefe Keakealani Kane, e parente por casamento do sumo sacerdote de Kū, Holoa' e – assim como pai do célebre prosélito cristão e intelectual tradicional, Kelou Kamakau.
14. "Cook não necessitava muito de Deus: ele mantinha sua pólvora seca, raramente mencionava o Santo Nome e realizava as cerimônias religiosas dominicais de forma intermitente; mas não tinha objeção alguma a desempenhar ele próprio o papel de Deus, como fez no Havaí, se fosse pelo desenvolvimento de relações culturais pacíficas" (Smith, 1979:168).

5. Estrutura e história (p.69 a 194)

1. Na primeira parte deste trabalho faço um breve resumo de certos eventos e processos históricos que foram discutidos mais detalhadamente em *Historical Metaphors* (Sahlins, 1981). O objetivo aqui é de

retomar e desenvolver a teoria histórica presente naquele trabalho anterior.

2. Este incidente é descrito em Cook e Kings (1784, 2:245-46), Diário de King (29 jan. 1778) e no diário de Burney (24 jan. 1778), entre outros – notavelmente um relato especialmente bom, mas que varia um pouco, feito por Bayly (Diário: 24 jan. 1778). O diário de Clerke (Adm. 55/22:24 jan. 1778) também descreve a visita posterior de Kaneoneo a bordo do *Discovery*.

3. Este comentário aparece em uma carta do comerciante Jarnes Hunnewell a J.P. Sturgis & Co., 30 dez. 1829 (Hunnewell Papers). Além dos Hunnewell Papers e de diários de outros comerciantes que estão na Biblioteca Baker, uma boa compreensão do comércio americano durante o período do sândalo pode ser obtida na correspondência de John C. Jones ou de Marshall & Wildes na Biblioteca Houghton, Harvard. Excelentes resumos da história econômica do Havaí nos fins do século XVIII e inícios do XIX podem ser encontrados em Bradley (1968 [1943]) e Morgan (1948).

Bibliografia

Abreviaturas

AH: Archives of the State of Hawaii, Honolulu.
BM: British Museum Library, Londres.
ML: Mitchell Library (Library of New South Wales), Sydney.
PRO-Adm: Public Records Office: Office of the Admiralty, Londres.
SOAS: School of Oriental and African Studies Library, University of London, Londres.

Adler, Alfred. "Le pouvoir et l'interdit", in *Systèmes de signes*. Paris, Hermann, 1978, p.25-40.

_______. "The ritual doubling of the person of the king", in M. Izard e A. Adler (orgs.), *Between Belief and Transgression*. Chicago, University of Chicago Press, 1982, p.180-92.

Andrews, Lorrin. "Letters from Mr. Andrews at Lahainaluna", 2 dez 1835. *Missionary Herald*, n. 33, 1836, p. 390-1.

Anônimo (de Mitchell). MS copy of a letter to Mrs. Strachan of Spithead (ML: Safe 1/67).

Bakhtin, Mikhail. *Rabelais and his World*, trad. do russo por Helene Iswolsky. Cambridge, MIT Press, 1968.

Balandier, Georges. *Anthropologie politique*. Paris, Presses Universitaires de France, 1967.

Barber, James. MS. Some acct. of the death & remains of Capt. Cook... recd. from Joshua Lee Dimsdell Quarter Master of the Gunjara. Dixson Library (Library of New South Wales).

Barnes, J.A. "The Fort Jameson Ngoni", in Elizabeth Colson e Max Gluckman (orgs.), *Seven Tribes of British Central Africa*. Londres, Oxford University Press, 1951.

_______. *Politics in a Changing Society*. Manchester, Manchester University Press, 2ª ed., 1967.

Barraclough, Geoffrey. *Main Trends in History*. Nova York, Holmes and Meier, 1978.

Barrère, Dorothy B., Mary Kawena Pukui e Marion Kelly. *Hula: Historical Perspectives*. Pacific Anthropological Records n. 30. Honolulu, Bishop Museum, 1980.

Bayly, William. MS. A log and journal, kept on board His Majesties sloop Discovery by Wm Bayly astronomer. PRO-Adm 55/20.

Beaglehole, J.C. *The Journals of Captain James Cook on his Voyages of Discovery, III: The Voyage of the* Resolution *and* Discovery, *1776-1780*. Partes 1 e 2. Cambridge, Cambridge University Press (para a Hakluyt Society), 1967.

_______. *The Life of Captain James Cook*. Stanford, Califórnia Stanford University Press, 1974.

Beckwith, Martha. *Hawaiian Mythology*. Honolulu, University of Hawaii Press, 1970.

_______. *The Kumulipo*. Honolulu, University of Hawaii Press, 1972.

Bell, Edward. "Log of the Chatham", *Honolulu Mercury* 1(5), 1929, p.55-69.

Benveniste, Émile. *Le vocabulaire des institutions Indo-Européenes*, 2 vols. Paris, Les Éditions de Minuit, 1969.

Best, Elsdon. "Notes on the Art of War", Partes 2, 5. *Journal of the Polynesian Society* 11, p.47-75; 12, p.32-50, 1902-3.

_______. *Maori Religion and Mythology*, vol.1, Dominion Museum Bulletin 10. Wellington, Government Printer, 1976.

_______. *Tuhoe: The Children of the Mist*, vol.1. New Plymouth, Avery, 1925.

_______. *The Whare Kohanga and its Lore*, Dominion Museum Bulletin 13. Wellington, Government Printer, 1929.

Bingham, Hiram. *A Residence of Twenty-One Years in the Sandwich Islands*. Nova York, Praeger, 1969.

Binney, Judith. *The Legacy of Guilt: A Life of Thomas Kendall*. Christchurch, Oxford University Press para a University of Auckland Press, 1968.

Bird, John. *The Annals of Natal, 1495-1845*, vol.1. Pietermaritzburg, P. Davis and Sons, 1888.

Bloch, Marc. *French Rural History*, trad. Janet Sondheimer. Berkeley, University of California Press, 1966.

Bloxam, (Rev.) R. MS. "A narrative of a voyage to the Sandwich Islands in H.M.S. Blonde, 1824-1825-1826." National Library of Australia (MS. 4255).

Bonte, Pierre e Nicole Echard. "Histoire et histoires: Conception du passé chez les Hausa et les Tuareg (République du Niger)", in *Cahiers d'Études Africaines* n.16, 1976, p.237-96.

Bott, Elizabeth. "Psychoanalysis and ceremony, together with appendix", in J.S. La Fontaine (org.), *The Interpretation of Ritual*. Londres, Tavistock, 1972, p.205-37, 277-82.

_______. "Power and Rank in the Kingdom of Tonga". *Journal of the Polynesian Society* n.90, 1981, p.7-82.

Bourdieu, Pierre. *Outline of a Theory of Practice*. Cambridge, Cambridge University Press, 1977.

Bradley, Harold W. *The American Frontier in Hawaii*. Gloucester, Peter Smith, 1968.

Braudel, Fernand. *On History*. Chicago, University of Chicago Press, 1980.

Bréal, Michel. *Essai de sémantique*. Paris, Hachette, 5ª ed.,1921.

Brewster, A.B. MS. "The chronicles of the Noikoro tribe". National Archives of Fiji (CS2195 FSB2).

Broughton, William. *A Voyage of Discovery in the North Pacific Ocean... in the Years 1795, 1796, 1797, 1798*. Londres, Cadell and Davies, 1804.

Bryant, A.T. *Olden Times in Zululand and Natal*. Londres, Longmans, Green, 1929.

_______. *The Zulu People*. Pietermaritzburg, Shuter and Shooter, 1949.

Buick, T. Lindsay. *New Zealand's First War, or the Rebellion of Hone Heke*. Wellington, Skinner, Government Printer, 1926.

_______. *The Treaty of Waitangi*. New Plymouth (N.Z.), Thomas Avery and Sons, 3ª ed., 1936.

Burney, Lt. James. MS. Journal of Lieutenant James Burney with Captain Ja[s] Cook, 1776-1780. BM: Add MS. 8955.

_______. MS. Journal of the proceedings of His Maji[es] sloop, the *Discovery*... ML.

_______. *Chronological History of North-Eastern Voyages*. Londres, Payne & Foss, 1819.

Burrows, Robert. *Extracts from a Diary Kept by Rev. Burrows during Heke's War in the North in 1845*. Auckland, Upton, 1886.

Byron, George. *Voyage of H.M.S. Blonde to the Sandwich Islands in the years 1824-1825*. Londres, Murray, 1826.

Calvert, James. MS. Journals of Rev. James Calvert. Methodist Missionary Society Papers, SOAS.

Capell, Arthur. *A New Fijian Dictionary*. Suva, Government Printer, 4ª ed., 1973.

Carleton, Hugh. *The Life of Henry Williams*. 2 vols., Auckland, Upton, 1874.

Chadwick, H. Munro. *The Heroic Age*. Cambridge, Cambridge University Press, 1926.

Churchward, C.M. "Rotuman Legends", in *Oceania* n.9, 1938-39, p.462-73.

Clastres, Pierre. *Society against the State*, trad. do francês por Robert Hurley. Nova York, Urizen Books, 1977.

Clerke, Capt. James. MS. Log and Proceedings, 10 fev 1776 – 12 fev 1779. PRO-Adm 55/22, 23.

Clunie, Fergus. *Fijian Weapons and Warfare*. Suva, Fiji Museum, 1977.

Colenso, F.W. "Contributions toward a Better Understanding of the Maori Race". *N.Z. Inst. Trans.* n.14, 1882, p.33-48.

Colnett, James, MS. The journal of James Colnett aboard the *Prince of Wales and Princess Royal...* PRO-Adm 55/146.

Commissioner of Public Lands. *Indices of Awards Made by the Board of Commissioners to Quiet Land Titles in the Hawaiian Islands.* Honolulu, Star-Bulletin Press, 1929.

Cook, James, e James King. *A Voyage to the Pacific Ocean... in His Majesty's Ships* Resolution *and* Discovery. 3 vols. Dublin, Chamberlaine et al, 1784.

Corney, Peter. *Voyages in the Northern Pacific.* Honolulu, Thrum, 1896.

Council of Chiefs. "Notes of Proceedings of a Native Council, Held at Mualevu ... 1880 ... 1881", *Proceedings of the Native Council of Chiefs, Sept. 1875 – 26 August 1960.* Microfilm, Westem Pacific High Commission, National Archives of Fiji, 1881.

Cowan, James. *The New Zealand Wars*, vol.1, 1845-64. Wellington, R.E. Owen, Government Printer, 1922.

Cox, Ross. *Adventures on the Columbia River.* Nova York, Harper, 1832.

Cross, William. MS. Diary of Rev. William Cross, 28 dez 1837 – out 1842. Methodist Overseas Mission Papers Nº 336, ML.

Culler, Jonathan. *Ferdinand de Saussure.* Nova York, Penguin, 1977.

Cunnison, Ian. *History on the Luapula.* Rhodes-Livingstone Paper, n.21. Manchester, Manchester University Press, 1951.

________. "History and Genealogies in a Conquest State". *American Anthropologist* n.59, 1957, p.20-31.

________. *The Luapula Peoples of Northern Rhodesia.* Manchester, Manchester University Press, 1959.

Dampier, Robert. "To the Sandwich Islands" in Pauline King Joerger (org.), *H.M.S. Blonde.* Honolulu, University of Hawaii Press, 1971.

Davis, C.O. *The Life and Times of Patuone.* Auckland, J.H. Field, 1876.

Délivré, Alain. *L'histoire des rois d'Imerina: Interprétation d'une tradition orale.* Paris, Klincksieck, 1974.

Derrick, R.A. *A History of Fiji.* Suva, Printing and Stationery Department, 2ª ed., 1950.

Diapea, William. *Cannibal Jack.* Londres, Faber and Gwyér, 1928.

Dibble, Sheldon. *A History of the Sandwich Islands*, Honolulu, Thrum (reimpressão), 1909.

Diderot. "Supplement au voyage de Bougainville ou dialogue entre A et B", in *Le neveu de Rameau et autres textes.* Paris, Livre de Poche, 1972.

Dorson, Richard. *The British Folklorists.* Chicago, University of Chicago Press, 1968.

Dorton, Lilikalā. MS, *'O ka le'ale'a o ka mele ma'i*, or The Joy of Genital Chants. Notas de aula não publicadas, University of Hawaii (*Anthropology* 498, primavera 1981).

Dranivia, Solomone. MS. "Nai tukutuku mai na gauna makawa". Methodist Overseas Mission 164, Fiji Museum (xerox do original em ML).

Dumézil, Georges. *Mitra-Varuna*. Paris, Gallimard, 1948.

_______. *L'Heritage Indo-Européen à Rome*. Paris, Gallimard, 4ª ed., 1949.

_______. *L'Ideologie tripartite des Indo-Européens*. Bruxelas, Latomus, 1958.

_______. *Mythe et épopée*. 3 vols., Paris, Gallimard, 1968.

_______. *Les dieux soverains des Indo-Européens*. Paris, Gallimard, 1977.

Dumont, Louis. *Homo hierarchicus*. Chicago, University of Chicago Press, 1970.

Dumoulin, Jerome e Dominique Moisi (orgs.). *The Historian between the Ethnologist and the Futurologist*. Paris, Mouton, 1973.

Durkheim, Émile. Compte-rendu de *Sociologia e Estória*, A.D. Zenopol. *L'Année Sociologique* n.9, 1905-6, p.140.

Edgar, Thomas. MS. A log of the proceedings of His Majesty's Sloop Discovery, Charles Clerke, Commander. PRO-Adm 55/21, 55/24.

Elbert, Samuel H. Symbolism in Hawaiian Poetry. *ETC.: A Review of General Semantics* n.18, 1962, p.389-400.

Elbert, Samuel e Noelani Mahoe. *Na mele o Hawai'i nei*. Honolulu, University of Hawaii Press, 1970.

Elbert, Samuel e Mary Kawena Pukui. *Hawaiian Grammar*. Honolulu, University of Hawaii Press, 1979.

Eliade, Mircea. *The Myth of the Eternal Return*. Bollingen Series 46. Princeton, N.J., Princeton University Press, 1954.

Ellis, William. *An Authentic Narrative of a Voyage Performed by Captain Cook*. 2 vols., Londres, Goulding, 1782.

Ellis, (Rev.) William. *Narrative of a Tour througli Hawaii, or Owhyhee*. Londres, Fisher and Jackson, 1828.

_______. *Polynesian Researches: Hawaii*. Rutland, Vt., Tuttle, 1969.

Emerson, (Rev.) J.S. MS. Missionary letters. Hawaiian Mission Children's Society Library.

Emerson, Nathaniel B. *Unwritten Literature of Hawaii: The Sacred Songs of the Hula*. Rutland, Vt., e Tóquio, Tuttle (reimpressão), 1965.

Endicott, William. *Wrecked among Cannibals in the Fijis*. Salem, Marine Research Society, 1923.

Erskine, John Elphinston. *Journal of a Cruise among the Islands of the Western Pacific*. Londres, Dawsons of Pall Mall (reimpressão), 1967.

Evans-Pritchard, E.E. *Social Anthropology*. Glencoe, III, Free Press, 1954.

_______. *Essays in Social Anthropology*. Londres, Faber and Faber, 1962.

Feeley-Harnik, Gillian. "Divine Kingship and the Meaning of History among the Sakalava of Madagascar." *Man* n.s. n.13, 1978, p.402-17.

Firth, Raymond. *Economics of the New Zealand Maori*. Wellington, R.E. Owen, Government Printer, 1959.

_______. *Elements of Social Organisation*. Londres, Tavistock, 1971.

Fison, Lorimer. *Tales from Old Fiji*. Londres, Moring, 1904.

Forbes, Cochrane. "Report from Kaelakekua". *Missionary Herald* n.38, 1842, p.154-56.

Fornander, Abraham. *Memoirs*, vols. 4-6, Fornander Collection of Hawaiian Antiquities and Folklore. Honolulu, Bishop Museum, 1916-19.

_______. *An Account of the Polynesian Race*, 3 vols., Rutland, Vt., Tuttle (reimpressão), 1969.

Fox, James J. "A Rotinese Dynastic Genealogy", in T. Beidelman (org.), *The Translation of culture*. Londres, Tavistock, 1971.

Frankfort, Henri. *Kingship and the Gods*. Chicago, University of Chicago Press, 1948.

Frazer, Sir James G. *The Golden Bough*, 3 vols., Londres, Macmillan, 2ª ed., 1900.

_______. *Lectures on the Early History of Kingship*. Londres, Macmillan, 1905.

_______. *The Golden Bough*, 13 vols., Londres, Macmillan, 3ª ed., 1911-15.

_______. *The Golden Bough*, vol.1 ed. resumida (reimpressão da ed. de 1922). Nova York, Macmillan, 1963. [Ed.bras.: *O ramo de ouro* (ed. resumida). Rio de Janeiro de Janeiro, Zahar/Círculo do Livro, 1978.]

Freud, Sigmund. s.d. *Totem and Taboo*. Nova York, Random House. [*Totem e tabu e outros trabalhos* in *ESB*, vol.13. Rio de Janeiro, Imago, 1974.]

Freycinet, Louis Claude de Saulses de. *Hawaii in 1819: A Narrative Account*, trad. Ella Wiswell de *Voyage autour du monde* ..., Marion Kelly (org.). Pacific Anthropological Records 26. Honolulu, Bishop Museum, 1978.

Furet, François. "Quantitative History", in Felix Gilbert e Stephen R. Graubard (orgs.), *Historical Studies Today*. Nova York, Norton, 1972.

Gardiner, John. "The Natives of Rotuma". *Journal of the Royal Anthropological Institute* n.37, 1898, p.457-524.

Geertz, Clifford. *The Social History of an Indonesian Town*. Cambridge, MIT Press, 1961.

_______. *Negara: The Theatre State in Nineteenth-Century Bali*. Princeton, N.J., Princeton University Press, 1980.

Giddens, Anthony. *New Rules of the Sociological Method*. Londres, Hutchinson. [Ed.bras.: *Novas regras do método sociológico*. Rio de Janeiro, Zahar, 1978.]

Gifford, Edward Winslow. *Tongan Society*. Bernice P. Bishop Museum Bulletin n.61. Honolulu, Bishop Museum, 1929.

Gilbert, Felix e Stephen Graubard (orgs.). *Historical Studies Today*. Nova York, Norton, 1972.

Gilbert, George. MS. Journal of George Gilbert (Cook's Third Voyage). BM Add MS. 38580.

Gluckman, Max. *Order and Rebellion in Tribal Africa*. Londres, Cohen and West, 1963.

Goldie, W.H. "Maori Medical Lore", *Transactions of the New Zealand Institute*, n.37, 1904, p.1-120.

Goldman, Irving. *Ancient Polynesian Society*. Chicago e Londres, University of Chicago Press, 1970.

Grey, Sir George. *Polyneslan Mythology*. Nova York, Taplinger, 1956.

Gudgeon, Lt. Col. C.M.G. "Mana Tangata", *Journal of the Polynesian Society* n.14, 1905, p.49-66.

Guidieri, Remo. "*Il Kula*, ovvero della truffa", *Rassegna Italiana di Sociologia*, 1973, p.559-93.

Hammatt, Charles H. MS. Journal of Charles H. Hammett (in the Sandwich Islands, 6 May 1823 – 9 June 1825). Baker Library, Harvard University.

Hampshire, Stuart. *Thought and Action*. Nova York, Viking, 1967.

Handy, E.S. Craighill. *Polynesian Religion*. Bernice P. Bishop Museum Bulletin, n.34, Honolulu, Bishop Museum, 1927.

_______. "Government and Society", in *Ancient Hawaiian Civilization*. Rutland, Vt., e Tóquio, Tuttle, 1965.

Handy, E.S. Craighill e Mary Kawena Pukui. *The Polynesian Family System in Ka'-u, Hawai'i*, Rutland, Vt. e Tóquio, Tuttle, 1972.

Henry, Teuira. *Ancient Tahiti*. Bernice P. Bishop Museum Bulletin n.48. Honolulu, Bishop Museum, 1928.

Heusch, Luc de. *Essais sur le symbolisme de l'inceste royal en Afrique*. Bruxelas, Université Libre de Bruxelles, 1958.

_______. "Le pouvoir et le sacré". *Annales du Centre d'Étude des Religions*, n.1. Bruxelas, Institut de Sociologie, Université Libre de Bruxelles, 1962.

_______. *Le roi ivre ou l'originie de l'État*. Paris, Gallimard, 1972.

_______. *Rois nés d'un coeur de vache*. Paris, Gallimard, 1982.

Hexter, J.H. "Fernand Braudel and the Monde Braudelien." *Journal of Modern History* n.44, 1972, p.480-541.

Hindess, B. e P. Hirst. *Pre-capitalist Modes of Production*. Londres, Routledge, Kegan Paul, 1975. [Ed.bras.: *Modos de produção pré-capitalista*. Rio de Janeiro, Zahar, 1976.]

Hiroa, Te Rangi (Sir Peter Buck). *The Coming of the Maori*. Wellington, Maori Purposes Fund Board, Whitecoulls, 1977.

Hocart, A.M.N. (MS). Fijian field notes. Microfilme na University of Chicago Libraries, original na Turnbull Library, Wellington.

_______. HF (MS). "The heart of Fiji". Microfilme na University of Chicago Libraries, original na Turnbull Library, Wellington.

Hocart, A.M.N. WI (MS). "The windward islands of Fiji". Manuscrito original de *The Lau Islands, Fiji*. Wellington, Turnbull Library.

_______. "Mana", *Man* 14(46), 1914, p.97-101.

_______. "Chieftainship and the sister's son in the Pacific", *American Anthropologist* n.17, 1915, p.631-46.

_______. *Lau Islands, Fiji*. Bernice P. Bishop Museum Bulletin 62. Honolulu, Bishop Museum, 1929.

_______. *The Progress of Man*. Londres, Methuen, 1933.

_______. Sacrifice. *Encyclopedia of the Social Sciences* 13, 1936.

_______. *Caste*. Nova York, Russell and Russell, 1950.

_______. *The Northern States of Fiji*. Royal Anthropological Institute of Great Britain and Ireland, Occasional Publication 11. Londres, The Institute, 1952.

_______. *Kingship*. Oxford, Oxford University Press (reimpressão), 1927.

_______. *Kings and Councillors*. Chicago, University of Chicago Press (reimpressão), 1970.

Home, Alexander. MS. Log book of Captain Alex: Home, R.N... while with Captain Cook on his last voyage. National Library of Australia (MS. 690).

Howard, Alan. "Households, Families and Friends in a Hawaiian-American Community", *Working Papers of the East-West Population* Institute n.19, 1971, Honolulu, East-West Center.

Huber, Peter. "The Anggor Bowman: Ritual and society in Melanesia", *American Ethnologist* 7, 1980, p.43-57.

Hunnewell, James. MS. Papers of James Hunnewell. Baker Library, Harvard University.

Hunt, John. MS. Journals of the Rev. John Hunt. Methodist Missionary Society (Box 5). SOAS.

I'i, John Papa. *Fragments of Hawaiian History*, trad. Mary Kawena Pukui. Honolulu, Bishop Museum Press, 1959.

Isaacs, Nathaniel, Louis Herman e Percival R. Kirby (orgs.). *Travel and Adventures in Eastern Africa*. Capetown, Struik, 1970.

Izard, Michel e Pierre Smith (orgs.). *La fonction symbolique*. Paris, Gallimard, 1979.

Jaggar Thomas James. MS. Diaries of Thomas James Jaggar, 1837-1843.

Microfilme do manuscrito original no National Archives of Fiji, Adelaide University Library.

Jarré, Raymond. "Marriage et naissance chez les Fidjiens de Kadavu", *Journal de la Société des Océanistes* 2 (2), 1946, p.79-92.

Johansen, J. Prytz. *The Maori and His Religion*. Copenhague, Munksgaard, 1954.

Johansen, J. Prytz. "Studies in Maori rites and myths", *Historiskfilosofiske Meddelelser* 37 (4). Copenhague, 1958.

Kaawa, P.W. MS. "The ancient tabus of Hawaii" (*Na kapu kahiko o Hawaii nei*), trad. do jornal *Kuokoa*, 25 nov, 2 dez, 9 dez, 1865.

_______. Thrum collection, Ka Hoomana Kahiko, n.29. Honolulu, Bishop Museum Library, 1865.

Kamakau, Samuel M. MS. Na mo'olelo Hawai'i. Bishop Museum Library.

_______. *Ruling Chiefs of Hawaii*. Honolulu, Kamehameba Schools Press, 1961.

_______. Dorothy Barrére (org.). *Ka po' e kahiko: The People of Old*, trad. Mary Kawena Pukui. Honolulu, Bishop Museum Press, 1964.

_______. Dorothy Barrére (org.). *The Works of the People of Old*, trad. Mary Kawena Pukui. Honolulu, Bishop Museum Press, 1976.

Kamokuiki. MS. Genealogy, AH (G33).

Kanoa, P. (atribuído a). "Crime in the Sandwich Islands", *Hawaiian Spectator* 2, 1839, p.234.

Kapiti, Pita. "Kumara Lore", *Journal of the Polynesian Society* n.22, 1913, p. 36-41.

Keesing, Felix M. "Hawaiian Homesteading on Molokai", in *University of Hawaii Research Publications*, vol.1(3). Honolulu, University of Hawaii Press, 1936.

Kekoa, E. "Birth rites of Hawaiian children in Ancient Times", trad. de *Ka Nupepa Ku'oko'a*, por T. Thrum. Thrum Collection 23, Bishop Museum Library, 1865.

Kennedy, Gavin. *The Death of Captain Cook*. Londres, Duckworth, 1978.

Kepelino, Z. *Kepelino's Traditions of Hawaii*. M. Beckwith (org.). Bernice P. Bishop Museum Bulletin n.95, 1932.

_______. "Kepelino's 'Hawaiian Collection', His Hooiliili Hawaii, Pepa I, 1858," trad. Basil F. Kirtley e Esther T. Mookini. *Hawaiian Journal of History* n.11, 1977, p.39-68.

King, Lt. James. MS. Log and proceedings (of Cook's third voyage, HMS Resolution, 1776-1778). (Photostat of PRO-Adm. 55/116 in Cook Collection, AH).

Koskinen, Aarne. *Ariki, the First Born*, Folklore Fellows Communications n. 181. Helsinque, Suomalainen Tiedeakaternia Scientiarum Fennica, 1960.

Kotzebue, Otto von. *A New Voyage of Discovery round the World in the Years 1823, 24, 25, and 26*. 2vols. Londres, Colburn and Bentley, 1830.

Krige, Eileen Jensen. *The Social System of the Zulus*. Londres, Longmans, Green, 1936.

Krige, Eileen Jensen e J.O. Krige. *The Realm of the Rain-Queen*. Londres, Oxford University Press, 1943.

Kuper, Hilda. *An African Aristocracy: Rank among the Swazi*. Londres, Oxford University Press, 1947.

Law, John. MS. Journal of John Law. BM Add MS. 37327.

Leach, Edmund. "The structure of symbolism, together with Appendix", in J.S. La Fontaine (org.), *The Interpretation of Ritual*. Londres, Tavistock, p.239-76, 283-84, 1972.

Ledyard, John, James Kenneth Munford (org.). *John Ledyard's Journal of Captain Cook's Last Voyage*. Corvallis, Oregon State University Press, 1963.

Le Goff, Jacques. "Is politics still the Backbone of history?", in Felix Gilbert e Stephen R. Graubard (org.), *Historical Studies Today*. Nova York, Norton, 1972.

Le Goff, Jacques e Pierre Nora (orgs.). *Faire l'histoire*. Paris, Gallimard, 1974.

Lester, E.H. "Kava-Drinking in Viti Levu", *Oceania* n.12, 1941-42, p.97-121.

Lévi-Strauss, Claude. *Totemism*. Boton, Beacon, 1963. [Ed.bras.: *Totemismo hoje*, Petrópolis, Vozes, 1976.]

________. *The Savage Mind*. Chicago, University of Chicago Press, 1966. [Ed. bras.: *O pensamento selvagem*. São Paulo, Nacional, 1976.]

Lisiansky, Urey. *A Voyage around the World in the Years 1803, 1804, 1805, and 1806*. Londres, Booth, 1814.

Lyons, C.J. "Land matters in Hawaii", *Islanders* 16 jul, 30 jul, 6 ago, 13 ago, 1875.

Lyons, John. *Semantics*, 2 vols. Cambridge, Cambridge University Press, 1977.

Lyth, Richard Burdsall. MS. Tongan and Feejeean reminiscences. ML (B549).

________. MS. *Reminiscences, 1851-1853*. ML (B548).

Makernson, Maud W. *The Morning Star Rises*. Nova Haven, Yale University Press, 1941.

Malo, David. "On the decrease of population in the Hawaiian Islands", *Hawaiian Spectator* n.2, 1839, p.121-30.

________. *Hawaiian Antiquities*, trad. Nathaniel B. Emerson. Honolulu, Bishop Museum Press, 1951.

Manby, Thomas. "Journal of Vancouver's Voyage to the Pacific Ocean", *Honolulu Mercury* 1 (1), p.11-15; 1 (2):33-45; 1 (3), p.39-55, 1929.

Maning, F.E. *Old New Zealand*. Christchurch, Whitcombe and Tombs, 1906.

Martin, John (org.). *An Account of the Natives of the Tonga Islands... from the Extensive Communications of Mr. William Mariner*. 2 vols. Londres, Murray, 1817.

McIntyre, W.J. Gardner. *Speeches and Documents on New Zealand History*. Oxford, Oxford University Press, 1971.

Meek, C.K. *A Sudanese Kingdom*. Londres, Kegan Paul, Trench, Trubner, 1931.

Menzies, Archibald. MS. Archibald Menzies journal of Vancouver's voyage. BM Add. MS, 32641.

Metge, Joan . *The Maoris of New Zealand, Rautahi*. Londres, Routledge and Kegan Paul, 2ª ed., 1976.

Methodist Missionary Society. MS. Feejee District Minutes and Reports, 1835-1852. SOAS.

Morgan, Theodore. *Hawaii: A Century of Economic Change*, 1778-1836. Cambridge, Harvard University Press, 1948.

Oliver, Douglas. *Ancient Tahitian Society*. 3 vols., Honolulu, University of Hawaii Press, 1974.

Percy, Walker. "Symbol, Consciousness, and Intersubjectivity", *Journal of Philosophy* 55, 1958, p.631-41.

Pocock, David. "The Anthropology of Time-Reckoning", *Contributions to Indian Sociology* n.7, 1964, p.18-29.

"The Polynesian" (jornal havaiano) Obituary of Kekauluohi, 21 jun. 1845.

Portlock, Nathaniel. *A Voyage around the World... in 1785, 1786, 1787, and 1788*. Londres, Stockdale, 1789.

Préaux, Jean-G. "La sacralité du pouvoir royal à Rome", in Luc de Heusch et al., *Le pouvoir et le sacré*, Annales du Centre d'Étude des Religions n.1, 1962, p.103-21. Bruxelas, Institut de Sociologie, Université Libre de Bruxeles.

Puget, Peter. MS. Fragments of journals, 1792-1794. BM Add MSS. 17546-17548.

_______ MS. A log of the proceedings of His Majesty's armed tender *Chatham*, 1793-1794. PRO-Adm. 55/17.

Pukui, Mary Kawena, e Samuel Elbert. *Hawaiian-English Dictionary*. Honolulu, University of Hawaii Press, 1965.

Pukui, Mary Kawena et. al. *Nānā i ke kumu* (Look to the source). 2 vols. Honolulu, Hui Hānai, 1972. (2º volume impresso em 1979).

Pukui, Mary Kawena e Alfons L. Korn. *The Echo of our Song*. Honolulu, University of Hawaii Press, 1973.

Putnam, Hilary. *Language, Mind, and Reality*, vol.2. Cambridge, Cambridge University Press, 1975.

Quain, Buell. *Fijian Village*. Chicago, University of Chicago Press, 1948.

Rabuka, Niko. "Ai sau ni taro me kilai", *Na Mata*, 1911, p.154-8, 172-6.

Reid, A.C. "The Fruit of the Rewa: Oral Traditions and the Growth of the pre-Christian Labeka State", *Journal of Pacific History* n.12, 1977, p.2-24.

Remy, Jules. *Ka Mooolelo Hawaii (Histoire Hawaiienne)*. Paris, Clave, 1861. (Trad. francesa e texto havaiano de Lahainaluna Students' Mo'o'olelo de 1838.)

Rickman, Lt. John (atribuído a). *Journal of Captain Cook's Last Voyage to the Pacific*. Londres, E. Newberry, 1781.

Ricoeur, Paul. *The Contributions of French Historiography to the Theory of History*. Oxford, Clarendon Press, 1980.

Roberts, Henry. MS. A log of the proceedings of His Majesties Sloop *Discovery*. 1778-1779. PRO-Adm. 51/4529.

Roberts, Helen. *Ancient Hawaiian Music*. Bernice P. Bishop Museum Bulletin n.29. Honolulu, Bishop Museum, 1926.

Riou, Edward. MS. A log of the proceedings of His Majesty's Sloop *Resolution*... Dixson Library of NSW.

Robertson, George. *The Discovery of Tahiti. A Journal of the Second Voyage of H.M.S. "Dolphin"*. Londres, Hakluyt Society, 1948.

Rokowaqa, Epeli. s.d. Ai tukutuku kei Viti. Suva: n. pub. (A cópia deste livro raro é encontrada nos Arquivos Nacionais de Fiji.)

Rosaldo, Renato. *Ilongot Headhunting*, 1883-1974. Stanford, Stanford University Press, 1980.

Rutherford, James. *Sir George Grey*. Londres, Cassell, 1961.

Sahlins, Marshall. *Moala*. Ann Arbor, University of Michigan Press, 1962.

_______. "L'apothéose du captaine Cook", in Michel Izard e Pierre Smith (orgs.), *La fonction symbolique*. Paris, Gallimard, 1979.

_______. *Historical Metaphors and Mythical Realities: Structure in the Early History of the Sandwich Islands Kingdom*. Association for the Study of Anthropology in Oceania, Special Publication n.1. Ann Arbor, University of Michigan Press, 1981.

_______. "Raw Women, Cooked Men, and Other Great Things of the Fiji Islands", in Paula Brown e Donald Tuzin (orgs.), *The Ethnography of Cannibalism*, p.72-93, 1983. Publicação especial da Society for Psychological Anthropology.

_______. "Hierarchy and humanity in Polynesia", in Anthony Hooper (org.), *Transformations of Polynesian Culture*. The Polynesian Society, Special Publication, 1985.

Samwell, David. *Captain Cook and Hawaii*. São Francisco, Magee, 1957. (reimpressão de 1786, de *A Narrative of the Death of Captain James Cook*).

Sartre, Jean-Paul. *Search for a Method*, trad. Hazel E. Barnes. Nova York, Vintage Books, 1968.

Saussure, Ferdinand. *Course in General Linguistics*. Nova York, McGraw-Hill, 1959. [Ed.bras.: *Curso de linguística geral*. São Paulo, Cultrix, 2ª ed., 1970.]

Sayes, Shelly Ann. "Cakaudrove: Ideology and Reality in a Fijian Confederation". Tese de mestrado, The Australian National University, 1982.

Schütz, Albert J. (org.). *The Diaries and Correspondence of David Cargill, 1832-1843*. Canberra, Australian National University Press, 1977.

Schwimmer, Eric. "Guardian Animals of the Maori", *Journal of the Polynesian Society* n.72, 1963, p.397-410.

Schwimmer, Eric. *The World of the Maori*. Wellington, Reed, 1966.

_______. Lévi-Strauss and Maori Social Structure. *Anthropologica*, n.s., n.20, 1978, p.201-22.

Shortland, Edward. *Traditions and Superstitions of the New Zealanders*. Londres, Longman, Brown, Green, Longmans and Roberts, 2ª ed., 1856.

_______. *Maori Religion and Mythology*. Londres, Longmans, 1882.

Simmons, David. *The Great New Zealand Myth*. Wellington, Reed, 1976.

Sinclair, Keith. *The Origine of the Maori Wars*. Wellington, New Zealand University Press, 1972.

Skinner, W.H. "The Ancient Fortified *Pa*", *Journal of the Polynesian Society* n.20, 1911, p.71-77.

Smith, Bernard. "Cook's Posthumous Reputation", in Robin Fisher e H. Johnston (orgs.), *Captain James Cook and His Times*. Seattle, University of Washington Press, 1979.

Smith, Jean. "Tapu Removal in Maori Religion", *Journal of the Polynesian Society* (Memoirs Supplement) n.83, 1974-75, p.1-43; 84, p.44-96.

Smith, S. Percy. *Maori Wars of the Nineteenth Century*. Christchurch, Whitcombe and Tombs, 1910.

_______. "Lore of the Ware Wananga", *Polynesian Society Memoirs*, vols.3-4, 1913-15.

Stern, Gustaf. *Meaning and Change of Meaning*. Bloomington, University of Indiana Press, 1968.

Stewart, CS. *Journal of a Residence in the Sandwich Islands During the Years 1823, 1824, 1825*. Honolulu, University of Hawaii Press, 1970.

Stone, Lawrence. *The Past and the Present*. Boston, Routledge and Kegan Paul, 1981.

Strawson, P.F. *Logico-Linguistic Papers*. Londres, Methuen, 1971.

Swayne, C.R. MS. Lau papers (a maioria de Swayne). Cambridge University Museum of Archaeology and Ethnology.

Tambiah, S.J. *World Conqueror and World Renouncer*. Cambridge, Cambridge University Press, 1976.

Thomas, John. MS. Tonga or the Friendly Islands. Methodist Missionary Society (Bow 653), School of Oriental and African Studies Library, University of London.

Thompson, E.P. "Folklore, Anthropology and Social History", *The Indian Historical Review* n.3, 1977, p.247-66.

Thompson, Laura. *Southern Lau*, Fiji: *An Ethnography*, Bernice P. Bishop Museum Bulletin n.232. Honolulu, Bishop Museum, 1940.

Thurston, Asa. MS. Missionary letters. Hawaiian Mission Children's Society Library, Honolulu.

Tippett, A.R. *Aspects of Pacific Ethnohistory*. Pasadena, William Carey Library, 1973.

Toganivalu, Ratu Deve. MS. "A history of Bau." Transcrito nos Arquivos Nacionais de Fiji (F-62/247).

Tregear, Edward. *The Maori-Polynesian Comparative Dictionary*. Oosterhout, Anthropological Publications, 1969, (reimpressão).

Trevenen, James. MS. Marginal notes to the published account (Cook and King) of Cook's third voyage. Cópia datilografada na Sinclair Library, University of Hawaii.

Turner, Victor. *The Ritual Process*. Chicago, Aldine, 1969.

Valeri, Valerio. "Le fonctionnement du système des rangs à Hawaii." L'Homme n.15, 1972, p.83-107.

_______. "The transformation of a transformation: A structural essay on an aspect of Hawaiian History (1809-1819)", *Social Analysis* n.10, 1982, p.3-41.

_______. *The Human Sacrifice: Ritual and Society in Ancient Hawaii*. Chicago, University of Chicago Press, 1985.

Vancouver, Captain George. *A Voyage of* Discovery *to the North Pacific Ocean... in the Years 1790, 1791, 1792, 1793, 1794 and 1795*. Nova edição, 5 vols. Londres, Stockdale, 1801.

Vansina, J. *Le royaume Kuba*. Musée Royal de l'Afrique Centrale, Annales, Sciences Humaines, n.49, 1964.

Vernant, Jean-Pierre. *Mythe et société en Grèce ancienne*. Paris, Maspero, 1979.

_______. *The Origins of Greek Thought* (trad. de *Les origines de la pensée grecque*, 1962). Ithaca, Cornell University Press, 1982. [Ed.bras.: *As origens do pensamento grego*. Rio de Janeiro, Difel, 2ª ed., 1977.]

Wagner, Roy. *The Invention of Culture*. Englewood Cliffs. N.J., Prentice-Hall, 1975.

Wallis, Mary David Cook. *Life in Feejee, or, Five Years among the Cannibals*, (By a Lady). Boston, Heath, 1851.

Wallis, Samuel. "An Account of a Voyage round the World, in the Years 1766, 1767, and 1768," in Robert Kerr (org.), *General History and Collection of Voyages and Travels*, 12, p.120-241. Edimburgo e Londres, Blackwood and T. Cadell, 1824.

Wards, Ian. *The Shadow of the Land*. Wellington, A.R. Shearer, Government Printer, 1968.

Waterhouse, Joseph. *The King and People of Fiji*. Londres, Wesleyan Conference, 1866.

Watt, Sir James. "Medical aspects and consequences of Cook's Voyages", in Fisher e Johnston (org.), *Captain Cook and His Times*. Seattle, University of Washington Press, 1979.

White, John. *Te Rou; or, the Maori at Home*. Londres, Low, Marston, Low, and Searle, 1874.

White, John. "Maori Customs and Superstitions", in *The History and Doings of the Maoris*, por Thomas Wayth Gudgeon. Auckland, Brett, 1855.

_______. *Ancient History of the Maori*. 6 vols. Wellington, Government Printer, 1887-90.

Whitney, Samuel. MS. Journal of Samuel Whitney. Hawaiian Mission Children's Society Library, Honolulu.

Wilkes, Charles. *Narrative of the United States Exploring Expeditions*, vols.2-3. Filadélfia, Lea and Blanchard, 1845.

Williams, Herbert. *A Dictionary of the Maori Language*. Wellington, A.R. Shearer, Government Printer, 7ª ed., 1975.

Williams, Thomas, e James Calvert. *Fiji and Fijians*, 2 vols. Nova York, Appleton, 1859.

Williams, William. *Christianity among the New Zealanders*. Londres, Seeley, Jackson, and Halliday, 1867.

Wilson, Monica. "The Nguni People", in Monica Wilson e Leonard Thompson (orgs.), *The Oxford History of South Africa*, n.1, 1969, p.75-130. Oxford, Clarendon Press.

Wise, John. "The History of Land Ownership in Hawaii", in *Ancient Hawaiian Civilization*, por E.S. Craighill Handy, Kenneth P. Emory, et al. Rutland e Tóquio, Tuttle, 1965.

Wolf, Eric. *Europe and the Peoples without History*. Berkeley, University of California Press, 1982.

Wright, Harrison. *New Zealand, 1769-1840: Early Years of Western Contact*. Cambridge, Harvard University Press, 1959.

Wyllie, R.C. (org.). *Answers to Questions Proposed by His Excellency, R.C. Wyllie, His Hawaiian Majesty's Minister of Foreign Relations...* . Honolulu, Government Printer, 1846.

Young, Michael. "The Divine Kingship of the Jukun: A reevaluation of some theories", *Africa* n.36, 1966, p.135-52.

Zimmermann, Heinrich. F.W. Howay (org.). *Zimmermann's Captain Cook: An Account of the Third Voyage of Captain Cook around the World, 1776-1780*, trad. Elsa Michaelis e C. French. Toronto, Ryerson Press, 1930.

Índice analítico e onomástico

a priori, categorias, 181-5, 188, 189, 192
aborígenes australianos, 14, 22
aborto, 47
ação (*práxis*), 17
  categorias culturais arriscadas na, 9-12, 180-9
  enquanto performativa, 12, 51-8
  teoria *versus*, 192-3
África, reinado divino na, 68, 69, 74, 102, 104, 107, 125
Agamêmnon, 110
akua (divino), 56, 57, 171, 183, 193
aloha, 26, 27, 36, 41, 48, 145, 169, 172
América do Sul, chefia na, 102
Amita, 111
amizade, performativa e prescritiva, 12, 52
amor *ver aloha*; *le'a*; sexualidade
Andrews, Lorrín, 31
Anggor de, 203 (22n)
Anggor, da Nova Guiné, 203 (22n)
Anônimo de Ngapuhi, 93, 94, 96, 211 (31n)
Antígono, 152
Atenas, 61

Bakhtin, Mikhail, 121
Balandier, Georges, 102, 216 (4n)
Barnes, J.A., 71
Barraclough, Geoffrey, 74, 203 (1n)
Barrère, Dorothy B., 23, 28, 39
batata-doce, ritual da, 133, 141-3
Bau *ver* Fiji
Bayly, William, 164, 170
Beaglehole, J.C., 25, 26, 28-31, 133-4, 136-7, 151, 152, 157-64, 195 (2n), 196 (3, 4n), 197 (6n), 198 (10n), 200 (15n), 222 (1n), 223 (3, 4n), 225 (10, 12n), 228
Beckwith, Martha, 138, 140, 215, 224
beleza, no Havaí, 41-4, 48
Bell, Edward, 174
Benveniste, Émile, 71
Best, Elsdon, 37, 82, 86, 87, 89, 91
Bird, John, 75
Bloch, Marc, 10, 22, 44, 57, 58
Boas, Franz, 180
Bohannan, P., 102
Bonte, Pierre, 76, 77
Bott, Elizabeth, 207 (16n), 219 (15n), 220 (16n)
Bougainville, Louis Antoine de, 29
Bourdieu, Pierre, 55, 77
Braudel, Fernand, 16, 203 (1n), 225 (11n)
Bréal, Michel, 183, 184
Brewster, A.B., 106
britânicos:
  na Nova Zelândia, 8, 82-98
  no Havaí, 15, 133-68, 169-79
  no Taiti, 100-1
Broughton, William R., 207 (15n)
Bryant, A.T., 69, 75
Buick, T., 89, 92, 95, 213 (36n)
Burney, tenente James, 134, 159
Burrows, R., 88, 90, 95, 211 (30n), 212 (36n)
"buscar por um senhor" (*imi haku*), 48, 172
butoni, de koro, 127

calcul sauvage, 22, 25, 56
Calvert, James, 64-6, 126, 206 (11n)
canibalismo:
  em Fiji, 114, 117, 119, 124-7, 129

maori, 83-4
no Havaí, 140-5
ver também sacrifício humano
caos, ritual do, 69, 70, 107, 108, 145, 146
Capell, A., 222 (23n)
capitalismo, 8, 9, 78, 79, 165, 166
carisma, 62
Carleton, Hugh, 87, 88, 90, 212 (36n)
celeritas, 119-21, 125, 127
Chadwick, H. Monro, 68, 71
citas, reis, 60-1
Clastres, Pierre, 102, 107
Clerke, capitão James, 156, 162, 170, 173
Colenso, F.W., 95, 141
comércio:
com Fiji, 66, 115-7
com o Havaí, 28-32, 165, 166, 169, 171-179, 188, 194
com os maori, 93-5
concepção, ritos de, 86
Cook, cap. James, 25-58
chegada de, no Havaí, 25-9, 55-8, 132, 133, 169-171
como deus, 10, 11, 27-9, 56-8, 100, 101, 108, 121, 132-68
morte de, 15-8, 100, 103, 122, 132-68, 178-194
coroação, cerimônias de, 113-6, 121-7, 149, 150
em Fiji, 113-6, 121-7, 149, 150
no Havaí, 45-6, 107-8, 121, 122, 145, 147, 149-51
significado das, 107, 109
cosmogonia:
havaiana, 36-8, 136, 137, 141, 142
maori, 36-8, 81-7, 137-9, 216 (6n)
cosmologia, 17-9
Cowper, William, 167
Cox, Ross, 175
cozido *versus* cru, 127-31, 141-3
criação, cânticos de, 36-8
cristianismo:
em Fiji, 63, 64-8
Havaí, 156, 157, 205 (9n)
Cristo, paixão de, 218 (13n), 220 (15n)
Cronos, 107
Cross, William, 65
Crow, índios, 79
Cultura *ver* estrutura
Cunnison, Ian, 73, 76

Daomé, reinado no, 105
Davis, C.O., 212 (36n)
Délivré, Alain, 184
Derrick, R.A., 64, 205 (10n), 206 (11n), 208 (18n), 219 (14n)
descendência e linhagem:
Crow/Omaha, 79
em Fiji, 74
havaiana, 11, 13, 37, 38, 42-50, 69, 70, 75, 139
heroica *versus* modos segmentares de, 69, 70
maori, 36, 37, 38, 84, 85, 93, 207 (16n)
Nguni, 69-71
performativa *versus* estrutura prescritiva, 12-4
"deslocamento à esquerda" (*fronting*), 53, 54
diarquia, 117, 118
Diderot, Denis, 29
Dingiswayo, 68
Diôniso de Halicarnasso, 110
Discovery (navio), 25, 195 (2n)
divisão de trabalho:
linguística, 9, 10,11
na consciência cultural e histórica, 74, 75
Dolphin (navio), 101
Dorton, Lili, 40, 200 (14 e 16n)
Dumézil, Georges, 17, 23, 60, 84, 100, 105, 109, 112, 113, 119, 127
Dumont, Louis, 62, 144, 203 (3n)
Durkheim, Émile, 55, 62, 71

Echard, Nicole, 77
Edgar, Thomas, 164, 195 (2n)

Édipo, 107
Elbert, Samuel, 35, 36, 38, 40
Eliade, Mircea, 85
Ellis, William, 26, 31, 132, 133, 156, 164, 197 (9n), 205 (9n)
Emerson, J.S., 28, 35, 176
Eneias, 110
escandinavos, e reinado, 105
espirrando água (*hi'uwai*), cerimônia, 147
esquimós, 13
estrutura:
- da conjuntura, 16, 17-20, 63, 156, 159, 178-192
- de traço, 212 (36n)
- em convenção e em ação, 9, 10
- estruturante, ou *habitus*, 55, 59
- história *versus*, 7, 8, 177-81, 188
- prescritiva *versus* performativa, 10-4, 44, 51-8
- reproduzindo a si própria, 8, 13-4, 108-9, 171, 179,180
- significado de, 7, 118
- sincrônica *versus* diacrônica, 19, 98, 104, 120, 131, 145, 179, 184
- subconsciente *versus* explícita, 79

estruturalismo, 13, 18, 19, 109, 178, 188
etruscos, 127
Evans-Pritchard, E.E., 22
evento:
- antropologia *versus* história, e, 98, 99
- como forma final de mito cósmico, 83, 84
- como representação individual e coletiva, 135, 136
- e estrutura, 7, 14-7, 171, 190, 191

exogamia, 46
Exploit, Heusch sobre, 105-7

Feeley-Harnik, Gillian, 76
Fiji:
- casamento em, 46, 73, 113-5
- consciência histórica em, 75-6
- reinado divino em, 62, 63-5, 74, 101-131, 148-9

filhos da terra (*kama'aina*), 13, 54-8
Filipinas, ilongot nas, 79
Firth, Raymond, 16, 96
Fogo Quente (canção), 35
Forbes, Cochrane, 176
Fornander, Abraham, 28, 29, 42, 196 (4n)
fornicação, 146
Fox, James J., 76
franceses, na Nova Zelândia, 90
fratricídio, 72, 107
Frazer, sir James, 15, 17, 62, 104, 105, 108-10, 125, 133, 137, 138, 144, 151
- *O ramo de ouro*, 70, 133, 141, 218 (13n)

Freud, Sigmund, 36, 125
Furet, François, 85

Geertz, Clifford, 7, 103, 144
genitais, cânticos (*mele m'ai*), 39-40
George III, rei da Inglaterra, 174, 179
germânicas, tribos, 67, 68, 71
Giddens, Anthony, 190
Gifford, Edward Winslow, 207 (16n)
Gilbert, George, 162
Gluckman, Max, 123
Goldie, W.H., 82, 86
gravitas, 119, 120, 121, 125, 127
Gray, Thomas, 59, 203 (1n)
Grécia antiga, 60, 110, 111
Grey, sir George, 80, 82, 87, 91
- *Polynesian Mythology*, 80, 83, 91

Gudgeon, tn.-cel. C.M.G., 167
Guerra Peloponesa, 80-3

habitus, 55, 77, 79, 172
Hampshire, Stuart, 183
hãnai (alimentação), 30, 54
Handy, E.S., 106, 146
Havaí, 25-58, 132-67, 169, 178, 179
- cântico Kumulipo no, 37, 138, 144

chefes *versus* homens comuns no, 169-79
cristianismo no, 205 (9n), 157, 158
descendência e linhagem no, 13, 14, 36, 37, 38-44, 69, 70, 76, 77, 140
estrutura performativa no, 10-3, 42-4, 45, 51-8
festival Makahiki no, 28, 121-2, 133, 144, 146-53, 156, 158-9, 162-3, 173
regicídio no, 219 (14n)
reinado divino no, 14, 15, 39-46, 68, 70, 71, 101-8, 118-23, 137-55, 170-3, 181-3
sexualidade no, 11-2, 26-51, 54, 55, 69-70, 107-9, 144-7, 158, 169, 170, 176-7, 184-6, 191-3
tabu no, 12, 31-5, 41-6, 50, 107-8, 143, 145, 147-8, 158, 169, 176-7, 186-7, 191-2
ver também Cook, cap. James.
Hawaiki, 84, 87, 91, 97
Hazelwood, irmão, 117
He'a-o-ke-koa, 145
Heke, Hone, 8, 9, 87-98
Henry, Teuíra, 101
Heródoto, 61
heterossexualismo, 33
Heusch, Luc de, 69, 105, 106
hierarquia, conceito de, 63, 75, 76, 143, 144
Hindess, B., 193
hipergamia, 31, 33, 38, 46
hipogamia, 33, 46
Hiroa, Te Rangi, 90
Hirst, P., 193
história:
antropologia e, 10-1, 18-9, 98
conceito maori da, 85
consciência da, pelo homem comum, 74-7
estrutura performativa *versus* prescritiva, e, 11-3
estrutura *versus*, 7-8, 178-81, 188-9
heroica, 10-1, 13, 61-81, 189-90
"nova", 10-2, 59-60, 74-5
ver também evento
Hocart, A.M., 17-8, 38, 62, 65, 74-5, 102, 104-6, 108, 113, 115-7, 119, 123, 126, 173, 206 (12n)
homossexualismo, 33
Hongi Hika, 92, 212 (36n)
Hoohokuokalani, 216 (6n)
Hopi, 33, 189
Huber, Peter, 203 (22n)
hula, 28, 39, 146
Hunnewell, James, 226 (3n)
Hunt, John, 75

idealismo, 192
ilongot, 79
imperialismo, 15, 166
incesto, 46, 107
incwala, cerimônias, 121
Índia, reinado na, 105
índios americanos, 33, 64, 77, 78,103-5, 189
indo-europeu, reinado, 17-8, 60, 103-5, 117-8, 125
infanticídio, 48
instauração, rituais de *ver* coroação, cerimônias de
interesse, conceito de, 10, 18, 19, 55-6, 187-8
Irlanda, reinado na, 104, 105

Jaggar, Thomas James, 66
Jarré, Raymond, 222 (23n)
Johansen, J. Pryts, 63, 81, 82, 85, 87, 91, 141, 208 (19n)
Júpiter, 112, 121

Ka-'I-i-mamao, rei, 138, 144
ka'o'o, 153, 155, 157
ka'upu, 147
Kaawa, P.W., 102
Kahiki, 28, 42, 100, 121, 122, 133, 144, 146-50
Kahoali'i, 43, 150, 157

kali'i, 148-9, 153, 163-5
Kamakau, Samuel M., 143, 147, 148, 195, 200 (17n)
Kamapua'a, 143
Kamba, batalha de, 66, 67
Kamehameha, rei, 32, 40, 43, 76, 107, 174, 176, 177, 200 (16n), 207 (15n), 209 (22n)
kanaka, 183
Kane (homem), 48, 139, 140
Kaneikapolei, 135, 163
Kaneoneo, 170-4
Kant, Immanuel, 180
kaona (sentidos ocultos), 36, 38
Kapiti, Pita, 141
kava, 63, 101, 114, 115, 118, 124, 125
Kazembe, reino de, 73
Kekoa, E., 50
Keoua, 43
Kepelino, Z., 139, 147
Ki'i (homem), 139, 140
Kila, 42, 45
King, tenente James, 25-6, 33, 133, 135, 151-9, 162, 164-5, 169, 195 (2n), 196 (3n), 197 (6 e 9n)
Kipling, Rudyard, 34
Kiwala'o, rei, 107
Kororareka, 87-9, 91
Koskinen, Aarne A., 179
Kū, 143-5, 150-3, 158, 163, 167
kuba, 63
Kumulipo, cântico, 37, 138, 144
Kunui'akea, 40, 200 (16n)

La'ila'i, 139, 140, 150
Laka, 28, 146
Lakeba, 113
lasakau, 128
Latino, rei, 110-1
latinos, 110-3, 119
Lau *ver* Fiji
le'a, 26-7, 55
Leach, Edmund, 122
Ledyard, John, 159
Lelemahoalani, 196 (4n)
Lester, E.H., 63
Lévi-Strauss, Claude, 12, 15, 37, 97, 109, 126, 180
levuka, 127
Lili'uokalani, rainha, 40
língua:
- estrutura lógica da, 181-2
- havaiana, 53
- *ver também* signo

linguística, valor em, 186-7
- *ver também* língua

linhagem *ver* descendência e linhagem
Lono, 20, 28, 57, 100, 122, 133, 136, 138-9, 141, 143-9, 163-4, 166-7, 191, 196 (4n)
Lono-no-Makahiki, 144, 147
Luapula, 73, 76
Lupercália, 121
Lyons, John, 186
Lyth, Richard Bursall, 220 (19n)

Madagascar, história em, 75
Mãe Terra (Papa), 33, 84, 86, 91, 145, 150, 216 (6n)
Mahoe, Noelani, 35
Makahiki, cerimônia:
- descrição da, 121, 122
- e o cap. Cook, 28, 121-2, 133, 144, 146-53, 156, 158-9, 162, 173

Malani de Lakemba, 75
Malo, David, 37, 102, 114
mana:
- e os maoris, 90, 92, 97, 167
- em Fiji, 65
- no Havaí, 31, 42-3, 56, 101, 167, 179, 188, 193

Manaia, mito de, 91
Maning, F.E., 93, 94, 211 (30 e 31n), 213 (36n)
Maoloha, a rede de, 150
maori, 135, 145
- cosmogonia, 37, 86
- e *mana*, 90, 92, 96, 97, 101
- e o reinado divino, 63-4, 77-8

linhagem e descendência entre os, 37, 85-6, 93
ritual da batata-doce, dos, 141-4
Marquesas, povo das ilhas, 146
Marx, Karl, 65, 78, 96, 103, 192
marxismo, 192
materialismo, 192
matrimônio:
Crow/Omaha, 79
do rei imigrante, como forma de intercâmbio, 110-2, 115-6
formas elementares e complexas de, 79
nas Fiji, 52, 73-4, 116-8
no Havaí, 28, 38, 46-50, 145-7, 171-2
prescritivo, 46
romano, 109-12
ver também descendência e linhagem; *formas específicas de matrimônio, como a hipergamia*
Maui, 26, 45, 81, 122, 138, 151, 175
Mbau, 63-6,
México, reinado no, 105
Micenas, os reis-deuses de, 60
Mo'ikeha, 42
Moala *ver* Fiji
Mongólia, reinado na, 72
mudança *versus* estabilidade, 178-81, 190-1; *ver também* estrutura

natalidade:
cânticos havaianos de, 46-7, 50, 137-9
rituais taitianos de, 127-9
ndabele, 71
Nemi, 108, 141
New Zealand Company, 94
Ngapuhi, 82, 87, 92, 93, 94, 95, 96
Nguni, 69, 70, 71, 72
Nietzsche, Friedrich, 189
Noikoro, 106, 115
Nopera Panakareau, 96
Nova Guiné, 51
Nova Zelândia *ver* maori
Nuha, 136, 164, 165
Numa, 120
Numitor, 112

Oliver, Douglas, 101
Orou, 29

Pai Céu *ver* Rangi
Papa *ver* Mãe Terra
parricídio, 72, 86, 107
Pêlops, 110
pensée sauvage, 14, 38, 56, 179
Percy, Walker, 181
Pérsia, reinado na, 105
Phillips, tenente Molesworth, 135, 164
Platão, 169
Plutarco, 112
pō (noite), 86, 91, 139
Pocock, David, 76
"The Anthropology of Time-reckoning", 76
poder, teorias sobre a origem do, 76; *ver também* reinado divino
poliandria, 47
poligamia, 47
poliginia, 47, 72, 74
Polinésia:
reinado divino em, 16, 72, 100, 105
linhagem e descendência na, 44, 45, 69, 108-9
ver também Fiji, Havaí, maori, Taiti, Tonga
polis, 60, 61
Pomare, 214 (38n)
povo do mar, 127-30
práxis ver ação
Préaux, Jean-G., 110
Prthu, 105
Pukui, Mary Kawena, 39, 40, 106, 196 (5n), 197 (8n), 198 (12 e 13n), 199 (14n), 200 (15n)
pul eliya, 51
Purim, festival do, 218 (13n)
Putnam, Hilary, 10

Quirino, 120

Radcliffe-Brown, A.R., 14, 46-7, 178
Rangi (Pai Céu ou Firmamento), 37, 83, 86-92
reavaliação funcional de categorias culturais, 9-10, 185; *ver também* estrutura
rebelião, ritual da, 121
rei estrangeiro *ver* reinado divino
reinado divino,16-7, 105
  africano, 68-72, 101-2, 105-6, 121-2
  aspectos sociológicos do, 70-9
  dos citas, 60-1
  dos maoris, 62-3, 74
  dualidade do, 119
  em Fiji, 64, 73-4, 101-31, 149
  latinos, 109-13
  no Havaí, 14-7, 39-45, 69-70, 101-8, 120-3, 137, 144, 170,-3, 182
Remo e Rômulo, 107, 112
Resolution (navio), 16, 25-7, 122, 133, 151, 158-64, 169
Rewa, 65-7
Riou, Edward, 26, 132
Robertson, George, 101
Rokowaga, Epeli, 115-6, 124, 129
Roma, 107-13, 120, 121
Rômulo, 103, 107-12, 117, 120
Rongo, 141-3
Rosaldo, Renato, 79
Rou, 82-3
Rousseau, Jean-Jacques, 62
  Contrato social, 62
rútulos, 111

sabinos, 112, 118-9
Sacaea, festival de, 218 (13n)
sacrifício humano:
  em Fiji, 123-31
  no Havaí, 42-3, 122, 145, 150-1, 163-4, 172-3
  no Taiti, 101
  ver também canibalismo
Sahlins, Marshall, 17, 31, 33, 102, 144, 152, 156, 176
  Historical Metaphors, 179
Samwell, David, 26, 28, 39, 146, 151, 153, 159, 164
Sartre, Jean-Paul, 98
  A Busca de um Método, 98
Saturnália, 121
Saussure, Ferdinand de, 18, 104, 130, 178, 180, 183-4, 186-7, 190
Sayes, Shellu Ann, 63
Schütz, Albert Jr., 65
Service, Elman, 64
sexualidade:
  em Fiji, 117-9
  maori, 81, 85-6
  no Havaí, 12, 26-40, 54-5, 172-3
Shaka, 69
Shakespeare, William (citação de *Henrique V*), 76, 123
Shortland, Edward, 81, 92, 143, 212 (36n)
significado, 9-10, 14, 180-3
signo:
  coisa *versus*, 9-10, 183-4
  reavaliação funcional do, 9-10, 185-8
Simmons, David, 84
Sinclair, Keith, 96
Sioux, índios, 33
sistema mundial, teoria do, 8
sistema simbólico, 186-7
Skinner, W.H., 90, 212 (35n)
Smith, Adam, 166
Smith, Bernard, 166-7
Smith, Jean, 82, 87
Smith, S. Percy, 87
sociobioloia, 103-4
solidariedade hierárquica, 71, 172
Stern, Gustaf, 10
Stone, Lawrence, 59
Strawson, P.F., 182
sucessão posicional, 73
Supplément au Voyage de Bougainville, 29
swazi, 70-121

Ta'ufa'ahau, rei, 72-3
tabu:
  dos maori, 142
  em Fiji, 124-5
  no Havaí, 12, 31-5, 41-6, 50, 107-8, 143, 145, 147-8, 158, 169, 176-7, 186-7, 191-2
Tácio, rei, 120
Tácito, 67
Taiti, 29, 94
  Wallis no, 101
Tāne, Bruce, 212 (35n)
Tāne, mito de 37, 84-7, 89, 216 (6n)
Tântalo, 110
Tarpeia, 112
Tarquínio, 110
tecido de casca de árvores, uso cerimonial do, 113-5, 118-9, 126-7
teogamia, 29-50
Thakombau, 64-9, 219 (14n)
Thomas, John, 209 (22n)
Thompson, E.P., 75
Thompson, Laura, 221 (23n)
Thurston, Asa, 46
tikanga, 85
Tippett, A.R., 216 (23n)
tiv, 102
Toganivalu, Ratu Deve, 222 (23n)
toko, 92
Tonga, 25, 65-6, 163
  conhecimento histórico-genealógico em, 209 (22n)
  e *kava*, 101, 124
  segmentação heroica em, 207 (16n)
  sucessão de posicional em, 73
totemismo, 37, 109, 142
Tregear, Edward, 92
Trevenen, James, 162-4, 198 (10n)
troianos, 110-3
tswana, 51
Tū, 83, 141-5
tuahu, 89-98
Tuareg, 77
Tucídides, 80, 93
  Guerra Peloponesa, 80
Tuhoe, 89
Tui Nayau, 113, 5
Turner, V., 207 (15n)

Valeri, Valerio, 42-3, 45, 122, 134, 145, 149
Valery, Paul, 216 (4n)
Vancouver, capitão George, 32, 162, 164
Vansina, J., 63
Vernant, Jean-Pierre, 60, 61, 80
Vico, Giambattista, 59, 62
Viwa, ilha, 65
Voltaire, 59, 203 (1n)
Vunivalu, 125, 216 (7n)

Wagner, Roy, 189
Waitangi, tratado de, 89, 93-8
Wakea (Céu Iluminado), 37, 216 (6n)
Wallis, cap. Samuel, 101
Wards, Ian, 96-8
Waterhouse, Joseph, 65
Watman, Willie, 157
Watt, sir James, 137
Webber, John, 165
Weber, Max, 191
White, John, 82-3, 93
Whorf, Benjamin Lee, 53, 180, 189
Wilkes, Charles, 214 (38n)
Williams, Herbert W., 86, 91, 92
Williams, Thomas, 64, 66, 126
Wolf, Eric, 9
Wright, Harrison M., 213 (36n)

Zeus, 60, 112
Zimmermann, Heinrich, 196 (4n)
zulu, 69, 70-1, 75

ESTA OBRA FOI COMPOSTA POR SUSAN JOHNSON EM DANTE PRO E IMPRESSA
EM PROCESSO SOB DEMANDA PELA UM LIVRO SOBRE PAPEL OFFSET
PARA A EDITORA SCHWARCZ A PARTIR DE 2025